21世纪高等职业教育精品教材·房地产类

王珏 朱乔 主编
赵飞宇 邢燕 刘丽杰 副主编

物业设备维护与管理

WUYE SHEBEI
WEIHU YU GUANLI

（第五版）

东北财经大学出版社
Dongbei University of Finance & Economics Press
大 连

图书在版编目（CIP）数据

物业设备维护与管理 / 王珏，朱乔主编. —5版. —大连：东北财经大学出版社，2021.8

（21世纪高等职业教育精品教材·房地产类）

ISBN 978-7-5654-4272-8

Ⅰ. 物… Ⅱ. ①王… ②朱… Ⅲ. 物业管理-设备管理-高等职业教育-教材 Ⅳ. F293.33

中国版本图书馆CIP数据核字（2021）第145037号

东北财经大学出版社出版

（大连市黑石礁尖山街217号 邮政编码 116025）

网 址：http：//www.dufep.cn

读者信箱：dufep@dufe.edu.cn

大连天骄彩色印刷有限公司印刷 东北财经大学出版社发行

幅面尺寸：185mm×260mm 字数：378千字 印张：17.5

2021年8月第5版 2021年8月第1次印刷

责任编辑：李丽娟 刘 佳 责任校对：徐 群 赵 楠

封面设计：张智波 版式设计：原 皓

定价：42.00元

教学支持 售后服务 联系电话：（0411）84710309

如有印装质量问题，请联系营销部：（0411）84710711

第五版前言

本书是以《国家教育事业发展“十三五”规划》（国发〔2017〕4号）中提出的“以增强学生核心素养、技术技能水平和可持续发展能力为重点，以统筹规划课程与教材建设，对接最新行业、职业标准和岗位规范，优化专业课程结构，更新教学内容”为指导思想，结合物业管理行业对物业管理从业人员的素质要求，以培养高素质综合技能型管理人才、提高物业管理的科技含量和服务质量为目的而组织编写的。

本书在第四版以岗位技能为本位，注重学生能力的培养的基础上做了修订。为了满足课程思政建设的需要，在部分章节的学习目标中增加了思政目标，例如培养学生爱岗敬业、吃苦耐劳的精神，培养学生大国工匠精神，增强劳动光荣意识等。为了适应信息化教学改革的需要，在教材中增加微课等信息化教学资源，并结合职业院校学生技能大赛的核心内容，对部分内容做了修订。

本书由长春市城建工程学校高级讲师、国家一级注册建造师王珏和白城职业技术学院朱乔担任主编；由全国职业技能竞赛“制冷与空调设备组装与调试”赛项裁判、吉林省政府采购专家库评标专家、吉林省职业技能大赛优秀指导教师赵飞宇和长春市城建工程学校高级讲师、吉林省物业管理专业带头人、吉林省中职组学生技能大赛“建筑智能化系统安装与调试”赛项专家评委邢燕以及国家一级注册建造师刘丽杰共同担任副主编。全书共分11章。其中，第1章由刘丽杰编写；第2章、第3章由朱乔编写；第4章、第5章、第6章由赵飞宇编写；第7章由宫国辉编写；第8章、第9章由邢燕编写；第10章由吴俊瑶编写；第11章由赵飞宇编写。本书微课由吴俊瑶和赵飞宇老师制作完成。本书由长春汇佳物业服务有限公司总经理、高级工程师李贵明主审。

由于编者水平有限，疏漏和不足之处在所难免，恳请读者批评指正！

编　者

2021年5月

目录

第 1 章

物业设备维护与管理基础知识

本章概要

本章共分 6 节，简单介绍了物业设备的概念及分类；讲解了物业设备维护与管理在物业管理过程中的意义、目标、管理内容、要求和组织机构，其中岗位职责和规章制度可供学生在实践中运用。

学习目标

通过本章的学习，了解物业设备维护与管理的特点及发展趋势；熟悉物业设备维护与管理的组织机构、相关制度及各岗位职责；理解物业设备维护与管理的基本概念；掌握物业设备维护与管理的内容。

建筑物一般是指供人们进行生产、生活或其他活动的房屋或场所。这就要求建筑物拥有完善的给水、排水、采暖通风、空调等各种配套的设备设施，并在日常使用过程中通过维护管理保证设备的正常运行状态，使建筑物能够发挥其应有的功能，为人们提供一个良好、清新、舒适的生活和工作环境。

引例

老张家住鑫和小区6栋2单元404室。一天，老张家的水龙头关不严，出现滴水现象，老张媳妇打电话报修。不到10分钟，物业公司的维修人员小王来到了张家，经检查是水龙头内芯坏了，修不了，建议更换。老张说："小王你稍等，抽根烟，我马上到小区外的日杂商店买一个，麻烦你给换上不就齐活了嘛。"小王告诉老张："更换水龙头是物业管理的收费项目，若更换需要到公司的财务部门交纳10元的人工费才可以。"老张面露疑惑，小王解释说："水龙头是业主家专用的附属设施，维修养护的费用应由业主自己承担。"老张媳妇嘟囔着说："什么设施设备呀，专用、共用的。我就知道，我交了物业费，有事找物业公司。"

物业服务的内容之一就是对房屋的附属设施设备中的共用部分实施管理，因此我们首先应当学习设施设备维修养护和管理的基本知识。

1.1 物业设备的分类

物业设备是对附属于房屋建筑的各类设备的总称，它是构成房屋建筑实体的不可分割的有机组成部分，是发挥物业功能和实现物业价值的物质基础和必要条件。建筑物附属设备种类繁多，功能各异，一般分为四大类。

1.1.1 给排水设备

给排水设备主要包括：

1）给水设备

给水设备是指用人工方法提供水源的设备，包括贮水池（箱）、加压水泵、水表、供水管网四个方面，由此组成生活给水系统、生产给水系统和消防给水系统。

2）排水设备

排水设备是指用来排除生活污水和屋面雨、雪水的设备，包括排水管道、通风管道、清通设备、抽升设备、室外排水管道等。根据接纳污（废）水的性质，房屋的排水管道可分为生活污水管道、工业废水管道、室内外雨水管道，这些管道分别组成生活污水排水系统、生产污水排水系统、雨（雪）水排水系统。

3）卫生设备

卫生设备是指房屋建筑内部附属的卫生器具，包括浴缸、水盆、大便器、小便器（槽）、盥洗池等。

4）热水供应设备

热水供应设备包括沐浴器、热水管道、热水表、加热器、循环管、自动温度调节器、减压阀等。

5）消防设备

消防设备包括供水箱、消防箱、喷头、灭火机、灭火瓶、消防龙头、消防泵等。

6）厨房设备

厨房设备包括洗菜池、操作台、吊柜、抽油烟机及管道等。

7）热水供应设备

主要是对物业供应热水的设备，包括淋浴器、热水管道、热水加热器（电热、气热或锅炉等）、循环管、冷水箱、疏水阀、减压阀等。

1.1.2　电气设备

电气设备主要包括：

1）供电及照明设备

供电及照明设备是指给房屋提供电源及照明的各种装置，包括配电箱、计量箱、供电线路、供电保护器件、照明器等。

2）弱电设备

弱电设备是指给房屋提供某种特定功能的弱电设备与装置。随着现代化建筑水平的提高，建筑弱电设备越来越多，目前主要包括：通信设备、广播设备、共用天线设备及闭路电视系统、门禁系统、有线电视系统、网络系统、自动监控及报警系统等。

3）电梯设备

电梯设备是高层建筑中不可缺少的垂直运输设备，包括电梯机房、轿厢、井道等部分。

4）防雷装置

防雷装置包括接闪器、引下线和接地装置等。

1.1.3　供暖、供冷、通风设备

供暖、供冷、通风设备主要包括：

1）供暖设备

供暖设备是指房屋设备中用来在冬季为房屋提供热量的部分。它包括锅炉、循环泵、散热器等设备。室内供暖系统有很多形式，按热媒不同，可分为热水供暖系统、蒸汽供暖系统。一般民用建筑大多采用热水供暖系统。

2）供冷设备

供冷设备是指可以使屋内空气流动，降低室内温度，给住用者带来凉爽感的设备，包括冷机、深井泵、空调、电扇、冷却塔、回水泵及输送冷水的管网等。

3）通风设备

通风设备是指在建筑内部保证房间空气流动，同时能排出有害气体的设备。一般包括风机、通风管道、风口及一些空气净化设备。

1.1.4　燃气设备

房屋的燃气设备包括燃气灶、燃气表、燃气管道、天然气管网等。燃气管理部门负责物业小区燃气设备的安装、维修及安全监管工作；物业服务企业按照相关法规、规定

和合同约定，维护物业小区的治安并提供巡查服务工作，积极配合燃气企业和燃气管理等相关部门开展安全用气宣传以及安全用气排查工作。

另外，还有一些房屋建筑的其他设备，如厨房设备、库房设备、人防设施、地下车库等。

建筑物对上述设备的配置与安装是根据物业的用途、档次及用户的要求而确定的。例如，普通住宅一般只设置给排水、供电及照明、有线电视、网络等设备，对于高层建筑要增加电梯、消防、建筑智能等设备，而现代化综合性商业大厦则几乎包括上述的全部设备，而且设备先进、品种齐全。

1.2 物业设备维护与管理的意义及目标

1.2.1 物业设备维护与管理的基本概念

为了保证物业设备的正常运作，必须对其进行保养与维修，同时按照各项规章制度进行日常管理和维护，实行专业人员维修与使用操作人员维护相结合，并制定设备管理和定期维修制度，降低设备维修养护费用，延长设备使用寿命，提高经济效益。

1）物业设备保养

物业设备保养是指物业服务企业主管部门和供电、供水、供气等单位对设备进行的常规性管理、养护、维修等工作。通常采用三级保养制，即日常维护保养、一级保养和二级保养。

（1）日常维护保养，是指设备操作人员所进行的经常性的保养工作，主要包括定期检查、清洁和润滑，发现小故障及时排除，做好必要记录。

（2）一级保养，是指设备操作人员与设备维修人员按计划进行的保养维修工作，主要包括对设备进行局部解体和清洁、调整，按照设备磨损规律进行定期保养。

（3）二级保养，是指设备维修人员对设备进行全面清洗，部分解体检查和局部维修，更换或修复磨损件，使设备能达到完好状态的保养。

2）物业设备维修

物业设备维修是指通过修复或更换零件、排除故障、恢复设备原有功能所进行的技术活动。物业设备维修根据设备破损程度可分为：

（1）零星维修工程，是指对设备进行日常的保养、检修及为排除运作故障而进行的局部修理。

（2）中修工程，是指对设备进行正常的和定期的全面检修、对设备部分解体修理和更换少量磨损零部件，保证能恢复和达到应有的标准和技术要求，使设备正常运转。其更换率为10%~30%。

（3）大修工程，是指对物业设备定期进行全面检修，对设备全部解体，更换主要部件或修理不合格零部件，使设备基本恢复原有性能。其更换率一般超过30%。

（4）设备更新和技术改造，是指设备使用一定年限后，技术性能落后、效率低、耗能大或污染日益严重，需要更新设备，提高和改善技术性能。

3）物业设备维护与管理

物业设备维护与管理是指对物业中的设备进行管理、运行、维修和保养工作，使之处于完好状态，保证其正常使用。尽量避免其使用价值下降，在保证和提高各种设备设施功能的同时，最大限度地发挥其综合效益。管理人员必须充分了解和掌握所管物业内各种设备设施的原理和性能，研究如何最有效地发挥它们的功能，提高利用率，并在此基础上尽量减少劳动力和能耗、物耗，通过维修和保养，保持设备设施经常处于良好的运行状态，创造一个安全、舒适、和谐的人居环境和办公环境。

传统的物业设备维护与管理侧重现场管理，主要是指对物业中的设备，包括供水排水设备、供电设备、机电设备（如空调、电梯）、卫生设备、通信设备等进行管理、运行、维修和保养工作，使之处于完好状态，保证其正常使用。从传统的含义中不难看出，它是把各种设备能够正常运行作为工作目标，着眼于有故障的设备或存在潜在故障因素的设备，具有“维持和预防”的特点。以至于有很多物业管理人员认为，物业建成接管后，设备管理无非是招聘一些空调工、水电工、锅炉工让设备运转起来就行了。随着现代科学技术的应用和建筑智能化建设的不断推进，信息化的、高科技含量的现代建筑设备更多地使用于各类建筑中，并且实施产业化的管理，传统的“维持和预防”型设备维护管理意识已不能适应现代的物业管理需求。现代物业设备的维护与管理已从现场管理上升到经营和管理相统一的战略上来，主要工作目标是：在维修保养使物业设备处于完好状态、保证正常运行的基础上，寻找服务品质与服务成本的最优化，对全部固定资产的全寿命周期及未来的设备更新问题，运用管理知识、协调综合管理。

1.2.2 物业设备维护与管理的特点

随着楼宇智能化的完善和发展，各种自控、网络及通信、视频设备等进入物业系统中，物业设备的维护与管理工作在物业管理中的地位和作用也越来越重要。从物业管理的角度来看，物业设备维护与管理具有以下特点：

1）以“管理”为基础

尽管各类物业设备功能各异，但其根本目的都是为使用人提供某种特定的服务，改善其工作生活条件和物业的整体环境。无论是给排水、供电照明等日常使用的设备，还是消防、空调、自动报警等紧急情况下使用的设备，都与使用人的日常生活、工作密切相关。设备维护与管理失误对使用人的生活影响很大，如冬季室内温度过低或电梯经常出现故障停止运行，不仅造成生活困难，而且可能形成社会的不安定因素。因此，物业设备维护与管理必须以管理为基础，以维修为保障，使设备正常运行，围绕向使用人提供良好服务这个核心而展开。

2）维修成本高，管理经营性强

相对于物业本身而言，物业设备的维修一次性投资很大、成本高，因为物业设备大部分使用年限短于建筑物使用年限。一方面，物业设备因使用而发生有形损耗，致使其使用年限缩短；另一方面，由于技术进步，出现了性能更好、使用更舒适方便的新型物业设备，物业设备更新间隔期缩短，导致其使用年限缩短造成无形损耗，从而使维修、更新的成本增加。物业管理行业属于服务业，而且是有偿服务，在具体实施过程中，要考虑成本核算。因此，物业设备的维护与管理具有明显的经营性特点，即物业设备维护与管理实质上是物业设备的经营管理。

3）专业性、技术性要求高

物业设备性能各异，结构复杂，对专业化程度和精确程度的要求都较高，而维修工作的好坏会直接影响设备在运行中的技术性能能否正常发挥，所以在维修养护和管理中就需要不同专业的技术知识，规范化、标准化的科学管理制度以及大量的技术工人和专业技术人员。对于操作运行特种设备的相关人员还要求必须持有上岗证书。因此，物业设备的维护与管理具有很强的专业性和技术性。

4）综合性强

智能化建筑是一个具有综合使用功能的有机体，其设备具有种类繁多、数量庞大、管路重叠等特点。这些设备在任何时候都要协调地共同工作才能保证设备各项功能的正常发挥。任何一个部位出了故障都会影响到整体功能，给使用人带来不便。同时，物业设备的维护与管理涉及电力、电信、燃气、供热、供水、排水、道路、环卫、绿化、路灯、消防、公安、交通等专业工作，物业服务企业应和这些专业管理部门统一协调，明确各自的职责分工，确保各类设备的正常运行。

1.2.3 物业设备维护与管理的意义

1）有利于提高物业管理服务质量

物业服务企业是一种以服务为主的经营性企业。物业管理的宗旨是要尽可能地保证业主及物业使用人的最大满意。现代科学技术提供的最新物业设备，是物业安全、舒适和提供一流服务的物质基础，而设备维护与管理的间接对象是物业设备。因此，设备维护与管理的质量好坏，直接影响到业主及物业使用人对物业服务企业的工作是否认可，甚至决定物业服务企业是否会被聘用或被续聘。物业服务企业必须不断促进设备维护与管理的服务质量的提高。

2）有利于物业价值的提升

完美的服务加上完善的设备，才能使物业以较高的租金和售价出租、出售，给开发商和业主带来较好的回报。因此，提高物业设备维护与管理的质量会促进物业销售的价格及租金的上涨。

3）有利于保证业主及使用人的生活安全

物业服务企业应尽职尽责管理好物业设备，使业主及其使用人获得安全感。物业的安全设备，如安保监控系统、消防设备及通信设备等的正常运行都应有可靠保证。这是保证业主及使用人生活安全的重要前提。

4）有利于提高物业服务企业的经营利润

物业设备的维修保养费用及能源消耗费用是物业管理财务收支中重要的开支项目。物业设备运行与维护费用、能源消耗费用的有效节约，能使物业管理成本降低，即利润相对增加。同时，设备维修得及时与否，也直接影响着物业的租售率，对提高物业服务企业的经营利润起着一定的推动作用。

5）有利于提高物业服务企业的声誉及社会形象

物业服务企业对设备管理不当，导致物业设备不能正常运行，会给业主及使用人在生活或工作上带来极大的不便，对物业服务企业的声誉及社会形象也都会带来负面影响。

1.2.4　物业设备维护与管理的目标

物业设备维护与管理要坚持以预防为主，日常保养与按计划维修并重，实行专业人员修理与使用操作人员养护相结合，使物业设备经常处于良好状态，做到修旧利废、合理更新，降低设备维修费用，提高经济效益，即在管理好、用好、修好、更新改造好现有设备，提高设备利用率及完好率的基础上节约服务成本，合理利用企业资金，保证设备运行安全，保护环境，有效地预防设备故障和安全事故。

1.3　物业设备维护与管理的内容及要求

设备维护与管理一般由物业服务企业工程设备部门负责。随着物业设备的发展，该项工作将从物业管理范围分离出来，向专业化、社会化、集中化、规范化的方向发展。设备维护管理主要由设备运行管理和设备维修管理两大部分组成。运行和维修既可统一管理，也可分别管理。

物业设备维护与管理主要包括前期管理，使用管理，维修养护管理，经济管理，安全管理，增建、更新和改造管理，技术档案管理等。

1）前期管理

物业服务企业对物业项目建设的前期介入是物业管理市场化成熟和发展的结果，该项工作可避免接管后物业设备使用管理中可能出现的不足或缺陷，并有助于解决在物业项目建设中存在的问题，节约物业投入使用后的管理开支，提高物业管理服务的质量，使业主及使用人满意。前期管理包括设备的规划、选型、采购、订货、安装、调试、使用初期管理及信息反馈等。

2）使用管理

使用管理主要有设备使用说明、设备运行值班制度、交接班制度、设备操作人员的岗位责任制和设备运行时出现重大事故的应急预案等。物业设备根据使用时间的不同，可分为日常使用设备，如给排水、供电设备及电梯等；季节性使用设备，如供暖、供冷设备等；紧急情况下使用设备，如消防、自动报警设备等。各类设备都要制定相应的设备运行使用制度。

3）维修养护管理

维修养护管理主要包括设备定期检查、日常保养、维修制度、维修质量标准以及维修人员值班制度等。

4）经济管理

经济管理，即设备购置时一次性投资的经济性、运行使用时的经济性，以及维护、检修和更新改造的经济性。其最终目的是在设备经济寿命的变化过程中，寻求以最少投资而得到最大经济效益的方法。设备经济管理的内容包括初始投资费用管理、维修养护费用管理和改造费用管理等。

5）安全管理

安全管理在物业设备管理中占有重要位置。国家对安全性能要求高的电梯设备，推行“电梯设备+维保服务”一体化采购模式，探索专业化、规模化的电梯维修使用管理方式。要求其他设备维修人员定期参加技能培训，考核后持证上岗，同时要制定相应的安全管理制度，确保物业设备设施使用安全。

6）增建、更新和改造管理

出于下列原因，物业服务企业可能要对物业设备进行增建、更新和改造：

（1）原设计与实际使用功能有矛盾；

（2）设备与设施未达到设计的水准；

（3）因经营需要而改变原使用用途；

（4）设备老化；

（5）设备能耗大，不符合节能要求；

（6）来自市政、环保等方面的要求。

7）技术档案管理

技术档案管理是设备的基础管理，包括设备的登记卡、技术档案、工作档案、维修档案等。

1.4 物业设备维护与管理的组织机构和岗位职责

1.4.1 常见的设备维护与管理组织机构类型

物业设备管理组织机构是物业服务企业管理组织的一个组成部分。一般情况下，物业设备维护与管理工作主要是由物业服务企业的工程部承担的，所以设备维护与管理的组织机构一般是指物业服务企业工程部的部门组织机构。组织机构类型很多，下面介绍几种常见的设备维护与管理组织结构类型及其特征。

1）“综合维护组”模式（如图1-1所示）

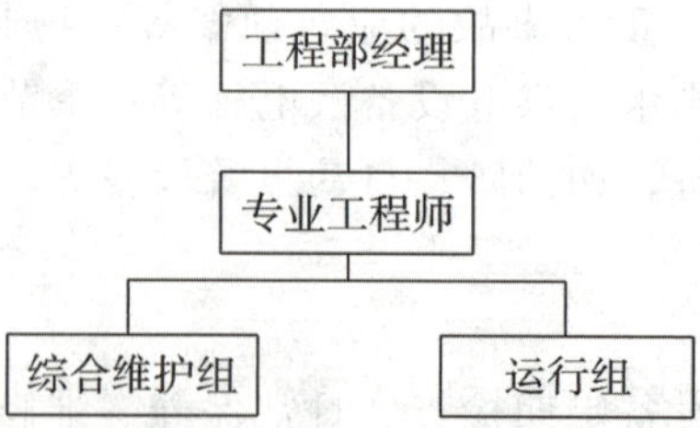

图1-1 “综合维护组”模式

这种组织机构中整个设备维护管理工作分为“运行”和“维护”两大部分。为了最大限度地节约人员开支，“综合维护组”成员一般为多技能型人才，能应对各类设备日常维护工作。专业工程师一般由电气工程师和机械工程师组成，受部门经理的直接领导，负责处理各管理组遇到的相应技术问题。这种模式的主要优点是机构简单，人员较少，决策迅速；缺点是专业性不足，对于较复杂的设备管理问题有时力不从心。

“综合维护组”模式适用于以常规建筑设备为主、比较小型的或专业要求不高的物业设备管理工作。

2）“专业管理”模式（如图1–2所示）

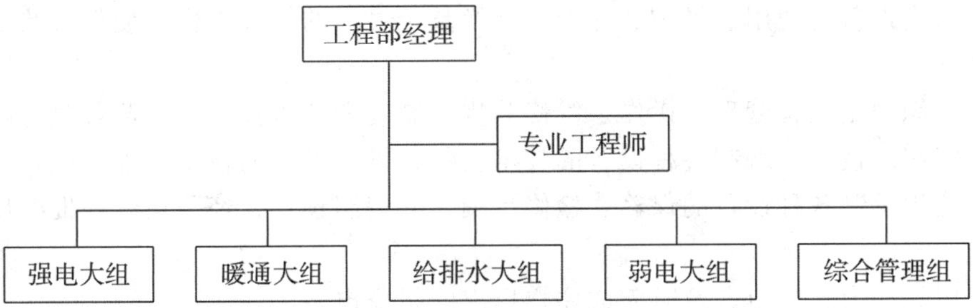

图1–2　“专业管理”模式

这种组织机构按照专业进行任务分工，各司其职，其主要优点是可以发挥专业特长，提高管理质量和管理水平。但是，由于各组人员分别受不同的管理者指挥，当出现需要若干组人员配合解决的综合设备问题时，常常会出现时间上不同步、配合不当、问题解决不及时等问题，因此它的最大缺点是班组众多，操作比较复杂，各班组间必须紧密配合才能发挥其真正的作用。“专业管理”模式一般适用于设备相对复杂的、大型的物业设备管理工作。

3）“急修组”模式（如图1–3所示）

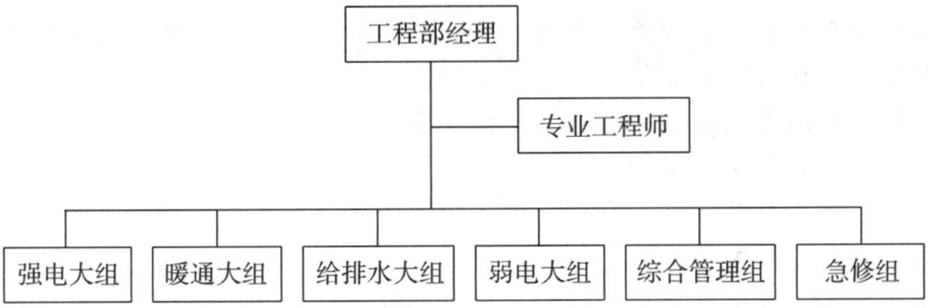

图1–3　“急修组”模式

这种组织机构是在“专业管理”模式的基础上发展而来的，它借鉴了项目管理思想，在各专业班组外加上一个“急修组”，组内的维修人员平时仍编于各专业班组内，只是在执行紧急或计划综合设备维修任务时，由“急修组”统一调配各班组中的人员，组成“急修组”，任务结束后，成员仍返回原工作班组。其主要优点是克服了“专业管理”的缺点，能够采用灵活调配的办法充分利用各维修人员的时间，使不同班组的成员能够在同一时间受到统一领导。这种模式适用于较大型的物业设备管理。

1.4.2　物业设备维护与管理的各岗位职责

岗位职责的制定与管理组织模式有关，不同的管理模式有不同的岗位职责。

1）工程部经理

工程部经理是对物业设备进行管理、操作、保养、维修，保证设备正常运行的总负责人，其职责是：

（1）在公司经理的领导下，贯彻执行有关设备和能源管理方面的工作方针、政策、规章和制度。

（2）负责设备的使用、维护、保养、更换整个过程的管理工作，使设备始终处于良好的工作状态。

（3）组织拟定设备管理、操作、维修等规章制度和技术标准，并监督执行。

（4）组织、搜集、编制各种设备的技术资料，做好设备的技术管理工作。

（5）组织编制各种设备的保养、检修计划，并编制预算，经公司经理批准后，组织人员实施。

（6）组织人力、物力，及时完成住户提出的报修申请。

（7）组织全体工程部员工进行培训学习，树立“业主至上，服务第一”的思想，提高解决技术难题的能力。

2）各专业技术负责人

各专业技术负责人（如工程师或技术员）在部门经理的领导下，负责所管辖的维修班组的技术、管理工作，并负责编制所分管的物业设备的保养、维修计划、操作规程及有关资料，协助部门经理完成上级主管部门布置的工作，其职责是：

（1）负责编制所管设备的年、季、月检修计划及相应的材料、工具准备的预算计划，经工程部经理审批后负责组织计划的落实、实施，并负责技术把关和检查。

（2）负责检查所有分管设备的使用、维护和保养的情况，并解决有关技术问题，以保证设备经常处于良好的工作状态。

（3）负责制订所管设备的运行方案，督导操作工人严格遵守岗位职责，严格执行操作规程，以保证设备的正常运行。

（4）负责所管设备的更新、改造计划，完善原设计和施工遗留的缺陷，使各项物业设备投入正常运转，从而达到“安全、可靠、经济、合理”的目标。

（5）组织调查、分析设备故障原因，提出处理意见及整改措施，以防止同类事件再次发生。

（6）具体负责培训所管辖物业的检修工、操作工的技术能力和工作能力。

（7）积极完成上级领导布置的其他任务。

3）领班

领班的职责是：

（1）负责本班所管辖设备的运行、维护、养护工作。

（2）以身作则，负责并督促全班员工遵守岗位职责、操作规程和公司制定的各项规章制度，及时完成上级下达的各项任务。

（3）负责本班的业务学习及日常工作安排，不断提高自身素质。

（4）严格考核全体员工的出勤情况，不允许擅离职守。

（5）负责制订本班设备的检修计划，报主管部门审核后组织实施。

4）维修人员

维修人员的职责是：

（1）按时上班，不得迟到、早退，因故请假，须经上级部门批准。

（2）认真执行公司制定的各种设备维护规程。

（3）认真完成设备的日常巡检工作，发现问题及时处理。

（4）定期对物业设备进行保养维护。

（5）认真完成公司安排的设备大检修任务。

（6）正确、详细填写工作记录、维修记录，建立设备档案。

（7）爱护各种设备、工具和材料，对日用维修消耗品要登记签认，严禁浪费。

（8）加强业务学习，认真钻研设备维护技术，并树立高度的责任心，端正工作态度。

5）保管员

保管员的职责是：

（1）负责统计材料、工具和其他备件的库存情况，根据库存数量及其他使用部门提出的采购申请，填写采购申请表，报送经理审批。

（2）负责材料、工具和其他设备备件的入库验收工作，保证产品品种、规格、数量、质量符合有关规定要求。

（3）负责库房的保管工作，保证产品的安全和质量。

（4）负责材料、工具和其他设备备件的出库工作。

（5）负责统计库房材料的工作，按时报送财务部门。

（6）负责完成上级交办的其他任务。

1.5　物业设备维护与管理的相关制度

1.5.1　接管验收制度

设备验收工作是设备安装或检修后转入使用的一个重要过程。搞好设备验收工作，对以后的管理和使用有着重要的意义。设备接管验收不仅包括对新建房屋附属设备的验收，还包括对维修后房屋设备的验收，以及委托加工或购置更新设备的开箱验收。

物业设备的第一次验收为初验，对发现的问题应商定解决意见并确定复验时间，对经复验仍不合格的应限定解决期限。对有缺陷但经后续维修不影响使用的设备，可作为遗留问题签订保修协议或赔款补偿。验收单与协议等文件应存档。

1.5.2　预防性计划维修保养制度

计划维修保养制度是指为防止意外损坏而按照预定计划进行一系列预防性设备点检、养护、修理的组织措施和技术措施。其主要包括：

（1）确定维修及保养工作的类别和内容，具体包括：日常及周保养内容；月维修保养内容；季度、半年、年度维修保养内容；大修理内容。

（2）设备维修、保养的要求。

（3）制订预防计划，保证维修保养工作的实施并予以监督。各设备维修部门每年应根据设备维修保养工作的内容和要求，制订预防性维修保养计划，分期分项下达给维修人员、使用人员实施，并进行监督和检查。

（4）大修理计划根据公司设备管理和维修合一的体制，应采取大修集中、维修分散的组织形式。

1.5.3 值班制度

建立值班制度并严格执行，可以发现事故隐患并排除故障，从而保证设备安全、正常的操作运行。其具体内容如下：

（1）值班人员必须坚守岗位，不得擅自离岗，如因工作需要临时离岗，必须有符合条件的人员替岗，并交代离岗时间及去向。

（2）根据操作规程及岗位职责的要求，注意所管设备的运行情况并按规定做好有关记录。

（3）发生设备故障时，如当班人员不能及时处理，则应按报告制度立即报告给有关人员。

（4）调度值班人员接到请修通知后，应及时通知有关班组，安排人员前往维修。

（5）所有值班岗位都必须安排人员值班，且要到岗到位。如果调班，必须报主管人员同意。就餐时间实行轮换就餐，并通知同班人员配合。

（6）值班人员应安排统一的值班班次，不得迟到、早退、无故缺勤。因故不能值班者，必须提前征得班长同意，按规定办理请假手续，班长应落实好代班人员，保证岗位上有人工作。

1.5.4 交接班制度

搞好交接班工作，可以保证值班制度的实施。其主要内容是：

交接班双方人员必须提前十分钟做好交接班准备工作，正点进行交班。交接班的准备工作包括查看运行记录、介绍运行状况和方式以及设备检修、变更等情况，清点仪表、工具，检查设备状况等。

出现下列情况不得交接班：

（1）事故处理未完成或重大设备正在启动、停机。

（2）交接班准备工作未完成。

（3）接班人员有醉酒现象或神志不清且未找到顶班人。

交接班清楚后，双方要在值班登记本上签字。

1.5.5 报告制度

建立报告制度的目的是让物业公司经理、技术负责人和班组长了解设备的运行和维修管理情况，及时发现设备管理中存在的问题，以便及时解决。其具体内容有：

1）应报告班组长的情况

（1）主要设备非正常操作的启停、调整及其他异常情况。

（2）设备出现故障或停机检修。

（3）零部件更换及修理。

（4）运行人员暂时离岗。

2）应报告技术负责人的情况

（1）重要设备非正常操作的启停、调整及其他异常情况。

（2）采用新的运行方式。

（3）重点设备发生故障或停机检修。

（4）重点零部件更换修理、加工和改造。

（5）员工加班、调班、补休、请假。

（6）与上级或外协单位联系。

3）应报告经理的情况

（1）重点设备发生故障或停机修理。

（2）影响大厦运行的设备出现故障并需要立即检修和施工。

（3）系统运行方式的重大改变。

（4）系统及主要设备的技术改造。

（5）系统或设备的整改工程及外委施工。

（6）技术骨干、班组长以上人员岗位调整及班组组织结构调整。

（7）员工一天以上的请假，班组长以上的员工补休、换班。

1.5.6　工具领用保管制度

工具领用保管制度的具体内容如下：

（1）个人领用工具品种根据工种发放，由员工申请部门经理批准，到仓库办理领用手续，工具由个人负责使用、保管。

（2）班组领用的公共工具品种，由各班申请，部门经理批准后到仓库领用，领用后由领班保管，班组交接班时，按交接班制度交接公用工具。

（3）工具发生丢失、损毁时，由保管者说明原因，向部门经理报告，由于人为因素所造成的由责任人按工具价值赔偿。

（4）工具因使用时间而发生磨损或毁坏，经部门经理批准可办理报废，保管人员重新办理领用手续。

除上述设备管理制度外，还有工程设备请修制度，设备技术档案资料保存管理制度，房屋设备更新、改造、调拨、增添、报废规划及审批制度，承租保管设备责任制度和物业设备清点盘点制度等一系列物业设备管理制度体系，这些制度能有效地实现专业化、制度化的物业设备管理。

1.6 物业设备维护与管理的发展趋势

近几年，我国的物业设备产业发展比较迅速，随着新材料的大量应用，新设备不断涌现，传统物业设备正朝着体积小、重量轻、能耗少、效率高、噪声低、造型新、功能多、智能化、系统化、自动化的方向发展。对设备的维护与管理也向着全员化、专业化、社会化的方向发展。因此，物业服务企业在设备的维护与管理工作中，要改变以往的全体员工在各自岗位上只负其责、严格分工和截然分开、互不关联的不合理局面，实行全员参与，了解物业设备的基本状况，自觉执行各项规章制度，共同管好所有物业设备。而对于一些关键设备、安全性设备及技术难度较高设备的维修、保养和定期检修工作，物业服务企业可委托专业制造厂商或专业维修公司进行。

随着物业设备产业的进一步发展，特别是高新技术成果的应用，物业设备的功能发展呈现集成优化的态势，物业设备维护与管理的复杂性和专业性逐步提高，并且向着集团化、规范化的方向发展。建立各种形式的物业设备技术中心、保养中心、维修中心、备件中心及管理中心等服务行业，可以使它们根据物业设备的发展状况和技术特点提供专业的服务。

物业设施设备管理就是从所有者、管理者和使用者的利益出发，对所有的设施设备进行规划、管理的经营活动。这一经营管理活动的基础是为使用者提供服务，为管理人员提供创造性的工作条件，为所有者保证其投资的有效回报并不断地得到资产升值，为人们创造一个安全、舒适、和谐的人居环境和办公环境。

主要概念

物业设备保养　物业设备维修　物业设备维护与管理

基础知识练习

△ 单选题

1.下列不属于物业设备的是（　　）。

A.水表　B.消防箱　C.浴缸　D.电梯

2.组织编制各种设备的保养、检修计划，并进行预算，是（　　）的职责范围。

A.专业技术负责人　B.工程部经理

C.维修人员　D.维修班组的领班

3.大型商场的物业设备维护与管理工作一般宜采用（　　）模式。

A.综合维修组　B.专业管理　C.急修组　D.直线式

△ 多选题

1.建筑物附属设备种类繁多，功能各异，一般包括（　　）。

A.给排水设备　B.消防设备　C.弱电设施　D.电气设备

2.物业设备的保养通常采用（　　）保养形式。

A.日常维护　B.一级　C.二级　D.三级

3.物业设备维修根据设备的破损程度可分为（　　）等。

A.检查保养　　B.小修
C.中修　　D.设备更新和技术改造

△ 判断题

1.物业设备维护与管理必须以维修为基础，以管理为保障。（　）

2.物业设备维护与管理有利于提高物业销售价格。（　）

△ 思考题

1.物业设备维护与管理的重要意义有哪些？

2.物业设备维护与管理的基本内容包括什么？

3.物业设备维护与管理的组织机构类型有哪几种？各有何特点？适用状况如何？

实践操作训练

△ 实训题

【实训情境设计】

分析探讨你所在城市物业设备维护与管理的发展状况及发展趋势，并在教师的指导下举例说明某物业区域的物业设备维护与管理运用的组织机构类型。

【实训任务要求】

1.调查一个10万平方米左右的物业管理区域中物业设施设备的配备情况，管理维修人员配备有几名，配备维修养护用的工具和设备主要有哪些？要求数据准确、情况属实。

2.随访20位业主，调查他们对物业服务人员在设施设备维修的及时情况、维修水平方面是否满意。

3.所举实例宜为你所熟悉的，或是经过自己深入调查的，分析确定其组织机构类型。

【实训提示】

1.由于课余时间有限，宜分组进行，然后对各组进行综合评定。

2.确定若干个具有代表性的物业公司作为调查对象。

【实训效果评价表】

填写实训效果评价表，见表1-1。

表1-1　实训效果评价表

评价内容	分值（分）	评分（分）
各组人员安排	10	
调查对象的选择	20	
数据、信息来源	30	
说服力、表达能力	30	
小组人员的协作情况	10	
总体评价	100	

第 2 章

室内给水系统

本章概要

本章共 5 节，主要讲解室内给水系统的布置与敷设及部件和管材；介绍消防给水和热水供应系统；重点讲解给水系统的运行维护与管理。

学习目标

通过本章的学习，了解建筑室内给水系统的分类、组成及其附属设备情况；掌握室内给水系统的管道及其设备的敷设要求；掌握室内给水系统的维护与管理技能。培养环保意识、珍惜水资源，养成吃苦耐劳的工匠精神。

引例

居住在华府小区6栋2单元603室的业主小李12月15日到物业公司告知，其房屋主卧室南墙角棚面和东墙中间棚面渗水，怀疑是楼上703室业主家采暖管道漏水所致。该小区于当年8月13日开始入住，10月25日供暖，采暖设施在质保期内。因此，物业公司马上派维修人员前去查看，关闭了采暖阀门，通知了采暖施工单位。第2天采暖施工单位对703室的采暖管道打压，经打压试验，703室采暖管道不漏水。这时管理人员查阅供水施工图纸，发现其供水管道是从主卧室的墙边通往卫生间的，经打压试验，证实是供水管道漏水。

上述案例启示我们，物业公司的管理和维修人员应该会看施工图纸，掌握建筑物内供水管道的走向和布置，便于日后更快捷地为业主服务。

2.1 室内给水系统概述

室内给水系统的任务是通过市政给水水源将水引入建筑物内，并在保证满足用户对水质、水量、水压等要求的情况下，把水送到各个配水点（如配水龙头、生产用水设备、消防设备等）。

2.1.1 室内给水系统的分类

室内给水系统按照供水对象的不同，可分为以下三类：

1）生活给水系统

提供人们日常生活所需用水，如饮用、烹调、洗涤、盥洗和沐浴等用水的管道设施，称为生活给水系统。生活给水系统要求水质必须符合国家规定的《生活饮用水卫生标准》。

2）生产给水系统

提供生产工艺用水，如机器设备冷却、原料和产品的洗涤、锅炉及生产过程用水的管道设施，称为生产给水系统。生产给水系统对水质的要求应根据生产性质和工艺要求而定。

3）消防给水系统

提供扑灭建筑物火灾所需用水的消防管道设施，称为消防给水系统。消防用水对水质要求不高，但必须按建筑防火规范保证有足够的水量和水压。

在同一幢建筑物内，不一定需要单独设置三种给水系统，可以根据水质、水压和水量的要求及室外给水管网的情况，再结合技术、经济和安全等条件相互组成不同的共用给水系统，如生活、生产共用给水系统；生活、消防共用给水系统；生活、生产、消防共用给水系统。共用原则是：当两种或两种以上用水对象的水质、水压要求相近时，应尽可能采用共用给水系统，以节省系统的安装费用和进一步提高供水系统的使用效率。对消防要求严格的高层建筑或大型建筑，为了保证消防的安全可靠，则应独立设置消防给水系统。

2.1.2　室内给水系统的组成

室内给水系统通常由装有水表的房屋引入管、水表节点、给水管道、给水附件、升压和储水设备、室内消防设备等组成，如图2-1所示。

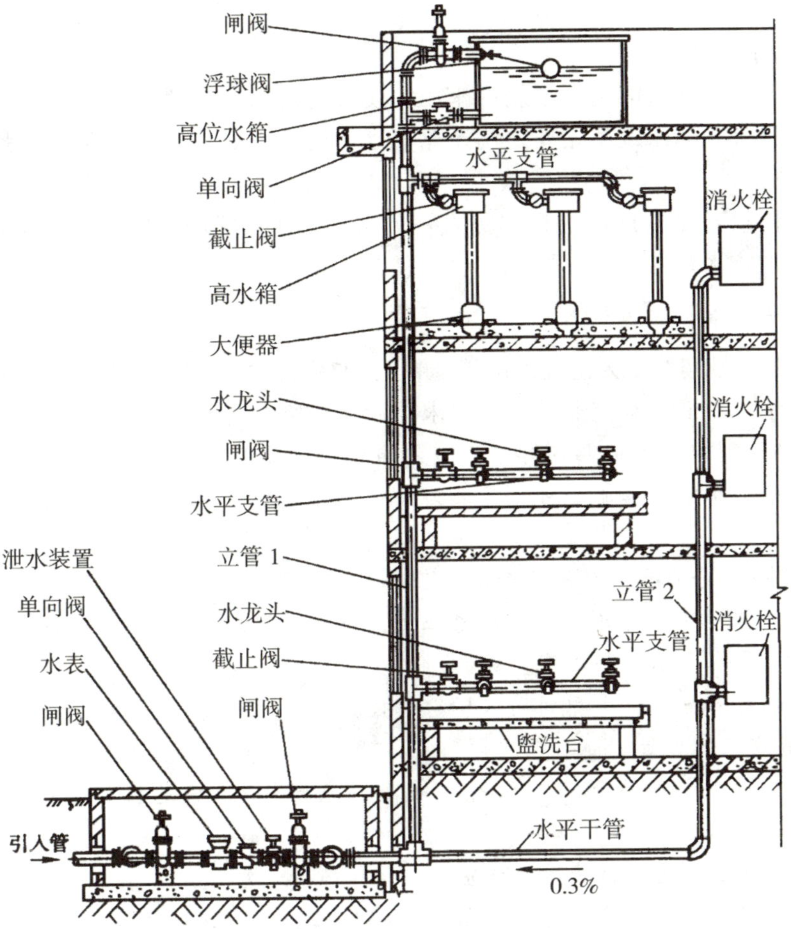

图2-1　室内给水系统的组成

1）引入管

对一幢单独的建筑物而言，引入管是室外给水管与室内管网之间的联结管段，也称进户管。引入管通常以埋地暗敷设方式引入。从供水的可靠性和配水平衡等方面考虑，引入管应从建筑物用水量最大处和不允许断水处引入。

2）水表节点

水表节点是引入管上装设的水表及前后设置的闸阀、泄水装置等的总称。它用于对整支管道的用水进行总计量或总控制。

3）给水管道

给水管道是指室内给水水平干管、立管、水平支管等组成的配水管网。干管是输送水的主要管道，是自引入管至各立管间的主要水平管段。立管是指呈垂直或与垂线夹角小于45°的管道，是从水平干管上接出并将水送到各楼层的竖直管段。水平支管是指呈水平或与水平线夹角小于45°的管道，是从立管接至各卫生器具支管之间的管段。

4）给水附件

给水附件是指为调节、检修的方便，在给水管路上设置的各种配水龙头及阀门等。

5）升压与储水设备

升压设备主要是指能增大系统内水压，使管内的水流达到相应位置，并保证有足够流出水量的设备。储水设备主要是用于储存水的设备，如贮水池、水箱、水塔等。

6）室内消防设备

室内消防设备是根据建筑物的防火要求及规定而设置的消防给水设备，有消火栓、消防水箱、消防水泵等。

【实战演练2-1】

佳苑小区8号楼为6层建筑，该楼1单元602室业主办理入住后，到物业公司报修，说家中自来水压力低，水流非常小，要求物业公司给予解决。

提示：1）到同单元同层的邻居家查看自来水的水压是否正常。如果正常，证明供水正常；如果不正常，水流小可能是因为供水干管或水泵等供水设备有问题，与业主家无关。

2）检查管井分户水阀是否全部打开。

（1）未全部打开，打开后：①水流正常，是该阀门未全开造成水流小；②水流仍然小，是管线或出水点水龙头堵塞造成的。

（2）全部打开，水流小原因同（1）中的②。

3）检查堵塞的位置。

（1）管内异物，如水泥灰、树叶、破布（或塑料），水龙头口异物（一般砂砾较多）等。

（2）PPR管热熔过热，热熔处堵塞。

（3）阀门外观正常，内芯损坏（俗称“掉蛋儿”）造成的堵塞。

2.1.3 室内给水系统的给水方式

微课1

室内给水系统给水

室内给水系统是根据建筑物的性质、高度，室内卫生器具或用水设备的分布情况、所需水压以及室外给水管网所能提供的水量和水压等因素决定的，常用的有以下六种给水方式：

1）直接给水方式

当室外给水系统的水量和水压在任何时刻都能满足室内给水系统的要求时，可采用直接给水方式（如图2-2所示）。这种给水方式无需任何加压设备和储水设备，投资少，施工维修方便，俗称“一次供水”。

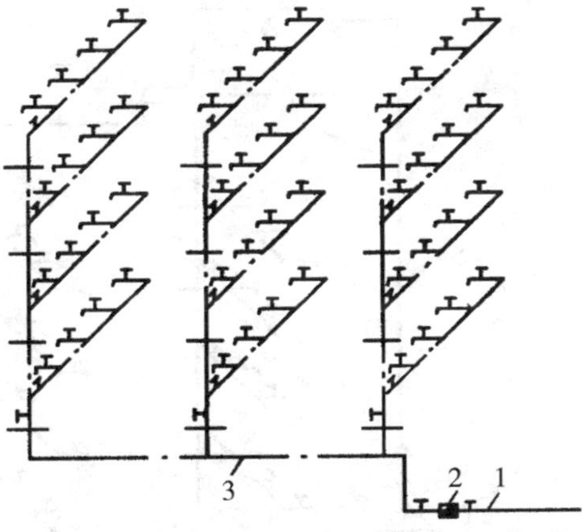

1——引入管；2——水表；3——干管

图2-2　直接给水方式

2）设有水箱的给水方式

当室外给水系统的水质和水量能满足室内管网的要求但水压间断不足时，可采用设有水箱的给水方式（如图2-3所示）。当室外给水系统的水压大于室内所需的压力时，由室外给水管网直接向室内给水管网供水，同时向屋顶水箱供水；当室外水压不足时，则由水箱向室内给水管网供水。由于这种给水方式存在水滞留在中间水箱的问题，有二次污染的可能，因此应加强日常使用管理。

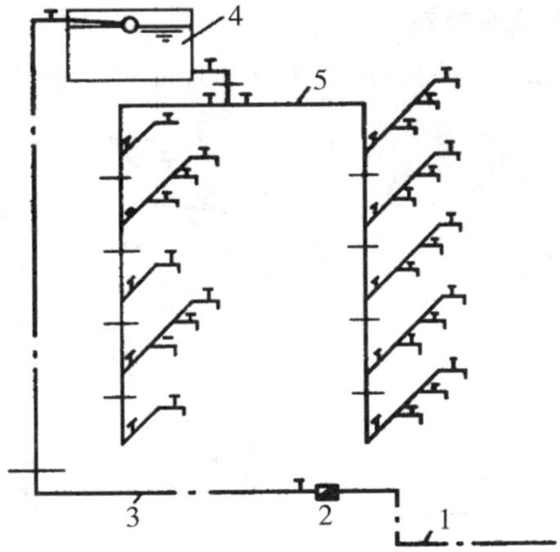

1——引入管；2——水表；3——总干管；4——水箱；5——干管

图2-3　设有水箱的给水方式

3）设有贮水池、水箱和水泵的联合给水方式

当室外给水系统的水压经常性或周期性不足时，可采用设有贮水池、水箱和水泵的联合给水方式（如图2-4所示）。这种给水方式是将来自室外给水管网的水流入贮水池，水泵从贮水池中吸水，向建筑物给水管网送水的同时向水箱充水。采用这种给水方式，水泵能及时向水箱充水，可大大减小水箱体积。同时，由于贮水池、水箱储备了一定水量，停水停电时可延长供水时间，供水可靠且压力稳定。这种给水方式俗称“二次供水”。

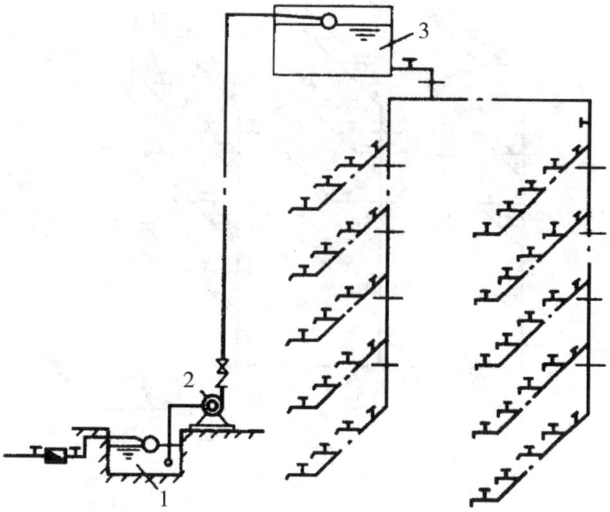

1——贮水池；2——水泵；3——水箱

图2-4 设有贮水池、水箱和水泵的联合给水方式

4）设有气压给水设备的给水方式

对于室外给水系统的水压不能满足建筑物给水管网的要求，用水压力允许有一定波动且不宜设置高位水箱的建筑物，可采用设有气压给水设备的给水方式（如图2-5所示）。这种给水方式的供水压力由气压罐内的压缩气体提供。其优点是投资少、建设速度快、灵活性大、系统密闭、水质不易受到污染；缺点是制作罐体耗用钢材较多，水泵和压缩机启动比较频繁。这种给水方式一般不适用于水量大和水压不稳定的用水管网。

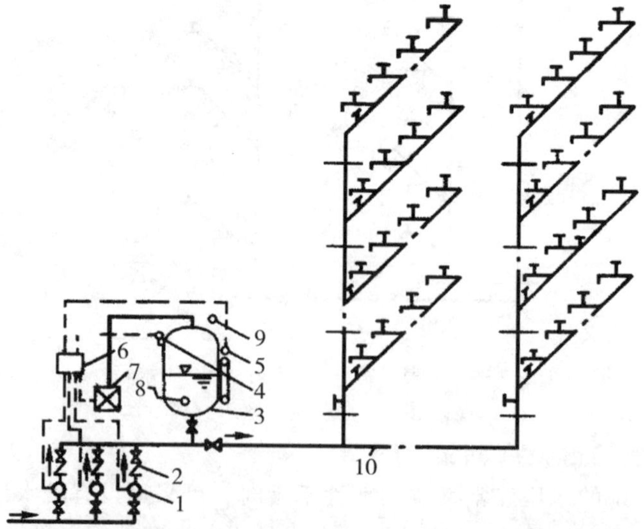

1——水泵；2——止回阀；3——气压罐；4——压力信号器；5——液位信号器；
6——控制器；7——补气装置；8——排气阀；9——安全阀；10——干管

图2-5 设有气压给水设备的给水方式

5）分区分压给水方式

在高层建筑物中，为了充分利用室外给水系统水压，常将建筑物分成两个或两个以上竖向分区，采用分区分压给水方式（如图2-6所示）。下区利用市政管网的水压直接向给水设备供水，上区由贮水池、水泵、水箱联合供水。两区间由给水管相连，分区处设闸阀，必要时可以打开，使整个管网全由水箱或由室外管网直接向系统供水。

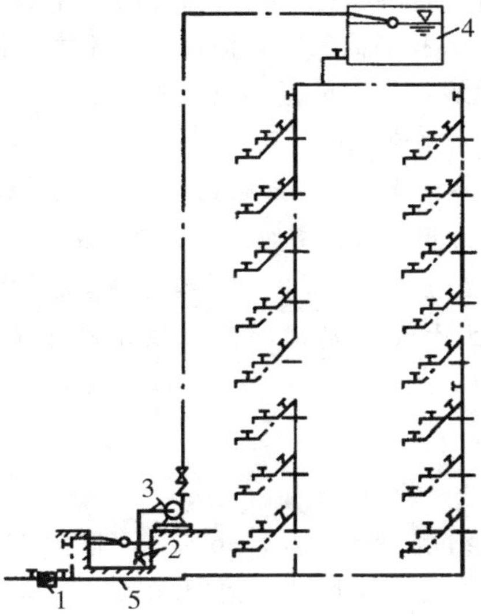

1——水表；2——贮水池；3——水泵；4——水箱；5——下区给水干管

图2-6　分区分压给水方式

6）恒压变频给水方式

恒压变频给水方式（如图2-7所示）是近年新发展出来的给水方式，它取代了水泵—水箱给水方式中的高位水箱，也取代了气压给水方式的气压水罐，通过改变水泵转速的方式改变给水的状况实现流量调节和恒压给水，供水压力变化小，设备简单，是一种节能的给水方式。水泵转速的调节常用变频调速的方式进行，即使用变频调速恒压给水技术。

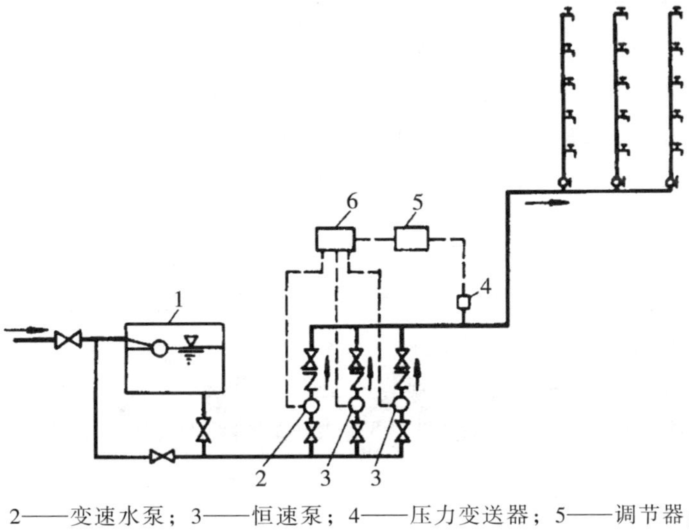

1——贮水池；2——变速水泵；3——恒速泵；4——压力变送器；5——调节器；6——控制器

图2-7　恒压变频给水方式

【案例精析 2-1】

某小区多层建筑的1~3层采用一次供水，其他楼层实行二次供水。由于市政供水的水压偏低，导致3层以上用户的热水器经常无法使用，停水断流现象也频频发生。物业服务公司多次向供水企业口头和书面反映，但反响都不大，情况一直没有得到改善。弄得业主经常就此问题进行投诉，有的业主还出言不逊。

精析：（1）为了摆脱这种被动应付的局面，物业服务公司绞尽脑汁，有针对性地采取了几项新的措施：由经理出面找政府部门反映民意民情，借助行政力量促进供水问题的解决；未彻底解决前动员大家错开用水高峰期，以缓解水压状况；一旦发生停水，管理人员为上了年纪或行动不便的业主送水上门。同时，利用公告形式将供水情况公布于众。

（2）考虑申请召开业主大会，动用物业专项维修基金，改变多层建筑物的给水方式。

【实战演练 2-2】

金质小区1号楼是分区给水，低区为1～6层，高区为7层及以上，采用变速水泵给水方式。6层的多数业主到物业公司反映，他们家在用水高峰基本上没水，其他时间有水，请物业公司帮助解决。

提示：1）高峰期无水，其他时间有水，说明供水管路没有问题。

2）给水量的多少是由变频器调节的变速水泵控制的，因此分析可能是调节器（包括变频装置）或变速水泵的问题。

3）到泵房查看，如变速水泵工作正常，则断定是变频装置故障。

2.2 室内给水系统常用部件、管材及设备

给水系统是由管道和各种管件、附件及设备连接而成的。因此，掌握其性能，合理选用，对室内给水系统的维护、工程质量接管验收、降低维护与管理成本及正常运行都是非常重要的。

2.2.1 常用的管材和管件

给水管网常用的管材有钢管、铸铁管、塑料管，其规格以公称直径表示。其中，镀锌焊接钢管、不镀锌焊接钢管、铸铁管、硬聚氯乙烯管、聚丙烯管的管径以DN表示；耐酸陶瓷管、混凝土管、钢筋混凝土管、陶土管的管径以d表示；电焊钢管、无缝钢管习惯以D表示钢管外径，如D乘以壁厚（δ）表示钢管规格，即D219×6。

1）常用管材

（1）塑料管。

塑料管管件的材质种类很多，最主要的材料是聚氯乙烯。塑料管具有密度小、化学稳定性好、耐腐蚀、管内壁光滑、水力条件好、重量轻、安装方便、容易切割、在

热状态下可以焊接和黏合等优点；缺点是不能抵抗强氧化剂的作用，强度低，耐热性差。

塑料管适用于工业与民用建筑内冷水、热水和饮用水系统，其工作压力和温度与管道的寿命关系密切。由于材质差异，UPVC和PEX-AL-PEX管道，不能用于热水系统，只适用于冷水供水系统。关于塑料管各种材质的性能差异比较见表2-1。

表2-1　塑料管各种材质的性能差异比较

品　种	优　　点	缺　　点
UPVC	抗腐蚀能力强，易于黏合，价廉，质地坚硬	有UPVC单体和添加剂渗出，不适用于热水输送；接头黏合技术要求高，固化时间较长
HDPE	韧性好，有较好的疲劳强度，耐温性能好；质轻，可挠性和抗冲性能好	熔接需要电力；机械连接，连接件大
PEX	耐温性能好，抗蠕变性能好	只能用金属件连接，不能回收重复利用
PB	耐温性能好，有良好的抗拉、压强度，耐冲击，有低蠕变、高柔韧性	国内缺乏原料，价格高
PP-R	耐温性能好	在同等压力和介质温度条件下，管壁最厚
CPVC	耐温性最好，抗老化性能好	价格高，仅适用于热水系统
PEX-AL-PEX	易弯曲成型，完全消除氧渗透，线涨系数小	管壁厚薄不均匀
ABS	强度大，耐冲击	耐紫外线差，黏结固化时间较长

（2）钢管。

钢管有焊接钢管和无缝钢管两种，焊接钢管又分为镀锌钢管和非镀锌钢管两种。镀锌钢管能防锈蚀，可以保护水质，延长管道使用寿命，常用于生活饮用水管道及热水供应系统。独立消防系统和对水质无具体要求的生产用水才允许用非镀锌钢管。钢管的优点是强度高、表面光滑、水力条件好。

（3）铸铁管。

铸铁管与钢管比较，具有耐腐蚀性强、使用寿命长、价格低等优点；缺点是质脆、重量大、长度小，适宜做埋地管道。

2）常用管材连接方法

在给水工程中，管道通过连接组成给水管网，形成给水系统。根据管网使用管材不同，各管材的连接方法也不同。以下是几种常见的连接方法：

（1）螺纹连接（又称丝扣连接）。这种连接方法主要是利用配件连接，配件用可锻铸铁制成，配件为内螺纹，施工时在管道的端部加工外螺纹。螺纹连接时，先在管端外螺纹上缠抹适量的填料，用手将管件拧上，再用适合于管径规格的管钳拧紧。螺纹连接的填料对连接的严密性十分重要，常用的填料有聚四氟乙烯胶带或麻丝沾白铅油等。钢管、塑料管采用此连接方法。

（2）焊接。焊接是管道安装工程中应用最为广泛的连接方法。一般采用手工电弧焊和氧-乙炔气焊，接口牢固严密，强度高，但不能拆卸。

（3）法兰连接。在较大管径的管道上通常采用法兰连接，将法兰盘焊接或用螺纹连接在管端，在法兰间加垫片，然后用螺栓拧紧。

（4）热熔连接。热熔连接是将管材内外表面同时加热至材料的熔化温度，撤去加热工具，将呈熔融状的管件承口插入管件插口，并保压冷却至环境温度。这种方法适用于塑料管。

（5）承插连接。承插连接是将管件的插口插入承口，并在其插接的环形间隙内填以接口材料的连接。塑料管、铸铁管大多采用此连接。

3）给水常见管件

（1）钢管管件。

①管箍，又称管接头、内螺丝，主要用于直线连接两根直径相同的管件。

②活接头，又称活接、由任，其作用与管箍相同，但比管箍装卸方便，用于需要经常装拆或两端已经固定的管路上。

③弯头，用于管道的转向连接，其规格表示方法为管径转向角度，一般有45°、90°两种弯头，有等径、异径两种规格。

④三通和四通，有等径和异径之分，用于相同管径或不同管径的管路分支。

⑤锁紧螺母，又称根母，是长丝活接头或长丝管的紧固件。

⑥外方管堵，又称管丝堵，由于堵塞，维修人员必要时可打开管道敞口，常用于管道系统的最低点的管件内螺纹处，可疏通排堵。

（2）塑料管件。

塑料管件有三通、四通、弯头等。塑料管件的用途与钢管管件相同。

2.2.2 给水配件、阀门和水表

1）给水配件

给水配件是指装在卫生器具及用水点的各式水龙头或进水阀。

2）阀门

引入管、管网连通管、水表前、立管、接有3个及3个以上配水点的支管和工艺要求设置阀门的生产设备均应设置阀门。常用的阀门有闸阀、截止阀、蝶阀、止回阀、球阀、浮球阀等，如图2-8所示。当管径不超过50mm时，宜采用截止阀；当管径超过50mm时，宜采用闸阀或蝶阀；在双向流动的管段上，应采用闸阀或蝶阀；在经常启闭的管段上，宜采用截止阀。止回阀用于防止介质倒流，如设在升压给水方式的水泵的旁通管上。设置止回阀时要求其阀和阀芯在重力作用下能自动关闭。球阀多用于油品和燃气供应系统。浮球阀常用于供水水箱中，当水位到达限定位置时，在浮球浮力作用下关闭。

3）水表

水表的安装地点应选择在查看管理方便、不受冻、不受污染和不易损坏的地方，分户水表一般安装在室内给水横管上和楼梯间管道井中。

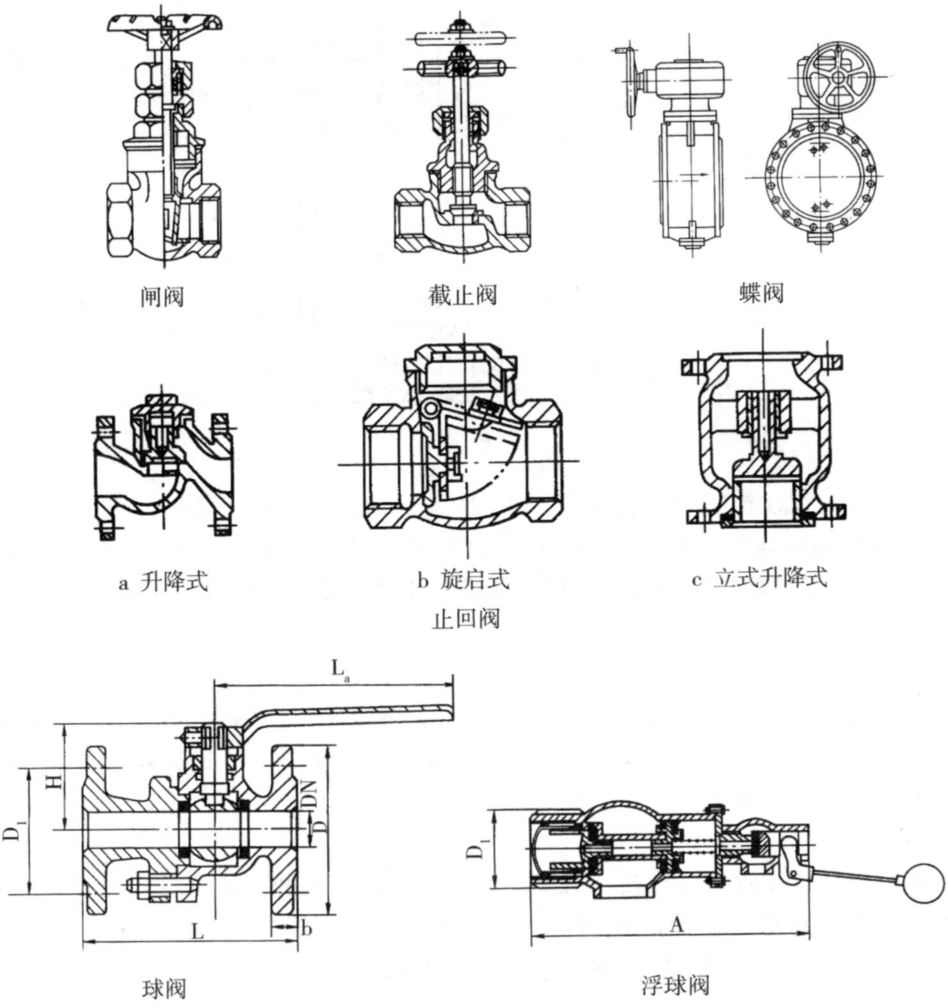

图2-8　各种阀门的示意图

2.2.3　常用的给水设备

1）水箱

水箱具有贮水、稳定水压、控制水泵工作和保证供水的作用。水箱上应设有进水管、出水管、溢流管、泄水管及水位信号装置等，如图2-9所示。当水箱由管网进水时，进水管上应装设液压阀或浮球阀，浮球阀一般不宜少于两个，在浮球阀前应安装截止阀，以便检修。出水管可以单独设置，也可与进水管合用一条管道。但合用时水箱的出水管上应安装止回阀，以防止水箱由底部充水。溢流管是用来控制水箱最高水位的管子，其管口下缘应比最高水位高出20mm，管径比进水管大1级，其上不得装设任何阀门，不得与排水系统直接相连。泄水管是用来清除水箱底部沉积的杂质污物和清洗水箱的污水，其上设有阀门，平时关闭，清洗水箱时开启泄水阀门，通常泄水管与溢流管相连接。水箱应设水位的信号管，以监测浮球阀的工作情况和控制水泵启闭。

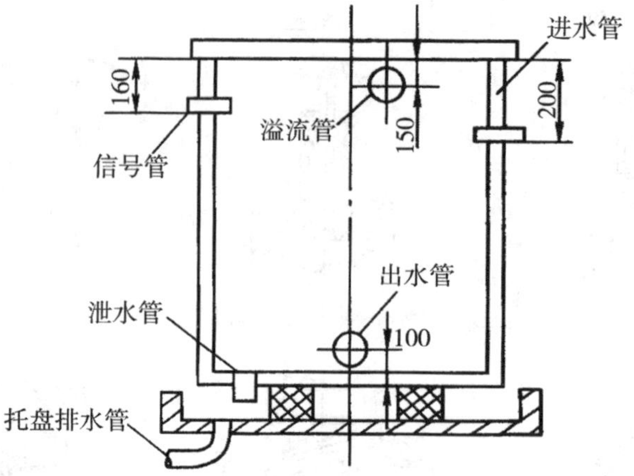

图2-9 水箱构造示意图

水箱一般设在建筑物的顶层或天棚内，如建筑物是平屋顶，可在屋顶上设专用的水箱间，水箱间的净高不得低于2.2m，应在良好的采光、通风条件下，室内温度不得低于5℃，且有良好的防蚊蝇纱窗。为使水箱的水不受污染，水箱应加盖并留通气孔，一般水箱最好用不锈钢来制作，以保证水质。

2）水泵

城市给水系统多用离心泵，城市污水工程、雨水工程多用大流量、小扬程的轴流泵。水泵启动前，先将泵壳和吸水管灌满水，或用真空泵抽气，形成真空后，再驱动电动机使叶轮带动水做高速旋转，不断地将水输送出去。

3）气压给水设备

差压式气压给水设备由气压水罐、水泵、空气压缩机和控制器材（如压力继电器、水位继电器等）组成，如图2-10所示。设置气压给水设备的房间应有良好的光线和通风，无灰尘，无腐蚀性和不良气体，环境条件较好，不致冻结。

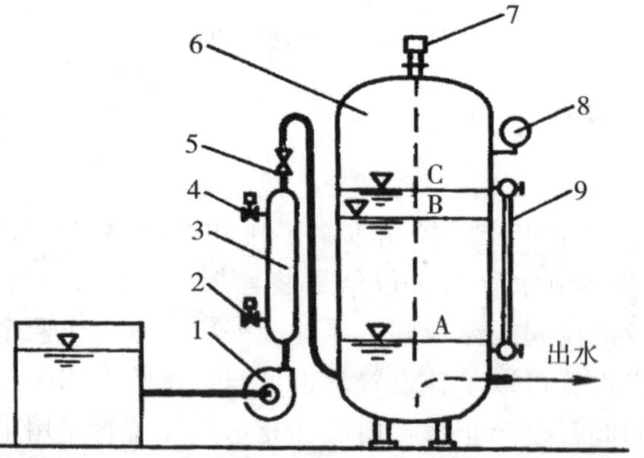

1——水泵；2——电磁阀；3——稳压罐；4——电磁阀；5——截止阀；6——气压罐；
7——压缩空气入口；8——压力继电器；9——水位继电器

图2-10 差压式气压给水设备示意图

2.2.4　变频调速恒压给水技术

变频调速给水系统由单片机、变频调速器、压力传感器、电机泵组及自动切换装置等组成，构成闭环控制系统。根据供水管网用水量的变化，自动控制水泵转速及水泵工作台数，实现恒压变量供水。

1）技术特点

（1）高效节能。设备自动检测系统瞬时用水量，据此调节供水量，不做无用功。设备电机在交流变频调速器的控制下软启动，无水启动电流（电机的启动电流不超过额定电流的110%），使机组运行经济合理。

（2）用水压力恒定。无论系统用水量有何变化，供水管网的服务压力始终恒定，大大提高了供水品质。

（3）延长设备使用寿命。设备采用微机控制技术，对多台泵组可实现循环启动工作，损耗均衡，特别是软启动，大大延长了电气、机械设备的寿命。

（4）功能齐全。由于微机做中央处理机，电路可不做任何改动，极简便地随时追加各种附加功能，如小流量切换，水池无水停泵，市网压力升高停机，定时启、停，定时切换，自动投入变频消防，自动投入工频消防等，还能满足用户在供水自动化方面的其他功能要求。

2）工作原理

水泵启动后，压力传感器向控制器提供控制点的压力值H。当H低于控制器设定的压力值H_0（按用户的水压要求设定）时，控制器向变频调速器发送提高水泵转速的控制信号；当H高于H_0时，则发送降低水泵转速的控制信号。变频调速器则依此调节水泵工作电源的频率，改变水泵的转速，由此构成以设定压力值为参数的恒压供水自动调节闭环控制系统。

图2-11为由三台水泵组成的典型恒压给水系统。这三台水泵可以交替循环工作。

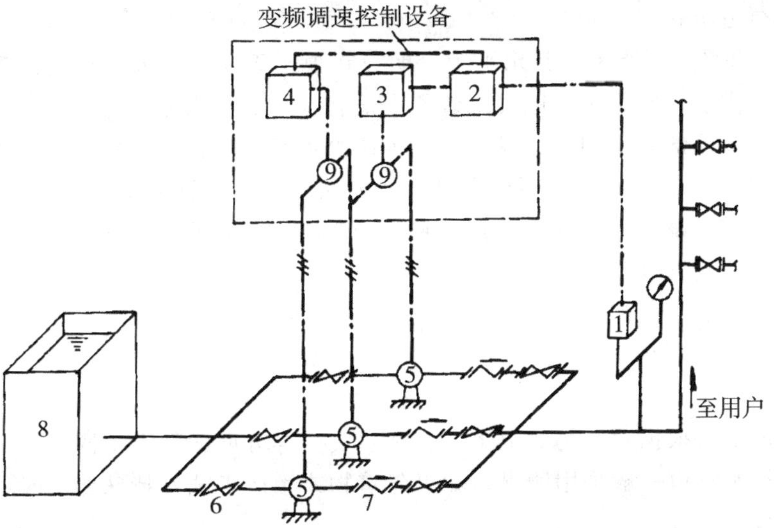

1——压力传感器；2——控制器；3——变频调速器；4——恒速泵控制器；5——水泵机组；6——闸阀；7——单向阀；8——贮水池；9——自动切换装置

图2-11　典型恒压给水系统原理图

2.3 室内给水系统的布置与敷设

2.3.1 管道的布置

室内给水管道的布置，应根据建筑物的性质、使用要求和用水设备位置等因素确定，并遵循以下原则：保证有最佳的水力条件；保证安全供水和方便使用；不影响建筑物的使用和美观；有利于检修和维护管理。

1）引入管

建筑物一般只设一条引入管，应从靠近用水量最大处引入；当用水点较均匀时，应在建筑物的中部引入。当建筑物不允许间断供水或室内消火栓总数在10个以上时，要设置2个或2个以上引入管，应从室外环网的不同侧引入，在室内连成环状或贯通枝状管网双向供水；或者采取设贮水池（箱）或增设第二水源等措施，保证安全供水。

2）室内给水管道

室内给水管道的布置与建筑物的性质、外形、用水点分布及采用的给水方式有关。在管道布置时，应靠近用水设备或用水器具集中处，力求短而直，平行于梁、柱及沿墙面作直线布置，不妨碍美观，且便于安装及检修。常见的布置方式有下行上给式和上行下给式两种。

（1）下行上给式。

如图2-2所示，其水平干管直接于底层埋地敷设或设在管沟内，在有地下室的建筑物中，可设在地下室的天花板下，通过立管自下而上供水，常用于一般民用建筑中的直接给水方式。

（2）上行下给式。

如图2-3和图2-4所示，其水平干管明设在顶层天花板下或暗设在吊顶层内，通过立管从上向下供水，常用于一般民用建筑中设有水箱的给水方式。

给水管道不得敷设在烟道、风道内，生活给水管道不得敷设在排水沟内。管道不宜穿过橱窗、壁柜、木装修，并不得穿过大便槽和小便槽。管道不得穿越生产设备基础；若必须穿越，应加设套管和管沟，并与有关专业部门协商处理。埋地管道应避免布置在可能被重物压坏或被设备震坏之处。

2.3.2 给水管道敷设

1）敷设方式

给水管道敷设根据建筑物的卫生、美观、安全等方面的要求不同，分为明设和暗设两种形式。给水管道一般采用明设，如果建筑物或生产工艺有特殊要求时，也可暗设。

（1）明设。

明设是将管道在室内沿墙、梁、柱、天花板下、地板旁等处暴露敷设。其优点是造价低，施工安装、维护修理方便；缺点是管道表面易积灰、结露，影响美观和卫生。明设适用于一般民用建筑和生产车间。

（2）暗设。

暗设是将管道敷设在地下室的天花板下和顶层吊顶中，或在管井、管槽、管沟中隐蔽敷设。其优点是卫生条件好，美观、整洁；缺点是造价高、施工复杂、检修困难。暗设一般用于宾馆、饭店、精密仪器车间等建筑物内。

暗设时水平干管设在地下室、技术设备层、管廊、吊顶内或管沟内；立管敷设在管道竖井内或竖向墙槽内；支管允许埋设在楼板面（或地面）垫层内。暗设管道阀门处应留有检修门，并保证检修方便和安全，墙槽内支管的阀门柄应留在墙外，管道的适当位置应装设法兰盘及活接头，以方便维修和更换管道。管沟应设置更换管道的出入口。

2）给水管道的防护措施

给水管道应根据不同地区气候、不同环境等情况做好防腐、防冻及防露等工作，具体要求如下：

（1）防腐。

无论明设或暗设的给水管道，除给水塑料管和镀锌钢管外，必须进行防腐处理。最简单的办法是刷防腐涂料，即油漆。防腐涂料一般由底漆和面漆组成。在涂刷底漆前，应对管道表面进行除锈。对于明装管道，先刷两道红丹防锈漆，再刷银粉做面漆；暗装管道可以不刷面漆。埋地管道一般先刷冷底子油，再用沥青涂面层。

（2）防冻。

在寒冷地区，对于敷设在冬季不采暖建筑物内和安装在受室外冷空气影响的门厅过道等处的管道，应采取保温、防冻措施。常用的保温方法有：管道外缠草绳，再包玻璃纤维布，外刷油漆；管道外裹矿渣棉或毛毡，再包玻璃纤维布，外刷油漆；管道外包橡塑海绵，用绑带扎紧等。

（3）防露。

当管道明装在室温较高、湿度较大的房间内，如厨房、洗澡间、某些车间等，管道壁可能产生凝水（即露水），久而久之就会损坏墙壁，引起管道腐蚀，影响管道使用和环境卫生，因此需对管道采取防露措施，一般采用防潮隔热层，具体做法与保温方法相同。

2.4　室内热水供应系统

室内热水供应是水的加热、贮存和输配的总称。室内热水供应系统要供给用户洗涤及盥洗用的热水，并能保证用户随时可以得到符合设计要求的水量、水温和水质。

2.4.1　室内热水供应系统的组成

比较完整的热水供应系统通常由加热设备、热媒管网、热水储存水箱、热水输配水管网、循环管网及其他设备和附件组成。

室内热水供应系统的选择和组成主要根据建筑物用途、热源情况、热水用水量大小、用户对水质和水温及环境的要求而定。

2.4.2 室内热水供应系统水温和水质

生活所用热水的水温一般为25℃~60℃，考虑到从水加热器到各配水点的热损失，水加热器的出水温度一般不高于75℃。水温过高，则管道容易结垢，也易发生烫伤事故；但也不应过低，水温过低则不经济。生产用热水的用水量标准及水温、水质，应按照生产工艺要求而定。

2.4.3 室内热水供应系统的种类

室内热水供应系统按照其供应范围大小，分为局部、集中和区域性的热水供应系统。

1）局部热水供应系统

局部热水供应系统的加热设备，如厨房炉灶、热水炉、煤气加热器、小型电加热器及小型太阳能热水器等，一般设置在卫生器具的附近或单个房间内，冷水被加热后，只供给单个或几个配水点使用。

太阳能取之不尽，清洁安全，是一种理想的可再生能源。利用太阳能对水进行加热是一种简单、经济的方法，常用的有管板式、真空管式的加热器等，其中以真空管式加热器的效果最佳。真空管系两层玻璃抽成真空，管内涂选择性吸热层，有集热效率高、热损失小、不受太阳位置影响、集热时间长等优点。但由于太阳能随昼夜、气象、季节和地区的变化而变化，因此在寒冷的季节，还需备有其他热水设备，以保证终年均有热水供应。

2）集中热水供应系统

集中热水供应系统是供给用水量较大、层数较多的一幢或几幢建筑物所需要的热水。这种系统中的热水是由设置于建筑物内部或附近的锅炉房中的锅炉或热交换器加热的，并用管道输送到一幢或几幢建筑物内供用户使用。医院、集体宿舍、宾馆及饭店等常采用集中热水供应系统。

集中热水供应系统的工作流程（如图2-12所示）：锅炉产生的蒸汽经蒸汽管道（热媒管）送到水加热器中加热，蒸汽凝水经凝水管排至凝水池，锅炉充水由凝水泵压入；冷水在水加热器中被加热后，在循环水泵的压力下通过配水管送至各用水点，其中未被用完的热水由回水管经循环水泵压入水加热器，然后循环加热使用。水加热所需要的冷水由给水箱补给。

3）区域性热水供应系统

区域性热水供应系统一般是在城市或工业区有室外热力网的条件下采用的一种系统，每幢使用热水的建筑物可直接从热网取用热水或取用热媒使水加热。

上述三种类型的热水供应系统，以区域性热水供应系统效率最高，因此，如果条件允许，应优先采用区域性热水供应系统。此外，如有余热或废热可以利用，则应尽可能利用余热或废热来加热水。

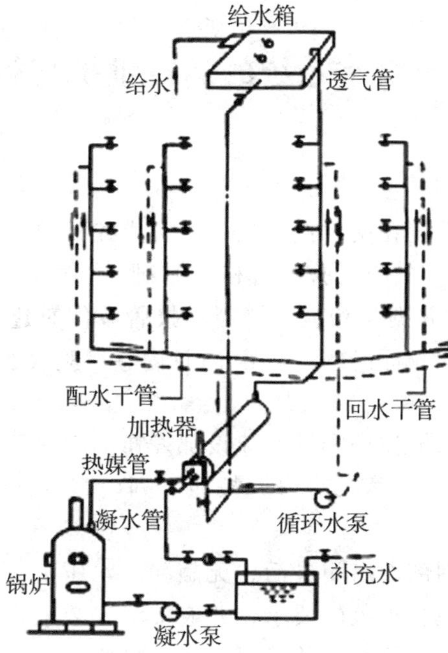

图2-12　集中热水供应系统的工作流程

2.4.4　室内热水加热方法

热水加热方法可分为直接加热法和间接加热法两种。

1）直接加热法

直接加热法是利用燃料燃烧放热将锅炉中的水加热或利用清洁的热媒（如蒸汽）与被加热水直接混合，如图2-13所示。这种加热方式，具有直接、简便、热效率高的特点。但用蒸汽直接加热时噪声大，且凝水不能回收。另外，蒸汽不得含有杂质、油质及对人体有害的物质。

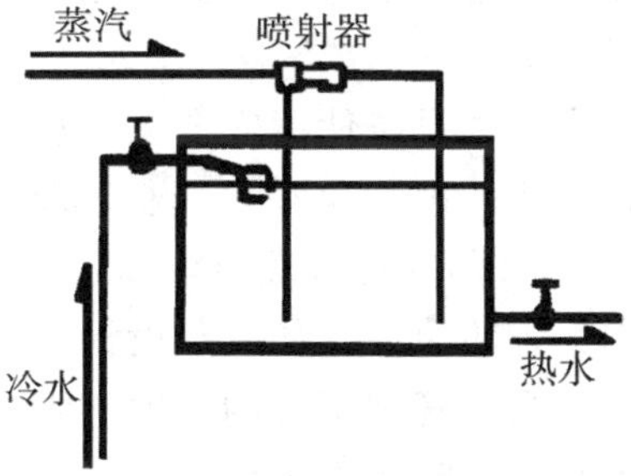

图2-13　直接加热法

2）间接加热法

间接加热法是被加热水不与热媒直接接触，而是通过加热器中传热面的传热作用来加热水的。由于用蒸汽或热网水等来加热水，热媒放热后，温度降低，仍可回流到原锅炉内重复利用，因此热媒不需要大量补充水，可节省用水且供水稳定可靠，安静卫生，环境条件较好。

2.5 室内给水系统的运行维护与管理

2.5.1 接管验收

新建建筑物的室内给水系统在交付使用前，必须由建设单位、设计单位同施工单位等共同进行试验和竣工验收。在竣工验收合格的基础上，建设单位书面提请接管单位（物业服务企业）接管验收，并提交相应的资料。接管单位对建设单位提交的申请和相关资料进行审核，符合接管验收标准的，应在15日内签发验收通知并约定验收时间。

1）接管验收的内容及标准

接管单位会同建设单位依据住房和城乡建设部发布的《房屋接管验收标准》和《建设工程质量管理条例》（国务院令第279号）按照下列内容及标准进行室内给水系统的接管验收：

（1）管道安装牢固，控制部件启闭灵活，无滴漏。水压试验及保温、防腐措施必须符合采暖与卫生工程施工及验收规范的要求，并应按套安装水表或预留表位。

（2）高位水箱进水管与水箱检查口的设置应便于检修。

（3）水泵安装应平衡，运行时无较大震动。

（4）消防设施必须符合建筑设计防火规范和高层民用建筑设计防火规范的要求，而且必须经消防部门验收，且验收合格后才可投入使用。

2）质量问题的处理

在接管验收过程中发现的问题，按质量问题的处理办法处理。具体内容如下：

（1）发现影响房屋结构安全和设备使用安全的质量问题，必须约定期限由建设单位负责进行加固补强返修，直至合格，并按双方商定的时间组织复验。

（2）发现影响相邻房屋安全的质量问题，由建设单位负责处理；因施工造成的质量问题，应由施工单位负责，按照约定期限进行加固补强返修，直至合格，并按双方商定的时间组织复验。

（3）对于不影响房屋结构安全和设备使用安全的质量问题，可约定期限由建设单位负责修缮，或采取费用补偿的办法，由物业服务企业处理。

（4）房屋接管交付使用后，如发生隐蔽性重大质量事故，应由接管单位会同建设、设计、施工等单位，分析研究，查明原因。如属于设计、施工、材料的原因，则应由建设单位负责处理；如属于使用不当、管理不善的原因，则应由接管单位负责处理。

对于原有物业设备的接管验收，除按上述内容及标准验收外，还需查验设备的损坏程度，并建立资料档案。

2.5.2 给水系统的日常维护

1）室内给水管道及附件的日常维护

住户在使用过程中，由于使用不当或前期隐患，会出现各种各样的问题，需要进行及时维修和正常养护，其中室内给水系统的日常维护是十分重要的。具体内容如下：

（1）对给水管道应进行定期检查维护，一般规定半年进行一次。查看管道表面有无锈蚀现象，若有锈蚀脱皮现象应及时维修，若管道锈蚀严重，可考虑更换新管道。

（2）室内给水系统中的阀件也应进行定期检查，检查阀件是否灵活好用，使用是否正常，发现问题应及时修好。

（3）对给水系统管道的保温层也应进行维护和检查，检查露在外面部分的保温层、隔气层有无被碰坏或自然脱落现象，如有损坏应及时修补。

2）水泵机组的日常维护

（1）水泵的养护。生活水泵、消防水泵、排污泵等每半年进行一次全面养护。养护内容主要有：检查水泵轴承是否灵活，检查压盖盘根处是否有漏水成线的情况，清洁水泵外表，若有脱漆或锈蚀严重的情况，要铲漆、刷油。

（2）控制柜的养护。维修组对控制柜每半年进行一次全面养护。维修养护的内容主要有：清洁外壳，清洁柜内所有元器件，务必使柜内无积尘、无污物；检查、紧固所有的接线头，对于锈蚀严重的接线头应更换，检查柜内所有的线头的号码管是否清晰，是否有脱落。在开关闭合或断开的过程中，应无卡位现象，触头表面清洁干净；中间继电器、信号继电器应做模拟试验，检查运作是否可靠，信号输出是否正确；信号灯、指示灯是否指示正常；运转压力表、信号线接头是否有腐蚀现象，如有则重新焊接或更换。

（3）电机的养护。电机的外观应整洁，接地线连接良好。用摇表检测绝缘电阻，电机接线盒内三相导线及连接片是否牢固紧密，电动机轴承有无阻滞或异常声响，电动机风叶是否有碰壳现象。清洁外壳，检查外壳是否脱漆严重，若严重应重新油漆。

（4）相关阀门、管道及附件的养护。对闸阀的养护，应检查密封胶垫是否漏水；对止回阀的养护，应检查止回阀的密封胶垫是否损坏，弹簧弹力是否足够，油漆是否脱落；对浮球阀的养护，应检查密封胶垫和连杆插销。

3）水池、水箱的日常维护

水池、水箱的日常维护每半年进行一次，若遇特殊情况可增加清洗次数。清洗时的程序如下：

（1）关闭进水总阀，关闭水箱之间的连通阀门，开启泄水阀，抽空水池、水箱中的水。

（2）泄水阀处于开启的状态，用鼓风机向水池、水箱吹风2个小时以上，排除水池、水箱中的有毒气体，吹进新鲜空气。

（3）用燃着的蜡烛放入池底看其是否会熄灭，以确定空气充足与否。

（4）打开照明设备，进入水池、水箱后，洗刷池壁、池底不少于3遍。

（5）清洗完毕后，排除污水，喷洒消毒药水。

（6）关闭泄水阀，注入清水。

2.5.3　给水系统设备的安全操作程序、日常管理及常见故障处理

给水系统的设备能否正常运行，关系着住户的切身利益，影响着物业服务企业的服务质量和信誉。因此，必须加强日常运行中的检查和维护管理工作，管理人员应事先全面了解设备的性能和用途、各管线走向和位置及相互关系等，严格执行操作规程，建立

正常供水的管理制度，加强日常使用管理，发现问题及时处理。

1）安全操作程序

（1）注意启动水泵前的检查。

在启动水泵前，检查水泵的进、出水闸是否已经打开，水泵机组是否有空气，电压表、信号灯等仪表指示是否正常，水泵轴转动三圈，应灵活无阻滞。

（2）按规范启动水泵。

打开水泵控制柜的电源开关，将转换开关置于“手动”位置。开启水泵的启动按钮，水泵启动时，注意观察启动电流，如果一次不能启动成功，可以再启动2次，每次应间隔3分钟，如果3次均未启动成功，应停下来查找原因。若一切正常，按水泵“停止”按钮，则水泵停止，然后将水泵开关置于“自动”位置，则水泵自动启动并运行。

（3）停止水泵。

水泵在正常运转过程中，若要停止水泵，需将转换开关置于“0（停止）”位置，则水泵停止运转；如果需要长时间停止运转或检查，则应拉下电源开关，关闭水泵的进出水闸阀。

2）给水系统的日常管理

（1）给水、用水的管理制度。

①有专人负责楼宇水池、水箱钥匙的保管和水池、水箱的清洗工作。

②工程部应尽力保证随时向业主供水，在确实需要临时停水时，应事先通知业主，停水后必须采取临时供水办法向业主供水。

③水管员在巡查中发现跑水、冒水、滴水、漏水的现象，应立即组织抢修。

④随时进行节约用水的宣传。

（2）水泵房的日常管理。

①水泵房地下水池、屋面水箱、消防水系统、设备等，由机电班人员负责监控，定期保养、维修、清洁，定期记录。

②水泵房内的机电设备由机电班人员负责，由值班人员操作，无关人员不得进入水泵房。

③经常检查水泵控制柜的指示灯指示，观察停泵时水泵压力表的指示。在正常情况下，生活水泵、消防水泵、喷洒泵、潜水泵的选择开关应置于自动位置。

④水泵房内严禁存放有毒、有害物品。

⑤水泵房内应备齐消防器材并应放置在方便、显眼处，水泵房内严禁吸烟。

⑥每班打扫一次水泵房的卫生，每周清洁一次水泵房内的设备设施，做到地面、墙壁、天花板、门窗、设备设施表面无积尘、无油渍、无锈蚀、无污物，油漆完好，整洁光亮。

⑦水泵房内应当通风良好，光线充足，门窗开启灵活。

⑧水泵房应随时上锁，钥匙由当班水泵房管理员保管，水泵房管理员不得私自配钥匙。

⑨水池须有盖并加锁，钥匙由水管员保管。

⑩水管员按规定定期进行水质检查化验，化验结果交办公室存档。

⑪接班人员应准时接班。接班人员应认真听取交班人的交代，并查看给水设备设施运行记录表，检查工具、物品是否齐全。

⑫有下列情况之一者不准交班：上一班运行情况未交代清楚；记录不规范、不完整、不清晰；水泵房不干净，不符合卫生标准；接班人未能准时到岗；事故正在处理中或交班时发生故障，此时应由交班人负责继续处理，接班人协助进行。

⑬水泵房管理员应对给水设备设施进行记录，记录表于每月月初交水泵房组长检查，整理成册后存档。

（3）二次供水设施的日常管理。

①二次供水管理由水泵房管理员专职负责，水泵房管理员应持有经卫生防疫站认可的健康证。

②每个水池（箱）应结构完好、无渗漏，检视窗应加盖上锁，水池（箱）周围及顶盖应清洁、干净。

③水池（箱）应定期清洗、消毒。对水池（箱）进行清洗消毒时，应提前两天通知有关用水部门和用户，做好储水准备。

④送检水样应用干净的矿泉水瓶从水池（箱）口部提取500ml水，并在瓶子中部贴上标签，标签上应写明送检单位及送样日期。水样当天送至当地卫生防疫站进行检测，如果检测不合格，则应重新清洗和消毒水池（箱）直至合格为止。

⑤水池（箱）清洗消毒工作全部结束后，应完整、规范、清晰地把情况记录在水池（箱）清洗消毒记录表内，并于每次物业管理区域内全部水池（箱）清洗消毒工作结束后3天内，由有关负责人把记录整理成册交主管部门存档，保存期为2年。

3）常见故障处理

（1）水质污染。

当饮用水受到污染时，物业管理部门和用户应及时发现。当物业服务企业（或委托其他部门）进行例行的水质检测时，发现某些水质指标不合格，此时应结合具体的指标进行下列检查：

①若出水浊度超标，应检查水箱的入孔盖是否盖严，通气管、溢流管的管口网罩是否完好；水箱内是否有杂质沉淀；埋地管道有无渗漏现象等。

②若细菌总数或大肠菌群数超标，除应进行上述检查外，还应检查消毒器的工作情况；检查水箱排水管、溢流管与排水管道是否有空气隔断，是否造成了回流污染。

③若出水铁含量超标，一般是由钢制水箱顶板或四壁防腐层脱落造成的。

④若用户发现出水混浊或出水带色。当水箱清洗完毕后，用户最初放出的水是混浊有色的，因此物业服务企业应在水箱清洗前发布通知，告知有可能出现这种情况。另外，水在管道中的滞留时间过长，出水也有可能混浊有色，如清晨放出的水和使用热水器最初放出的水。若用户长时间放出的水是有色的，物业服务企业应对水质进行检测，找出污染原因。

除上述水质污染现象外，还可能存在其他水质指标不合格的情况，可以请有关部门，如卫生防疫站、自来水公司等部门帮助进行分析，找出污染原因，制定解决办法。

（2）给水龙头出水流量过小或过大。

给水龙头出水流量过小或过大也是给水系统常见的问题之一。要解决此问题，可将下层和上层用户进水管阀门的开启度分别调小和调大，也可在下层用户进水管上安装减压阀或在水龙头中安装节流塞。若高层建筑物上面几层水龙头的出水量经常不能满足用户的要求，则可提高水泵的扬程或在水箱出水管上安装管道泵。

（3）管道和器具漏水。

管道接头漏水是管材、管件质量低劣或施工质量不合格造成的。若是垂直管网漏水，应立即关闭该区水泵，排空管网积水后，更换或修补破损管道，如一时无法修复，则应报告主管工程师。若发现水池出水管漏水，则应立刻关闭水池出水阀和水泵，即刻通知主管工程师，由其安排维修，并在事后作出维修报告。

据调查，阀门漏水是用户反映最多的问题。用户使用的阀门一般有进户阀和角阀两种。前者的作用是控制室内所有用水设备的启闭；后者一般是控制洗脸盆水龙头及便器水箱的独立阀门。目前，在装修档次不高的建筑物中，进户阀一般为铁制阀门，只有在出现问题时才偶尔使用，因此大多数锈蚀严重，一般不敢轻易去拧，否则要么拧不动，要么拧动后关不严，产生漏水现象，久而久之，造成多数用户进水管阀门失灵，给管道和器具维修带来极大不便。角阀也存在类似问题。防止阀门损坏漏水的措施是：建议用户每月开关一次阀门，保持阀门周围清洁；若阀门密封损坏，物业服务企业应及时将其更换成优质阀门，如铜制隔膜阀。

小区内的埋地管道也有可能发生漏水现象，表现为地面潮湿渗水。漏水原因一般是管道被压坏或管道接头不严。各种设备的漏水现象和预防方法见表2-2。发现漏水后，应及时组织修理。

表2-2 各种设备的漏水现象和预防方法

设　备	漏水现象	预防方法
水龙头	有吧嗒吧嗒的声音	不要使劲拧，要马上修理
便器水箱	不使用时便器仍然流水或水箱溢水	使用前检查便器是否淌水，水箱是否溢水
给水立管	墙壁或墙纸有湿处	经常观察有无异样
地面下的给水管	周围有溢水或混浊渗水	不要在敷设地下水管的地面放重物或兴建建筑物

（4）振动和噪声。

除管道中水流速度过快会引起振动和噪声外，水泵等设备运行也会产生振动和噪声，若这些设备安装的位置不合适，没有远离用户，就会影响居民生活。减小振动和噪声的方法是：降低管道中的水压力，使水流速度减慢；经常检查支架、吊环、管件、螺栓等是否松动，水泵的隔振措施是否到位、完好；水泵房距用户应有一定的距离。

（5）热水温度过高或过低。

在集中热水供应系统中，有些用户会感到调节水温很困难，混合水温度经常过高或过低。造成这种现象的原因除用户没有调节经验外，设计和系统运行上也可能存在一定的问题，应根据具体情况进行调整。

（6）管道冻裂。

对已冰冻的给水管道，宜采用浇以温水升温或包裹保温材料的方法，让其自然化冻。对已冻裂的水管，可根据具体情况，采取电焊或换管的方法处理。

（7）水表记录不准确。

对一幢住宅楼或其他建筑物来说，一般都会出现建筑物进水总水表的用水量与各分支管水表的用水量总和不相符、分支管水表的用水量与其所供水的各用户水表用水量总和不相符的现象，并由此可能产生一些纠纷。出现这种情况的原因除了水表本身的计量准确性不够、查表不在同一时间外，主要是由于水表在使用过程中，进水断面不断被堵塞，而水表仍按设计的断面记录用水量，导致很多水表偏快，尤其是建筑物的进水总水表和分支管水表。为解决这个问题，物业服务企业可以考虑在建筑进水总水表前安装过滤网，此网应定期抽出清洗。这种方法已在许多国家应用。常见的还有水表气动管涌现象，就是在一些高层建筑物中，当住户不用水时，水表仍然在走字，解决的办法是在水表前加装止回阀。另外，由于物业管理区域内共用管道漏水维修不及时，也会造成总水表用水量与各用户水表用水量总和不相符的现象，物业服务企业应做好巡视检查和及时维修工作。我国现行的《物业管理条例》第45条明确规定：“物业管理区域内，供水、供电、供气、供热、通信、有线电视等单位应当向最终用户收取有关费用。物业服务企业接受委托代收费用的，不得向业主收取手续费等额外费用。”

【实战演练2-3】

融合物业小区由于市政给水管网爆裂停水，水务集团维修完毕给水后，8号楼706室业主贾先生家的自来水呈淡蓝色，贾先生询问本单元其他业主家自来水情况，有的业主家的水也有颜色，有的业主家的水没有颜色。随后贾先生用矿泉水瓶装水到物业公司询问。

提示：1）物业公司管理人员调查其他单元自来水情况。

2）有的业主家为了马桶的清洁，将洁厕剂（块状）放入马桶蓄水箱中，洁厕剂的颜色一般为蓝色。

3）用物理学中的虹吸现象解释。

4）这种现象一般用水一两天颜色就会消失。

主要概念

室内给水系统　二次供水　接管验收的程序

基础知识练习

△ **单选题**

1.水池（箱）清洗消毒后，应完整、规范地填写记录表并交主管部门存档，其保存期限为（　　）。

A.6个月　　B.1年　　C.2年　　D.5年

2.工程中防止介质倒流时，采用（　　）。

A.闸阀　　B.截止阀　　C.止回阀　　D.浮球阀

3.投资少、施工维修方便的室内给水系统方式是（　　）。

A.直接给水方式

B.设有水箱的给水方式

C.设有贮水池、水箱和水泵的联合给水方式

D.分区分压给水方式

4.水箱间的净高不得低于（　　）m。

A.1.8　　B.2.0　　C.2.2　　D.2.5

5.生活所用热水的水温一般为（　　）。

A.16℃~37℃　　B.25℃~45℃　　C.25℃~60℃　　D.25℃~75℃

△ 多选题

1.按照给水对象划分，（　　）为室内给水系统。

A.生活给水系统　　B.生产给水系统

C.消防给水系统　　D.洗浴给水系统

E.景观给水系统

2.变速水泵给水方式一般由（　　）、调节器、控制器组成。

A.贮水池　　B.变速泵　　C.给水泵

D.恒速泵　　E.压力变送器

3.在不同地区、不同环境下，给水管道要做好（　　）的防护。

A.防压　　B.防腐　　C.防冻

D.防晒　　E.防露

4.为减小给水水泵的振动和噪声对住户的影响，宜采取的措施是（　　）。

A.减小水流速度　　B.将水泵设置在地下一层

C.增大管道中水的压力　　D.管道的支架牢固、不松动

E.每天巡查一次，及时维修，减少跑水、冒水、滴水、漏水现象的发生

△ 判断题

1.一般水箱宜采用不锈钢来制作，以保证水质。（　　）

2.对已发生冰冻现象的给水管道必须立即更换管道。（　　）

3.对给水管道应进行定期检查维护，一般规定一年进行一次。（　　）

4.设备故障未处理完成，可交给下一班的人员继续进行。（　　）

5.值班人员未正确填写值班记录不得交班。（　　）

6.水表在使用过程中，进水断面被堵塞，一般会导致水表转动变慢。（　　）

△ 思考题

1.室内给水管道常见的布置方式有哪几种？一般适用于什么情况？

2.室内给水系统的接管验收的内容及标准是什么？

3.如何进行二次供水设施的使用管理？

4.对于水质污染现象应如何处理？

实践操作训练

△ 案例题

华府小区在采暖初期入住，住6号楼403室的业主孙女士到物业公司报修，称其家阳面卧室西南角天棚渗水，请求物业维修人员帮助解决。

物业工程技术人员检查认为，水应该是从503室渗下的，到503室检查，初步认为采暖管道渗水。随后对采暖系统打压，采暖系统没问题。

工程技术人员进一步检查发现，渗水的墙角正是室外空调板位置，怀疑是前两天下雪融化后雪水经墙壁渗入室内。经仔细检查后发现问题不在于此。

经认真分析，水的来源应该是供水管路，检查供水管路走向，发现供水管路在施工时，为避免穿梁，是沿着卧室内墙壁进入卫生间的。凿开渗水部位地面，发现供水管的弯头没有热熔好才会渗水。

问题：

1.给水管路是否可以在卧室内走？

2.工程技术人员的每项检查程序正确吗？

△ 实训题

【实训情境设计】

与学校后勤部门联系，借阅学校教学楼供水系统图。将学生分成五组阅读系统图，对照系统图组织学生对本校的室内给水系统进行一次全面检查。依据学校后勤部门的维修记录，确认以前管道接头处漏水的具体部位，分析维修人员处理的方式，并判断处理方法是否合适。

【实训任务要求】

1.每位学生要认真阅读系统图，图、物对照观察，做好记录。

2.汇总管道接头处漏水情况，集中处理意见。

3.分析有理有据，方式、方法合乎管理的实际情况。

4.学生讲解语言清晰，逻辑性强。

5.教师讲评。

【实训提示】

1.寻求漏水情况的典型性。

2.注意观察漏水情况，分析原因。

【实训效果评价表】

填写实训效果评价表，见表2-3。

表2-3　实训效果评价表

评价内容	分值（分）	评分（分）
学生观察、记录情况	30	
课堂分析、讲解的表现	30	
处理漏水方法的适用性、准确性	40	
总体评价	100	

第3章

室内排水系统

本章概要

本章共分5节，主要讲解室内排水系统的组成、布置与敷设及运行管理，简单介绍了中水系统。

学习目标

通过本章的学习，了解排水系统的分类及室内排水系统的组成；熟悉排水系统常用管材及其设备；深刻理解排水管道布置与敷设的一般规定；掌握室内排水系统的日常维护与使用管理技能，并能处理常见问题；了解中水系统。树立抵制污染及浪费的思想理念。

引例

王女士家住金质小区5号楼。一天，王女士到物业公司反映，自家的卫生间地漏和洗手盆的下水管在做饭使用抽烟机时反味儿，寻求物业公司帮忙解决。

这种问题在物业管理过程中出现得不多，很多物业管理人员认为下水和通风道毫无内在关联，怎么能相互影响呢。这与排水系统的结构有直接关系。

3.1 排水系统概述

通过室内排水管道排到室外排水管网中，然后排入城市排水管中或直接排入河流等水体中。

3.1.1 排水系统的分类

根据污水和废水的性质不同，排水系统可分为：

1）生活污水排水系统

生活污水排水系统是指居住建筑物、公共建筑物及工厂生活间内的排出生活污水的系统，有时由于处理和卫生条件的需要，把室内污水排水系统分为两个系统，大小便器排出的污水由粪便污水管道排出；洗浴废水由生活废水管道排出。

2）生产废水排水系统

生产废水，即生产过程中所排出的废水。有的废水污染较轻，有的废水污染较重，有的废水甚至含有有毒物质、重金属和酸碱性物质，对环境的污染较大，需要单独排出，另行处理。

3）雨水排水系统

用来排除屋面的雨（雪）水，以免影响生活和生产环境。

以上三种排水系统的类别是指一般情况。根据污水的性质和城市排水制度的情况，也可让性质相近的生活与生产废水合流于一条排水管中。但在性质相差很大时，如酸碱性污水或有毒的生产废水不能与生活污水合流，要对这些污水先行预处理后才能排入城市生活污水管中。

3.1.2 污水排放的一般规定

为了保证城市排水管道的安全运行，保持环境卫生，保护水源不遭受污水的污染，必须遵守以下规定：

1）污水排入城市排水管中时应遵守的规定

（1）不得引起排水管道发生火灾或爆炸，对含有易燃物质的污水需经过预处理。

（2）不得损害管道的水力特性，不发生堵塞、磨损及腐蚀管道的情况。

（3）不得妨碍污水处理厂设备的净化效能，水温小于40℃，不含有毒物质。

（4）医院污水须预处理。

（5）不得产生伤害养护人员的物质。

2）污水直接排入河流等水体时应遵守的规定

（1）必须符合《工业“三废”排放标准》和《工业企业设计卫生标准》的有关规定。

（2）污水排入水体必须保证不传染疾病，不使人、畜中毒，不妨碍水体中水生物对水体的自净作用，不造成生态失衡及不产生不良的感官影响等。

3.2　室内排水系统的组成

3.2.1　室内排水系统的组成

室内排水系统的基本要求是通畅地排出建筑物的污水或废水。管线力求简短、顺直，排水无阻，安装正确牢固，不渗不漏，管内压力波动小，能保持水封，使系统正常运行。室内排水系统一般由污（废）水收集器、排水支管、排水横管、排水立管、排出管、通气管及清扫口、检查口和检查井组成，如图3-1所示。

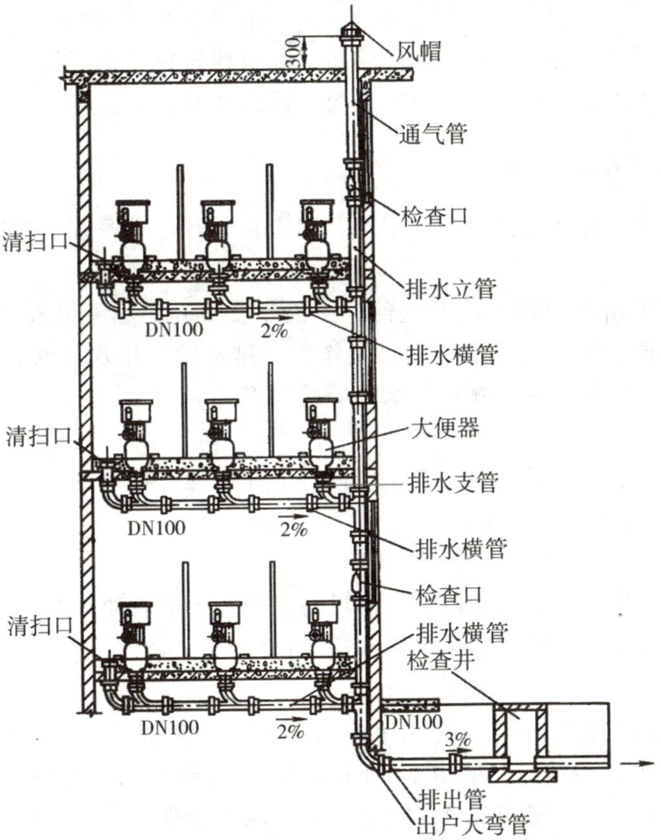

图3-1　室内排水系统的组成

1）污（废）水收集器

污（废）水收集器是指各种卫生器具、排放工业废水的设备及雨水斗等。

2）排水支管

排水支管是连接卫生器具和排水横管之间的短管。

3）排水横管

排水横管是连接各卫生器具的排水支管的横向排水管。

4）排水立管

排水立管汇集各排水横管的污水并输送至排出管。

5）排出管

排出管是从建筑物内至室外检查井的排水横管段。

6）通气管

通气管是为使排水系统内空气流通，压力稳定，防止水封破坏而设置的与大气相通的管道。

7）清通设备

清通设备是为了疏通室内排水管道，在管道适当的部位设置的清扫口、检查口和检查井。

8）抽升设备

当工业与民用建筑的地下室、人防建筑、高层建筑物的地下技术层、地下铁道、立交桥等建筑物的污废水不能自流排至室外时，需设抽升设备。

3.2.2 排水系统常用管材

常用的排水管材有排水铸铁管、钢管、陶土管、石棉水泥管、塑料管等。

1）排水铸铁管

排水铸铁管比给水铸铁管的管壁薄，不能承受高压，常用作生活污水管、雨水管等，在工艺设备振动不大的场所，也可用作生产排水管。排水铸铁管的接口为承插式，一般有石棉水泥、膨胀水泥、氟化钙水泥等接口形式。

2）焊接钢管

焊接钢管用作卫生器具排水管及生产设备的非腐蚀性排水支管。当管径小于或等于50mm时，可采用焊接或配件连接。

3）无缝钢管

无缝钢管用于检修困难的管段、机器设备振动较大的管段以及管道内压力较高的非腐蚀性排水管。无缝钢管通常采用焊接或法兰连接。

4）硬质聚氯乙烯（UPVC）塑料管

硬质聚氯乙烯塑料管与铸铁管相比流动阻力小、流量稳定、耐腐蚀性能好、质量轻，能替代传统建材，提高建筑功能与质量，降低建筑自重；但其强度低、易老化、耐温性能差（使用温度在-5℃~45℃），宜用作酸碱性生产排水管，应尽量避免在易受机械冲击处布置，避免布置在热源附近。在环境温度和污水温度变化时，会引起管道的伸缩，因此硬质聚氯乙烯塑料管应按规定设置伸缩节。硬质聚氯乙烯塑料管可用塑料焊接、法兰连接或配件连接，也可以黏结。

5）特种管道

在工业废水管道中，需排除各种腐蚀污水、高温及毒性污水。因此，对管材的抗腐蚀、抗震、耐温等技术参数要求较高，应采用特种管道。特种管道包括不锈钢管、铅管、高硅铁管、玻璃管和衬胶管等。

排出污水的管材可按下列规定选用：

（1）一般建筑物的管道采用排水铸铁管或硬质聚氯乙烯塑料管、内螺旋塑料管。

（2）高层建筑物的管道一般采用排水铸铁管或柔性抗震排水铸铁管，排水立管管底弯头及与排水横管连接的水平管段，宜采用给水铸铁管或钢管，管底弯头应有固定支座。

（3）当管径小于50mm或管道布置困难时，可采用镀锌钢管、钢管及硬质聚氯乙烯塑料管。

（4）当管道埋入地板垫层内时，可采用镀锌钢管或铜管。

（5）当硬质聚氯乙烯塑料管埋地敷设时，应做150mm~200mm的砂垫层，管顶以上回填土厚度为300mm。

（6）排出腐蚀性污水，应根据污水的化学性质、管道的敷设方法、管材的机械强度和材料供应情况等因素选用。一般可采用硬质聚氯乙烯塑料管、内壁衬铅和衬橡胶铸铁管、铅管、高硅铸铁管及不锈钢管等。

（7）连续排放40℃以上的污水，不应采用硬质聚氯乙烯塑料管。

【实战演练3-1】

引例中的情况该如何解决？

提示：1）出现此现象应该是业主在装修时没有在排水管道做返水弯（即水封）。

2）室内封闭严密。

解决办法：选用防臭地漏，手盆下水线采用防返味产品。

3.3　室内排水系统的布置与敷设

3.3.1　室内排水管道的布置和敷设

1）排水横管

排水横管的敷设需根据卫生器具的位置和管道的布置要求而定。在建筑物底层敷设时，排水横管通常敷设在地沟内或直埋在地下，为防止管道受机械重压而损坏，对排水管道的最小埋设深度有一定要求。

排水横管应有一定的坡度坡向排水立管，并应尽量少转弯，在与排水立管的连接处应采用斜三通或顺水三通，以防堵塞。

2）排水立管

排水立管一般在墙角明设。当建筑物有较高要求时，可暗设在管槽或管井中。排水立管应设在靠近环境最脏、杂质最多的排水点处。

3）排出管

排出管一般埋设在土壤内，必要时可敷设在地沟里。排出管的长度随室外检查井的位置而定，一般检查井中心至建筑物外墙的距离不小于3m，不大于10m。

排出管与排水立管宜采用两个45°弯头连接。在与室外检查井的连接处，一般采用管顶平接，以免室内管道埋设过深或产生倒灌。排水管穿越承重墙或地基时，应预留孔洞。

4）通气管

生活污水管道和散发有害气体的生产污水管道均应设置伸顶通气管。没有条件设置伸顶通气管时，可不设置通气立管，但管径应适当放大。通气管不得接入卫生器具的污（废）水管道和屋面雨（雪）水管道，通气管不得接在风道和烟道上。

通气管高出屋面（从隔热和保温层上表面算起）不得小于0.3m，且必须大于当地最大积雪厚度。通气管顶端应装设风帽或网罩，通气管与屋面交接处应防止漏水。当采暖计算温度高于-15℃时，顶端管口可采用铅丝球；当采暖计算温度低于-15℃时，顶端管口应采用伞形风帽。顶端管口不得设在建筑物的挑出部分（如屋檐口和雨篷等）的下面。经常有人停留的平屋面，顶端管口应高出屋面2m，并根据防雷要求考虑设置防雷装置。

建筑物必须设置辅助通气管时，应按设计要求进行。

3.3.2　清通设备的布置与敷设

为了疏通排水管道，在室内排水系统中，一般需设置清扫口、检查口和检查井等清通设备（如图3-2所示），以保证排水的畅通及环境卫生。

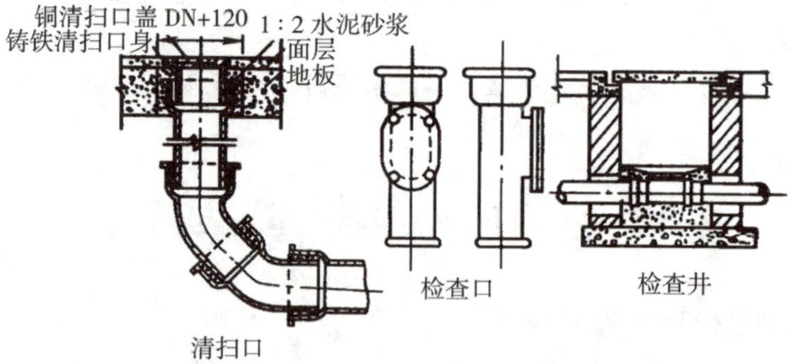

图3-2　清扫口、检查口和检查井示意图

微课 2

清通设备的布置与敷设

1）清扫口

清扫口是装在排水横管上用于清通排水管的配件。当排水横管上连接2个及2个以上的大便器或3个及3个以上的卫生器具时，应设置清扫口；在水流转角小于135°的排水横管上，应设置清扫口、检查口。清扫口的上表面与安装处地面或楼板相平，且距墙面的距离不得小于0.2m。横管起始端用堵头代替清扫口时，应与墙面有不小于0.4m的距离。管径不超过100mm时，清扫口直径与管径相同；管径超过100mm时，清扫口直径应为100mm（硬聚氯乙烯塑料管直径为110mm)。

2）检查口

检查口是带有可开启检查盖的短管，装设在排水立管及较长水平管段上作检查和清通之用。立管有横支管时，接入层的上一层立管管段处应设检查口；立管上有乙字管时，应设在该乙字管的上部管段处。在建筑物的最底层和设有卫生器具的2层以上的坡顶建筑物的最高层，必须设置检查口，检查口之间的距离不宜大于10m。平顶建筑物最高层可用通气管顶口代替检查口。

3）检查井

检查井是排水管渠上连接其他管渠以及供养护工人检查、清通和出入管渠的构筑物。对于不散发有害气体或大量蒸汽的工业废水排水管道，可在建筑物内的管道转弯和连接处，以及管道的管径、坡度改变处设置检查井。在直线管段上，当排出生产废水时，检查井距离不宜大于30m；当排出生产污水时，检查井距离不宜大于20m。生活污水管道不宜在建筑物内设检查井。

【实战演练3-2】

新华小区4号楼409室业主刘先生到物业公司报修，称家里的卫生间地漏不下水，前段时间也出现过这种情况，找人疏通了一次，没过多长时间又坏了。

物业公司维修人员通过现场检查询问得知，只是卫生间的一个地漏不下水，其他地漏正常，业主在家使用时也非常注意，不会有人为使用不当造成的堵塞。检修陷入了僵局。

提示：1）其他地漏下水正常说明排水立管正常。

2）短时间内疏通又堵，使用又没问题，说明是其构造有问题。

3）经物业维修人员和刘先生同楼下309室业主协商，拆开309室卫生间吊棚，发现是409室下水支管向远离排水立管方向下斜，致使下水立管排泄的污物往下水支管集聚造成堵塞。

4）309室业主应配合维修。

5）在拆开吊棚前，物业维修人员或409室业主，应同意给309室恢复原样或赔偿由此造成的损失。

3.4 室内排水系统的运行维护与管理

3.4.1 接管验收

新建建筑物的室内排水系统交付使用前必须由建设单位、设计单位同施工单位等共同进行试验和竣工验收。在竣工验收合格的基础上，建设单位书面提请接管单位接管验收，并提交相应的资料。接管单位在对建设单位提交的申请和相关资料进行审核，符合接管验收标准时，应在15日内签发验收通知并约定验收时间，通常同步进行。

1）接管验收的内容及标准

接管单位会同建设单位按照下列内容及标准进行室内排水系统的接管验收：

（1）管道安装牢固，控制部件启闭灵活，无滴漏。保温、防腐措施必须符合采暖与卫生工程施工及验收规范的要求。

（2）卫生间、厨房内的排污管应分设，出户管管长不宜超过8m，并不应使用陶瓷管、塑料管。地漏、排污管接口、检查口不得渗漏，管道排水必须流畅。

（3）卫生器具质量良好，接口不得渗漏，安装应平正、牢固，部件齐全，制动灵活。

另外，排水管网的滴漏现象对于明装管道，一般不需经过试验，仅需加强外表检查验收工作，检查所完成的工程是否符合设计和技术规范的要求。处于高层建筑、公寓、别墅等暗装管道的房屋，在交付使用前对排水管道进行系统的严密性试验是必要的。一般采用逐层灌水法，根据观察所试验的排水管中的水位情况和外表，便可确定连接处的紧密度和漏水情况。

2）质量问题的处理

在接管验收过程中发现的质量问题，与室内给水系统的质量问题的处理办法相同。具体做法详见2.5.1节。

【案例精析3-1】

某物业服务公司接到3栋201室业主的投诉，反映其楼上洗手间漏水，并要求楼上业主将整个洗手间地板重新修复一次。物业服务公司打电话通知楼上业主，告知该洗手间防水措施没做好。但是301室业主认为这应该属于房地产开发商的责任，由于物业服务公司是开发商下属公司，因此要求物业服务公司进行修复和赔偿。

精析：物业服务公司找到了入住时的合约，发现当时开发商交付的是毛坯房，发展商、设计商或承建商是没有义务对洗手间的防水、防漏采取措施的，因而处理洗手间防水、防漏问题是业主在装修中的义务和责任。现在洗手间漏水的原因显然是业主未在装修中对防水、防漏采取适当措施，这是301室业主的过错和过失，物业服务公司不负责赔偿。虽然物业服务公司可以做卫生间的防水，但是要按要求收取相关费用。

3.4.2 室内排水系统的日常维护及使用管理

排水管道及其设备的日常维护是延长排水管道使用寿命必不可少的工作。排水管道，特别是生活排水管道，由于粪便污水极易使管道内壁结上尿垢，久不清除，管道内径缩小，流水不畅，易存污物，致使排水系统堵塞。为了保证排水管道的畅通，必须做好排水管道的日常维护工作。为此，维护人员应做好如下工作：

（1）严格执行物业设备管理的各项规章制度。经常巡视检查排水管道及设备的运行情况，发现问题及时处理。

（2）定期对排水管道进行除垢清理工作，防止污垢堆积。一般是用管道疏通机清垢，再用专用管垢清除剂清洗。

（3）对于卫生器具和清通设备主要从外观上进行检查，发现问题及时解决。如发现地漏在使用过程中扣碗或箅子被拿掉，就应复原以防污物进入排水系统，造成管道堵塞；对于检查口和清扫口要经常养护，发现口盖处有污物或破损，螺栓、螺帽锈蚀等，应及时更换或修理。

3.4.3　室内排水系统常见故障的处理

1）排水管道和器具漏水

排水管道漏水多发生在横管或存水弯处，往往是由管材、管件质量低劣（存在砂眼或裂缝等）或施工质量不合格造成的。发现排水管道漏水应立即用布绑紧裂口，关闭破裂管上面的用水设备，如有必要可调集沙袋挡住电梯口和用户单元门口，报告主管工程师，安排人员修补管道裂口或更换管道。

便器水箱漏水主要是由水箱配件造成的。物业服务企业在验收时，应检查便器水箱配件是否采用了国家推荐的配件，在平时维修时也应购买国家推荐的合格产品。另外，一些卫生器具与排水管道连接处也易发生渗漏现象，工程部维修人员应经常巡视检查，发现漏水应及时修理或更换。

2）排水管道堵塞

排水管道堵塞是建筑物排水系统最常见的故障，一般表现为流水不畅，排泄不通，严重的会在地漏、水池、便器等处漫溢外淌。造成堵塞的原因多为施工或使用不当，如建筑施工或用户装修时杂物掉进下水道，或者用户在使用过程中往下水道随意倒脏物。因而，物业服务企业应把好验收关，并向用户宣传正确使用和爱护排水设施。发现排水管道堵塞后，可根据具体情况判断堵塞物的位置，在靠近的检查口、清扫口、屋顶通气管等处，采用人工或机械疏通。如无效，则采用尖錾剔洞疏通，或采用“开天窗”的办法，进行大开挖，排除堵塞，以免影响用户正常的生活环境。此外，对物业管理区域内的排水检查井也应定期检查和清通。

除上述常见事故外，在物业管理中有时会遇到一些应急事件，如水浸事件。其主要原因包括：一是外部原因，如台风、暴雨等的影响；二是物业内部排水管道事故所造成的跑、冒、滴、漏。水浸造成的损失和影响很大，在物业管理中要注意和防止水浸事故的发生。

【案例精析3-2】

某日凌晨，某商住楼7楼供水管突然爆裂，一股水流从裂缝中喷射而出，很快淹过走廊，漫到电梯厅。见此情景，巡楼保安员一边报告值班主管立即派人前来抢险，一边用备用沙袋挡在电梯口，以防水流流进电梯损坏电梯。

精析：经调查，该事件的发生主要是由供水管接头老化、水压过高造成的。这类事件是完全可以预防的。给排水系统属于共用设备，为保证给排水系统畅通，防止水浸，物业服务公司应做好给排水系统的维护保养、巡视检查工作，做到防患于未然，尽量提前发现事故隐患，避免事故发生。为防不测，物业服务公司还应制订详尽的事故抢修措施和方案，要备有必需的抢险工具，并经常对员工进行应急抢险训练，一旦事故发生，能迅速行动，排除故障，避免造成过大损失。

物业服务公司巡楼保安员的应急正确处理有效地减少了损失。物业服务公司值班主管接到事故报告后，迅速指挥工程人员关闭供水进水阀，并把所有电梯升到顶层停止使用，进行抢修。现场人员从楼层管井房取出沙袋，在电梯口、用户门前挡住水，并呼叫清洁人员吸水、排水。同时，物业服务公司向楼层受影响的用户发出书面致歉函，说明发生突发事故的原因，以及物业服务公司采取的措施，希望用户予以理解，并及时为用户处理室内余水和清洁。

物业服务公司应制定如下预防措施：

（1）制定和完善给排水系统管理制度。每日要定时巡查水泵房、给排水系统、排污管道外围设备等，及时修补漏点，疏通堵塞处，防止溢水。要特别注意检查接口、阀门等设备的位置。

（2）水泵房是提供生活用水、消防用水的关键部位，机电人员每日严格巡检水泵房设备运转情况，定期对设备进行测试和维护。

（3）制订应急处置方案。针对可能出现的险情制定详尽的处理措施，以便发生险情时迅速行动。

（4）定期对员工进行培训和演练，一旦事故发生，能在最短时间到达事故现场，以最快的方式处理。

（5）储存适量沙袋或挡板，防止溢水流入电梯、用户住房内及设备房。

3.5 中水系统简介

为了节约用水，充分利用水资源，中水系统的使用越来越受到关注。建筑中水是指民用建筑或居住小区的生活污水经过处理后，达到规定的水质标准，可在一定范围内重复使用的非饮用水。中水设施是指中水的水处理、集水、供水以及计量、检测等设备。中水主要用于厕所冲洗、园林灌溉绿化、道路保洁、汽车洗刷以及景观补水、冷却设备补充用水等。

3.5.1 中水系统及其组成

中水系统由三个部分组成：第一部分是中水原水（可作为中水水源的部分生活污水）集流，包括室外排水集流管道、室内排水分流管道以及相应集流配套的排水构筑物（如检查井）、控制流量设备（如分流闸、溢流堰等）；第二部分是中水处理设施及相应计量检测设备；第三部分是建筑内外中水管道及相应的增压贮水设备（如水泵、贮水池等）。

中水工程是给排水工程系统的一个组成部分，因此无论采用何种系统，都必须与整个给水、排水系统统一考虑，使工程既能起到缓解水资源短缺的作用，又能带来一定的社会环境效益和经济效益。

3.5.2　水质标准和水源

中水的水质标准一般来说因使用的用途不同应当有所差别。中水原水是中水水源的一部分，而中水水源可取自生活用后各种排放的污水和冷却水。根据中水回用的水量和水质来选择中水水源，一般可按下列次序取舍：冷却水、沐浴排水、盥洗排水、冷凝水、洗衣排水、厨房排水，最后为厕所排水。医院排放的污水一般不宜做中水水源，传染病医院、结核病医院和某些放射性污水严禁作为中水水源。

3.5.3　中水系统的管理

由于中水系统的水质低于给水系统的水质，为了保护人体的健康，在工程设计、施工和管理中，把安全防护工作考虑周到，应做到：

（1）处理水量和出水的水质应当稳定。

（2）保证中水处理站在发生事故时，有安全保证补给的供水量。

（3）避免中水管与给水管发生误接、误用。

（4）避免室内、外各种输水管线发生混流、串流。

（5）防臭、防蚊蝇等。

要做到处理水量稳定，应设调节池和配水槽。为了避免误接、误用，中水管不宜暗装于墙体内和楼板间；明装中水管外壁应涂浅绿色防腐漆；中水池、阀门、水表及给水栓均应有明显的“中水”标志；为防臭，不影响环境卫生，中水处理设施应尽量密闭并有良好的排风。

主要概念

室内排水系统　中水系统

基础知识练习

△ 单选题

1.卫生间、厨房内的排污管应分设，出户管管长不宜超过（　　）m。

A.3　　B.4　　C.6　　D.8

2.连续排放40℃以上的污水时，不应采用（　　）。

A.铸铁管　　B.焊接钢管

C.无缝钢管　　D.硬质聚氯乙烯塑料管

3.室内的排出管与排水立管宜采用（　　）连接。

A.直角弯头　　B.两个45°弯头　　C.闸阀　　D.软管

4.接管单位对建设单位提交的申请和相关资料进行审核，符合接管验收标准时，应在（　　）天内签发验收通知并约定验收时间，通常同步进行。

A.7　　B.15　　C.28　　D.30

△ 多选题

1.根据污水和废水性质不同，排水系统可分为（　　）排水系统。

A.生产废水　　B.雨水　　C.生产热水

D.生活污水　　E.海水淡化

2.为了疏通排水管道，在室内排水系统中，一般需设置（　　）等清通设备，以保证排水的畅通及环境卫生。

A.清扫口　　B.检查口　　C.排气口

D.检查井　　E.抽水口

△ 判断题

1.硬质聚氯乙烯塑料管不能用作酸碱性生产排水管。（　　）

2.排水横管应有一定的坡度、坡向排水立管，并宜用直角三通与立管连接。（　　）

3.生活污水管道不宜在建筑物内设检查井。（　　）

4.排水系统的排出管与室外检查井的连接处，一般采用管底平接，以免室内管道埋设过深或产生倒灌。（　　）

5.通气管高出屋面不得小于0.5m，且必须大于最大积雪厚度。（　　）

△ 思考题

1.污水排放有哪些规定?

2.常用的排水管材有哪几种?

3.排水管道的布置与敷设有哪些规定?

4.排水管道发生渗漏现象怎样处理?

5.排水管道堵塞时应采取哪些措施?

实践操作训练

△ 案例题

李女士家住顶层18楼，近期发现卫生间地漏返味。李女士询问17层楼业主，其家也有这种情况发生。李女士到物业公司请求帮助检查。

物业维修人员到李女士家检查，确实地漏返味，但又分析不出产生的原因，怀疑是夏天天气热开窗室外的味儿飘到室内。于是关闭窗户，打开空调，结果发现怪味儿确实来自卫生间。随后，维修人员到屋面检查排污管，发现通气管被人用塑料袋套住。维修人员经询问得知，是屋面后阳光房的业主为了防止开窗时通气管排出的臭味进入其阳光房而采取的措施。后经物业人员、公安人员共同与其协商，将套住的排气孔打开，业主生活恢复正常。

问题：

1.阳光房业主这样做道德吗?

2.排污管的通气管可以重新加高高出阳光房吗?

△ 实训题

【实训情境设计】

模拟学校排水管道的堵塞情况，分析其原因并采取相应的处理办法。

【实训任务要求】

1.各组巡查学校实验楼的排水管道使用情况，分析排水管道容易产生排水不畅通的部位，各组不得雷同。

2.分析排水不畅的原因，需要有较强的理论依据。

3.处理方法得当。

【实训提示】

1.将学生分为3~4组，男女生比例协调，然后对各组进行综合评定。

2.巡查部位要有记录，具体情况可拍照或录像，作为课上讲解、演示和探讨的依据。

3.针对各组确定的部位和情况，组内每位同学各抒己见，寻求最佳的处理办法。

4.每组汇总，由一名同学课堂发言。

【实训效果评价表】

填写实训效果评价表，见表3-1。

表3-1　实训效果评价表

评价内容	分值（分）	评分（分）
各组人员任务完成情况	10	
信息资料的质量	20	
课堂表现	30	
说服力、表达能力	30	
小组人员的协作情况	10	
总体评价	100	

第 4 章

室外给排水系统

本章概要

本章简单介绍了室外给排水系统、屋面雨（雪）水排水系统，重点介绍室外排水系统的日常维护与管理。

学习目标

通过本章的学习，了解室外给排水系统的组成，以及屋面排水系统的相关知识；掌握室外给排水系统的日常维护与使用管理技能，并能处理常见故障。培养不怕脏不怕累为业主服务的精神。

引例

2013年1月10日半夜，米兰阳光小区5号楼202室业主崔先生给物业公司打电话，称家中卫生间地漏往上返污水，请求物业公司立即派人给予处理。

物业公司马上派夜间值班维修人员前去处理。维修人员检查发现，是由于北方天气寒冷致使室外污水井中排水管口冻堵造成的故障。

4.1 室外给排水系统概述

4.1.1 室外给水系统

1）给水系统的组成

室外给水系统的任务是自水源取水，经过净化并使水质达到标准后，再输送到用户。该系统通常分为三个部分，即取水工程、净水工程和输配水工程。

取水工程的任务是保证取得足够水量和良好质量的原水，包括选择水源、保护水源、选择取水地点和建造适当的取水构筑物等。

净水工程的任务是对天然水进行处理，使水质满足饮用水或其他工业用水的水质标准，包括选择处理方法、建造处理构筑物等。

输配水工程的任务是将满足水质的水输送到各个用水地点，并保证有足够的水量和水压，包括敷设管道，设立泵站，建造水塔、水池等调节构筑物。

2）给水系统的布置

给水系统按规划布局、水源情况、自然条件及用水性质等不同，其布置可有以下几种形式：

（1）统一给水系统

统一给水系统是指生活饮用水、工业用水和消防用水均按照饮用水的标准用统一给水管网供水的给水系统。

（2）分质给水系统

分质给水系统是根据水源的不同或用户对水质的不同要求，用不同的管道分别输送不同水质的给水系统。

（3）分区给水系统

分区给水系统是按用户性质的特点，将供水对象划分为若干区域，各个区域用相互独立的配水管网供水的给水系统。

（4）水压给水系统

水压给水系统是按水源的地势及用户的不同水压要求，将管网压力分为若干等级的给水系统。

除上述几种给水系统布置方式之外，还有重复使用给水系统、循环给水系统及区域给水系统等。给水系统布置方式的选择应综合各方面因素全盘加以考虑，这些因素包括气象、水文、工程地质、地形、人口及给水现状等。

4.1.2　室外排水系统

室外排水系统和室外给水系统一样，是保障人民生活和生产的一项重要工程设施。其任务是收集各种污水并将污水送至适当地点，然后对污水进行处理，并将处理后的水进行排放或加以利用。

1）排水系统体制

污水按其来源和性质的不同，一般可分为生活污水、生产废水和雨（雪）水三类，这三类污水所采用的排放方式称为排水系统体制。排水系统体制通常有分流制和合流制两种类型，如图4-1所示。

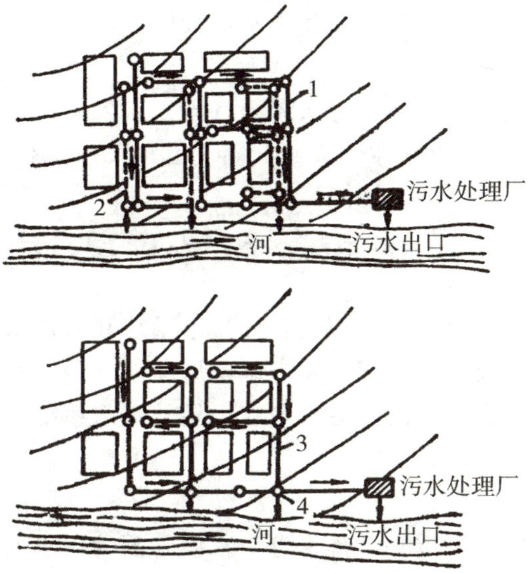

1——污水管道；2——雨水管渠；3——合流管渠；4——溢流井

图4-1　分流制与合流制排水系统示意图

（1）分流制排水系统

生活污水、生产废水和雨（雪）水用2个或2个以上的排水管道系统来汇集与输送的排水系统称为分流制排水系统。分流制排水系统按排水种类分为污水排水系统、雨（雪）水排水系统和生产废水排水系统。

（2）合流制排水系统

将生活污水、生产废水和雨（雪）水用一个管道系统进行汇集与输送的排水系统称为合流制排水系统。按汇集后的处置排放方式不同，合流制排水系统又分为直泄式合流制与截流式合流制两种。

直泄式合流制管道系统的布置应就近坡向水体，混合的污水未经处理直接泄入水体。这种系统对环境卫生和水体都有很大影响，一般不宜采用。

截流式合流制管道系统中各种水一起排向截流干管，截流干管上设有溢流井并设有处理厂。晴天时，污水全部送至处理厂处理，处理后排入水体；雨天时，污水量增大，当混合的污水量超过一定流量时，其超出部分通过溢流井流入水体，这种系统应用较多。

2）排水系统的组成

排水系统是汇集、输送、处理、排放、回收利用污（废）水的一整套工作设施的组合体。

（1）污水排水系统的组成

污水排水系统是以收集和排放生活污水为主的排水系统，它的组成部分有室内污水管道系统及卫生设备、室外污水管道系统、污水泵站与压力管道、污水处理厂和污水出口设施。

（2）生产废水排水系统的组成

生产废水有时就是利用污水管道或雨水管道排水，不形成系统。但有些企业是有单独排放系统的，它的组成部分有车间内管道系统及排水设施、厂区管道系统与附属设备、污水泵站与压力管道、污水处理厂和出水口设施。

（3）雨（雪）水排水系统

雨（雪）水排水系统的组成部分有房屋雨（雪）水管道系统、街坊（或厂区）与街道雨（雪）水管道系统、泵站和出水口设施。雨（雪）水一般不需处理而直接排入水体。

4.2　屋面雨（雪）水排水系统

屋面雨（雪）水排水系统可分为两类：外排水系统和内排水系统。建筑单位应根据建筑结构形式、气候条件及生产使用等要求确定屋面雨（雪）水排水系统的方式。当技术上可行、经济上合理时，屋面雨（雪）水宜采用外排水系统。

4.2.1　外排水系统

外排水系统是指屋面雨（雪）水排水管设在墙外侧的排水系统，常见的有檐沟外排水系统、女儿墙外排水系统和天沟外排水系统。

一般居住建筑、屋面面积较小的公共建筑和单跨工业建筑，多采用屋面檐沟或女儿墙汇集雨（雪）水，然后流入按一定间距沿外墙设置的水落管，再由雨（雪）水口经连接管引至室外检查井，即檐沟外排水系统，如图4-2所示。

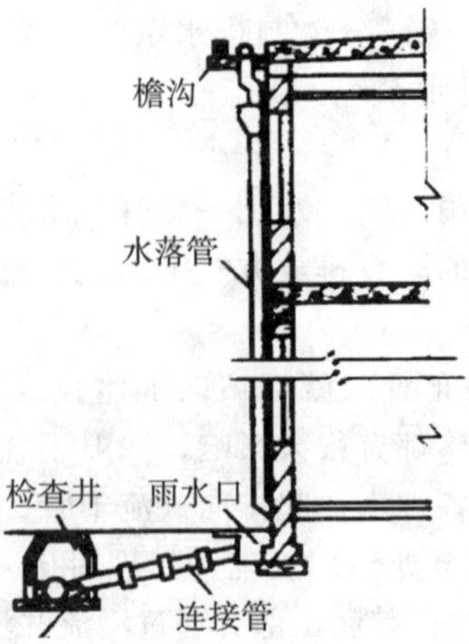

图4-2　檐沟外排水系统

天沟外排水系统就是利用屋面构造上所形成的天沟本身的容量和坡度，使雨（雪）水向建筑物两端（如沿山墙、女儿墙方向）排放，经设置在墙外的排水立管流至地面或地下雨（雪）水管道，如图4-3所示。

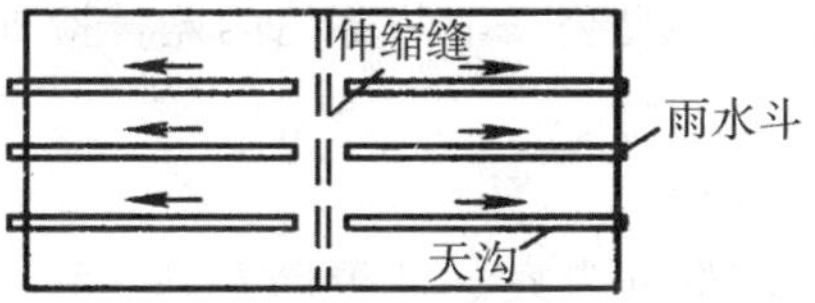

a 天沟布置示意图

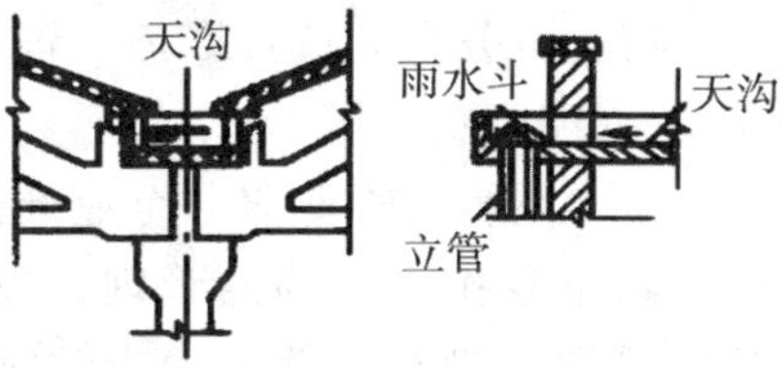

b 天沟与雨水管连接

图4-3 天沟外排水系统

4.2.2 内排水系统

对于大面积建筑屋面及多跨的工业厂房，当采用外排水系统有困难时，可采用内排水系统。内排水系统是指屋面雨（雪）水通过设在建筑物内的雨（雪）水管道排至室外的排水系统。内排水系统宜采取密闭系统，且污（废）水不得排入密闭系统。该系统一般由雨水斗、悬吊管、立管、埋地管、排出管及清扫口、检查口、检查井等组成。

【案例精析4-1】

某花园小区6号楼是××物业服务公司管理的公房，其中6B703由张某承租，因物业服务公司未在该楼楼顶平台雨（雪）管道进口处按规范要求安置防护网，导致鸟钻进管道筑窝，引起排水管道堵塞。下雨时，因管道堵塞，造成楼顶屋面漏水，给业主张某带来经济损失，于是其到物业服务公司投诉，并要求赔偿。

精析：（1）物业服务公司接到投诉后，应及时派工程部人员赶往现场查看、分析漏水原因，记录业主损失情况。

（2）找到原因后，向主管领导汇报情况。此案例中物业服务公司未尽到管理责任，造成业主损失应道歉并予以赔偿。同时，组织人员清理排水管口的堵塞，按规范要求安置防护网，加强日后的日常管理工作。

4.3 室外给排水系统的维护与管理

4.3.1 室外给排水系统的管理职责范围

加强对给排水系统的管理是十分重要的，应明确给排水系统的管理职责范围，制定行之有效的管理制度，管理人员按管理制度的要求维修保养给排水系统。物业服务企业对给排水系统的管理范围，各地市政部门都有规定。

1）给水系统的管理职责范围

（1）高层楼房以楼内供水泵房总计费表为界，多层楼房以楼外自来水表井为界。界限以外（含计费水表）的供水管线及设备，由供水部门负责维护、管理；界限以内（含水表井）至用户的供水管线及设备，由物业服务企业负责维护、管理。

（2）供水管线及管线上设置的地下消防井、消火栓等消防设施，由供水部门负责维护、管理，公安消防部门负责监督检查；高、低层消防供水系统包括泵房、管道、室内消火栓等，由物业服务企业负责维护、管理，并接受公安消防部门的监督检查。

2）排水系统的管理职责范围

（1）室内排水系统由物业服务企业维护、管理。

（2）对道路市政排水设施的管理，以3.5m路宽为界。凡道路宽在3.5m（含3.5m）以上的，其道路和埋设在道路下的市政排水设施，由市政工程管理部门负责维护、管理；道路宽在3.5m以下的，由物业服务企业负责维护、管理。

（3）居住小区内各种地下设施的检查井井盖的维护、管理，由地下设施检查井的产权单位负责，有关产权单位也可委托物业服务企业维护、管理。

4.3.2 室外给排水系统的日常使用管理

对室外给水和消防给水管道的养护，要注意埋设给水管道的地面上部不允许超重堆放物品，不允许放置对水质有严重污染的化学品、剧毒品，防止对管道的水管腐蚀和污染。要经常巡回检查埋设管道的地面上部覆土是否被挖削或因雨水冲刷而减薄，发现情况及时处理。室外给水和消防给水系统的阀门井、水表井、消火栓井、水泵结合井等阀体和井室，管理部门要定期检查并做好记录。阀件要定期试水，转动杆件处要定期加润滑油，以保持开关灵活。

室外排水管道每半年全部检查一次，保证水管阀门完好、无渗漏，水管通畅无堵塞。若有堵塞，应清除；若管道坡度不正确，应重新铺设。明沟、暗沟每半年全面检查一次，沟体应完好，盖板齐全。排水井、雨水井、化粪池每季度全面检查一次，每半年对易锈蚀的污水井井盖、化粪池池盖刷一次黑漆防锈，保持污水井井盖标识清楚，路面井盖要做防震垫圈。

室外喷水池每月检查保养一次，要求喷水设施完好，喷水管道无锈蚀。室外消火栓每季度全面试放水检查，每半年养护一次，主要检查消火栓玻璃、门锁、栓头、水带、连接器阀门等部件有无问题，“119”“消火栓”等标识是否齐全。对水带的破损、发黑、发霉与插接头的松动现象进行修补、固定，更换变形的密封胶圈，将水带展开换边折叠卷好，将阀门杆上油防锈，抽取总数的5%进行试水，清扫箱内外灰尘，将消火栓玻璃门擦净。最后贴上检查标志，标志内容应有检查日期、检查人和检查结果。

上下雨污水管每月检查一次，每年雨季前检查一次，每四年水管油漆一次，要求水管无堵塞、漏水或渗水现象，流水通畅，管道接口完好，无裂缝。

4.3.3 常见故障的处理

1）屋顶水箱溢水或漏水

屋顶水箱溢水是由于进水控制装置或水泵失灵所致。在发现溢水现象后，应马上检查进水浮球阀或液位控制装置以及水泵，看它们是否处于正常状态。若属于进水控制装置的问题，则应立即关闭水泵和进水阀门，进行检修；若属于水泵启闭失灵，则应关断电源，检修水泵。

引起水箱漏水的原因有：一是水箱上的管道接口发生问题；二是箱体出现裂缝。水箱漏水可以从箱体或地面浸湿的现象中发现，因而，应经常对水箱间进行巡视。

2）污水井水位过高

发现或接报污水井水位过高，应立即手动开启污水泵抽水；若是污水泵故障，则立刻用备用污水泵将水抽至污水井，立刻报告主管工程师安排维修水泵或控制电路，并写出维修报告。

【实战演练 4-1】

见“引例”案例。

提示：1）分析冻堵的原因。

（1）北方地区对污水井深度有要求。

（2）排水管口距井口的距离有要求，距井底距离也有要求。

（3）污水井是否按时清掏了。

（4）地面雨水排水口是否和污水井连通。

2）如果是下列原因出现的冻堵，冬季井口可做防寒处理预防冻堵的产生。

（1）污水井浅。

（2）天气特殊寒冷。

3）入冬前做好室外污水管线的疏通。

4）冬季坚持定期检查。

5）冬季住户少，也容易产生冻堵。

主要概念

室外排水系统　室外排水系统的日常维护与管理

基础知识练习

△ 单选题

1. 凡道路宽在（　　）以上的，其道路和埋设在道路下的市政排水设施，由市政工程管理部门负责维护、管理。

A. 3.5m 以上（含 3.5m）　　B. 3.5m 以下

C. 5.0m 以上　　D. 5.0m 以下

2. 室外排水管道应（　　）全部检查一次。

A. 每周　　B. 每月　　C. 每半年　　D. 每年

△ 多选题

1. 室外给水系统承担管理职责的划分界限（　　）。

A. 高层楼房以楼内供水泵房总计量表为界

B. 多层楼房以楼外自来水表井为界

C.以用户表为界

D.以园区建筑红线为界

E.以合同约定为界

2.下列关于室外排水系统日常养护的说法，正确的有（　　）。

A.室外喷水池每月检查保养一次

B.上下雨污水管每月检查一次

C.室外消火栓每季度全面试放水检查一次

D.每半年对易锈蚀的污水井井盖刷一次防锈漆

E.室外排水管道每半年全面检查一次

△ 判断题

1.居住小区内各种地下设施的检查井井盖的维护、管理，由物业服务企业负责。（　　）

2.供水管线及管线上设置的地下消防井、消火栓等消防设施，由市政供水部门负责维护、管理。（　　）

△ 思考题

1.污水的处理方法有哪几种？其处理原理是什么？

2.屋顶水箱溢水或漏水应如何处理？

实践操作训练

△ 案例题

炎热的夏季，某高级公寓小区内绿树成荫，鲜花盛开，空气清新，环境幽雅。但也有不和谐的事情——园区污水井散发出难闻的气味。

问题：

1.试分析产生问题的可能原因。

2.请问如何解决？

3.园区污水井夏天散发难闻的气味，冬天会怎样？

△ 实训题

【实训情境设计】

请学生进行一次实践调查，查阅本校排水管道的平面图，根据学校后勤部门的维修记录，确认学校室外排水管道出现堵塞的部位。

【实训任务要求】

1.各组依据平面图实际巡查本校的排水管道使用情况，确定排水管道排水不畅通的部位，各组不得雷同。

2.分析排水不畅的原因，需要有切实的理论依据。

3.确定处理方案，要求采用的处理方法得当。

【实训提示】

1.可分组进行，也可独立完成，最后进行综合评定。

2.可通过网络、实地调查等多种方式获取信息，要真实、可靠、有说服力。

3.处理方案要符合实际，切实可行。

【实训效果评价表】

填写实训效果评价表，见表4-1。

表4-1　实训效果评价表

评价内容	分值（分）	评分（分）
各组人员任务完成情况	10	
信息资料的质量	20	
课堂表现	30	
说服力、表达能力	30	
小组人员的协作情况	10	
总体评价	100	

第5章

供暖系统

本章概要

本章共分8节，介绍了供暖系统的热源、各种阀门和散热器；讲解了几种供暖方式，重点讲解了辐射采暖方式，供暖系统的运行、维护和故障的处理。

学习目标

通过本章的学习，了解供暖系统的组成和分类；重点掌握热水采暖系统的相关知识，熟悉常见的阀门和散热器，对蒸汽采暖系统和其他采暖方式有一定的了解；能够说出锅炉的工作原理；能够运用维护管理方面的知识解决实际问题。关注全球变暖的趋势、珍惜能源，培养吃苦耐劳的工匠精神。

引例

家住北方的蔡先生，在今年供暖的第二天，就找到物业公司，说他们家的供暖系统供水管凉，回水管热。这样是否会对供暖温度产生影响？

北方严寒时节，室外气温远远低于人体舒适所要求的温度，室内的热量不断地通过各种途径传至室外。为了维持室内温度，就需要不断地向室内补充热量，以创造适宜的生活和工作环境。向房间内供给热量的形式是多种多样的。例如，过去常用的火炉、火墙、火炕，现在居室中采用的电加热器、燃气加热器等。我们在此着重介绍具有一定作业面积的、系统化的供暖方式——集中供暖系统。

5.1 供暖系统的基础知识

5.1.1 供暖与供暖系统

供暖就是根据热平衡原理，在冬季以一定的方式向房间补充热量，以维持人们日常生活、工作和生产活动所需要的环境温度。供暖通常需要设置由产热设备（如锅炉、换热器等）、输热管道与散热设备三个基本部分组成的系统——供暖系统。

5.1.2 供暖系统的组成

一般的供暖系统由三个部分组成：热源、输热管道、散热设备。

热源即热能的来源，如锅炉、换热器等。

输热管道是将热媒和散热设备连接起来的通道，按用户的要求把热能输送给散热设备，同时把热媒送回锅炉再次加热利用。

散热设备就是把热媒所携带的热量不断地传递给室内的空气和物体，来补偿冬季房屋的热量损耗，维持人们工作、生活所需要的室温。常见的散热设备有散热器、暖风机、辐射板等。

5.1.3 供暖系统的分类

1）按采暖的范围不同分类

（1）局部供暖系统，如火炉、火炕、电暖风机、煤气、红外线辐射器等。它们的热源、输热管道、散热设备是连成整体且不能分离的。

（2）单户采暖系统，它是为单户或几户小住宅而设置的。有的小区在每户设一台小型燃气、燃油或电锅炉，各户分别采暖，自己控制室温。这种采暖系统首次投资较大，应考虑业主的承受能力。

（3）集中采暖系统，是采用锅炉或水加热器对水集中加热，通过管道向一栋或数栋房屋供应热能，在我国北方城市应用比较普遍。

（4）区域采暖系统，是以集中供热的热网作为热源，用以满足一个建筑群或一个区域采暖用热的需要。它的供热规模比集中采暖要大得多，目前我国北方一些城市的热电厂供热以及居住小区的区域锅炉房供热，多为这种区域采暖系统。

2）按热媒不同分类

（1）热水采暖系统，是以热水为热媒的供暖系统，是民用建筑中的常用形式，将在后面做详细介绍。

（2）蒸汽采暖系统，是以蒸汽为热媒的供暖系统。蒸汽在变成凝水时能放出较多的热量，但蒸汽的热惰性小，热得快，冷得也快，散热器和管道表面温度高，易烫伤人，所以在工业建筑中较常用。

（3）热风采暖系统，是把热空气作为系统的热媒，即把空气加热到适当的温度（一般为35℃~50℃），直接送入房间，以满足采暖要求，如暖风机、热风幕等。这种方式加热和冷却迅速，但要对空气进行其他处理，需另加系统及设备。

（4）烟气采暖系统，它直接利用燃料在燃烧时所产生的高温烟气，在流动过程中向房间散出热量，以满足采暖的要求，如火墙、火炕等，现已用得不多。

综上所述，采暖的效果和经济性与热媒有很大关系，集中采暖系统与区域采暖系统都是以热水为热媒的采暖系统，这种系统的热能利用率较高，散热设备不易腐蚀，系统蓄热能力高，同时易于实现供水温度的集中调节，供热半径大，在居住建筑和公共建筑以及工业企业厂房中得到广泛应用。因此本章将重点介绍热水采暖系统。

5.2 热 源

人们在日常生活和社会生产中都需要大量的热能，如小区、写字楼内的采暖、洗涤、淋浴等用热系统需要供应热能。热源是指加热媒的锅炉房、热电厂、换热站等，即用来为供热系统提供热能的地方。本节主要介绍换热站。

5.2.1 锅炉的概念及分类

锅炉是利用燃料燃烧释放的热能或其他热能，然后将热能传递给水或其他介质，从而产生规定参数（温度和压力）的热水或蒸汽或其他介质的设备。

锅炉按其产生的介质不同分为蒸汽锅炉和热水锅炉；按其出产介质的压力分为低压锅炉（出口压力不大于2.5Mpa）、中压锅炉（出口压力为2.9Mpa~4.9Mpa）、高压锅炉（出口压力为7.8Mpa~10.8 Mpa）；按其燃烧的燃料不同分为燃煤锅炉、燃气锅炉、燃油锅炉；按燃烧方式不同分为层燃炉、悬燃炉和沸腾炉；按出厂形式不同分为散装锅炉和出厂时已经组装成整体的快装锅炉。

5.2.2 集中供热系统的换热站

集中供热系统的换热站是供热网路向热用户供热的连接场所。换热站起着调节供应热用户的热媒参数、热能转换和计量的作用。因此，它是与其相连的热用户的热源。

1）换热站的分类

（1）根据网路的热媒不同，换热站可分为热水换热站和蒸汽换热站。

（2）根据服务对象不同，换热站可分为工业换热站（热媒多为蒸汽）和民用换热站。

（3）根据换热站的位置和不同功能，换热站可分为用户换热站和集中换热站。

①用户换热站，也称用户引入口，它设置在单栋建筑用户的地沟入口或该用户的地下室或底层处。

②集中换热站，是供热网路通过集中热力站向一个街区或多栋建筑分配热能。这种热力站大多是单独的建筑物，也可设置在某一栋建筑物内。其中，从热电站、区域锅炉房至集中换热站间的网路为一次网，俗称“大网”；从集中换热站向各热用户输送热能的网路，通常称为二级供热网路，即“二次网”。图5-1为常见的民用热力站，即二次网。

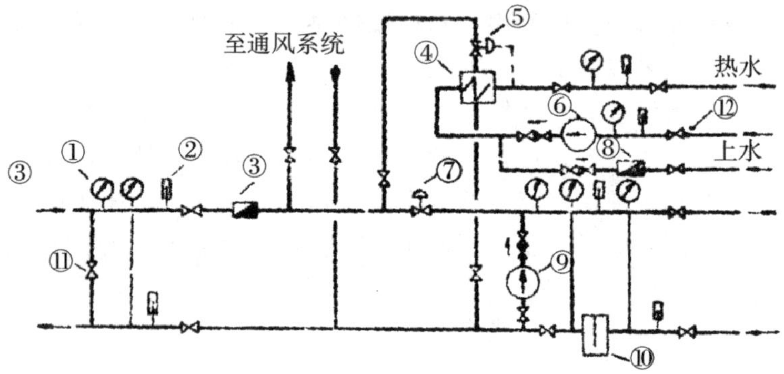

①压力表；②温度计；③热网流量计；④水-水换热器；⑤温度调节器；⑥热水供应循环水泵；⑦手动调节阀；⑧上水流量计；⑨供暖系统混合水泵；⑩除污器；⑪旁通管；⑫热水供应循环管路

图5-1 常见的民用热力站

市政给水进入水-水换热器被加热，热水沿热水供应网路的供水管输送全各用户。热水供应系统中设置热水供应循环水泵和循环管路，使热水能不断循环流动。

2）换热站的主要设备

除了必要的测量仪表和阀门外，水加热器（换热器）、水泵、除污器、调压孔板等都是热力站中的主要设备。

（1）换热器。

换热器按热媒不同可分为汽-水加热器和水-水加热器，按热交换方式可分为表面式水加热器和混合式水加热器。表面式水加热器是通过金属壁面实现冷热流体换热的，即冷热流体不直接接触的间接换热。混合式水加热器则是通过冷热流体的直接混合，同时进行热交换和质交换。

①固定管板式汽-水加热器。

其构造如图5-2所示，它主要由以下几部分组成：带有蒸汽进出口连接短管的圆形外壳，由小直径管子组成的管束，固定管束的管板，带有被加热水进出口连接短管的前水室及后水室，蒸汽在管束的外表面流过，被加热水在管束的小管内流过，通过管束的壁面进行热交换。

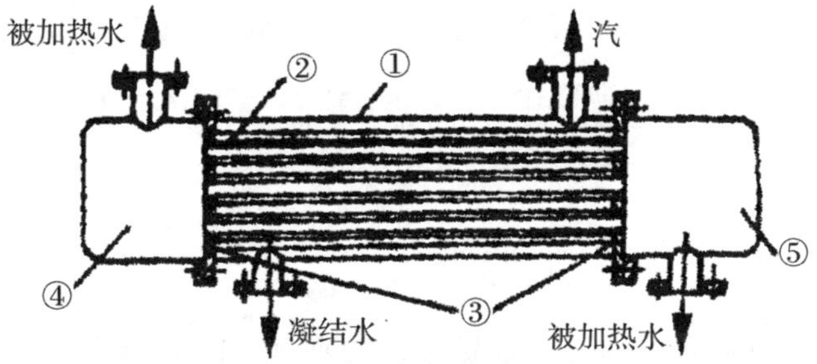

①外壳；②管束；③管板；④前水室；⑤后水室

图5-2　固定管板式汽-水加热器

这种水加热器只适用于温差小或温差稍大但管程不长、压力不高，以及管壳结垢不严重的地方。为弥补缺点，可在壳体中部加一个膨胀节。

②板式加热器。

板式加热器的构造如图5-3所示，它主要由传热板片、固定盖板、活动盖板、定位螺栓、压紧螺栓组成。板与板之间用垫片进行密封，盖板上设有冷、热媒进出口短管。

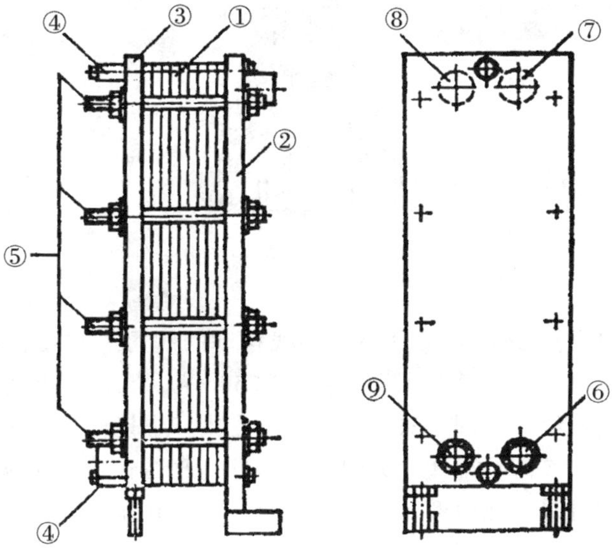

①传热板片；②固定盖板；③活动盖板；④定位螺栓；⑤压紧螺栓；⑥被加热水进口；⑦被加热水出口；⑧加热水进口；⑨加热水出口

图5-3　板式加热器构造简图

（2）水泵及喷射装置。

水泵是供热系统中的主要设备。循环水泵可以为系统提供循环动力；补水定压泵可给系统补充水并保证系统压力在规定范围内。工程中常用离心式水泵，按形式可分为卧式离心泵和立式离心泵等。它们的结构与给排水系统相同，在此不再赘述。

喷射装置既相当于换热器，又相当于水泵。它能使不同压力下的两种流体相互混合，在混合的过程中进行能量交换，以形成一种居中压力的混合流体，在供热系统中比较常用的是水喷射器和蒸汽喷射器。喷射装置构造简单、工作可靠、价格低廉，在许多工程技术方面得到了广泛的应用。

5.3 常用阀门和散热器

5.3.1 阀门

1）闸阀

闸阀是指关闭件（闸板）沿介质通道轴线的垂直方向移动的阀门。其优点是流阻系数小，启、闭所需力矩较小，介质流向不受限制。其缺点是结构尺寸大，启、闭时间长，密封面易损伤，结构复杂。闸阀有暗杆、明杆、楔式和平行式等几种主要结构形式。闸阀的连接形式有法兰连接和螺纹连接。法兰连接是在法兰盘之间放厚度3mm～5mm的橡胶垫，用螺栓拧紧。螺纹连接用密封胶、铅油和麻丝密封接口。图5-4是内螺纹暗杆楔式闸阀构造图。

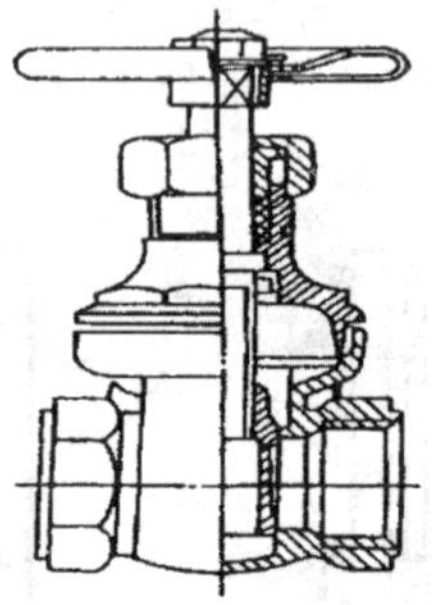

图5-4 内螺纹暗杆楔式闸阀

2）截止阀

截止阀是指关闭体（阀瓣）沿阀座中心线移动的阀门。它在管道中一般只作切断用，而不用于节流，通常公称直径都限制在DN250mm以下，缺点是压力损失大。截止阀按连接形式分为内螺纹截止阀、法兰外螺纹截止阀和焊接截止阀；按阀体形式分为直通式、角式和直流式；按阀杆形式分为明杆和暗杆。直通式截止阀应用广，一般使用在直线管路上，热媒通过时，是由低处进、高处出，流进和流出的总方向未改变。角式截止阀常用在低压蒸汽供暖系统支管与散热器连接处，用来控制散热器内蒸汽流量。内螺纹截止阀的构造如图5-5所示。

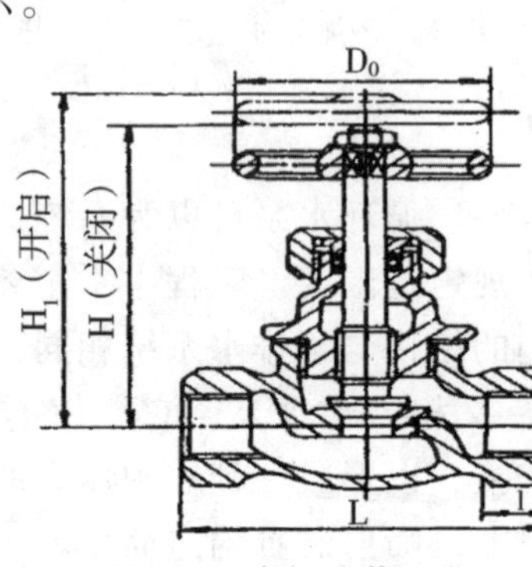

图5-5 内螺纹截止阀

3）蝶阀

蝶阀的名称来源于翼状结构的蝶板，在管道上它主要用于切断和节流。当蝶阀用于切断时，多用弹性密封，材料选橡胶、塑料等；当用于节流时，多用金属硬密封。蝶阀的优点是体积小，重量轻，结构简单，启闭迅速，调节和密封性能良好，流体阻力和操作力矩较小。

蝶阀按结构可分为杠杆式（双摇杆）、中心对称门式、偏置板式和斜板式四种。

4）旋塞阀

旋塞阀又称转心门，连接在管路上起截断、开启和控制管路流量的作用。常见的有压力表旋塞、液面计旋塞。在放气或泄水的地方也可用旋塞代替闸阀或截止阀。旋塞只能用于热水供暖系统，而不能用在蒸汽管路上。

5）止回阀

止回阀也称逆止阀或单流阀，它的作用主要是控制流体向一个方向流动，不倒流。常用的止回阀有升降式和旋启式两种，如图5-6所示。

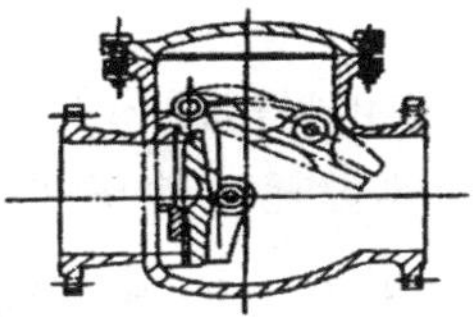

a 升降式止回阀　　b 旋启式止回阀

图5-6　止回阀

在选取止回阀的规格时，应选择与连接管径相同的止回阀。安装止回阀时，要注意使阀体上的箭头所示的方向与流体流动方向一致。旋启式止回阀水平或垂直安装都可以，但在垂直安装时，其阀体上的箭头指向必须向上，不能向下。升降式止回阀必须水平安装，不能垂直安装。

6）减压阀

减压阀用于蒸汽管道上，能自动降低压力，其规格可查有关手册。减压阀的构造如图5-7所示。

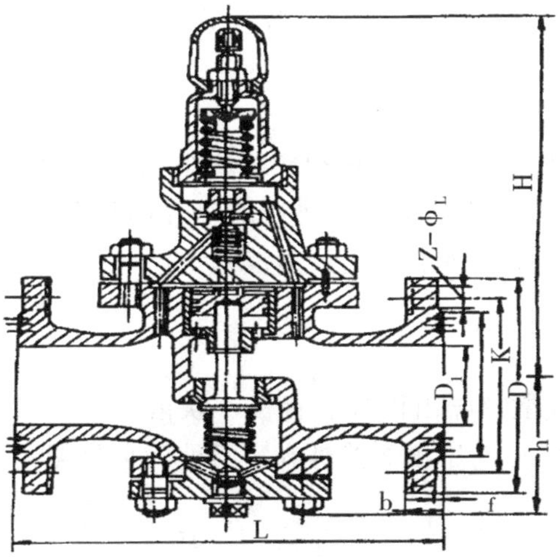

图5-7　减压阀

7）疏水器

疏水器用于蒸汽设备或管道上，能阻止蒸汽通过，并排除冷凝水。疏水器分为脉冲式、浮球式、针形浮子式和热动力式等类型。目前，多用热动力式疏水器，其适用温度大多不高于200℃。

8）安全阀

安全阀是压力容器、锅炉、压力管道等压力系统广泛使用的一种安全装置，保证压力系统安全运行。当容器压力超过设计规定时，安全阀自动开启，排出一定数量的流体，以防止容器或系统内的压力超过预定的安全值；当容器内的压力恢复正常时，阀门自行关闭，并阻止介质继续排出。安全阀分全启式安全阀和微启式安全阀。根据安全阀的整体结构和加载方式，可分为静重式、杠杆式、弹簧式和先导式等类型。

5.3.2 散热器

散热器是安装在供暖房间内的一种散热设备。热媒通过供水管道流入散热器内，放出热量，补偿房间热损耗，使房间温度保持稳定，放热后的热媒经回水管道流回锅炉房。散热器的种类很多，根据材质不同可分为铸铁散热器、钢制散热器和铝制散热器等。

1）铸铁散热器

铸铁散热器具有结构简单、防腐性好、使用寿命长以及热稳定性好等优点，但重量大、易积灰及承压能力有限，目前很少采用。铸铁散热器按形状分为翼形和柱形两种。

2）钢制散热器

钢制散热器用钢板和钢管制成，制造工艺先进，适应于工业化生产，外形美观，易实现产品多样化、系列化，适应于各种建筑物对散热器的多功能要求，金属耗量少，安装简便，承压能力较强，占地面积小；但耐腐蚀能力差，对供暖系统的水要求较高，需要进行水处理，非采暖期需要满水养护。钢制散热器常见的有钢串片式、板式、柱式和扁管式，多是整体产品。

（1）钢串片式散热器。

钢串片散热器由钢管、钢片、联箱和放气阀组成，分为开式和闭式两种，如图5-8所示。开式散热器现已不多见，闭式散热器的钢片前后两边折弯90°，紧靠相邻钢片，结构紧凑，安装容易，可用于热水系统及蒸汽系统。现在的小区也常用与其相似的散热器（翅片式）。

（2）板式散热器。

如图5-9所示，板式散热器由面板、背板、联箱、进出水管接头、放水门固定套及上下支架组成。背板有带对流片和不带对流片两种。它只能用于热水供暖系统。

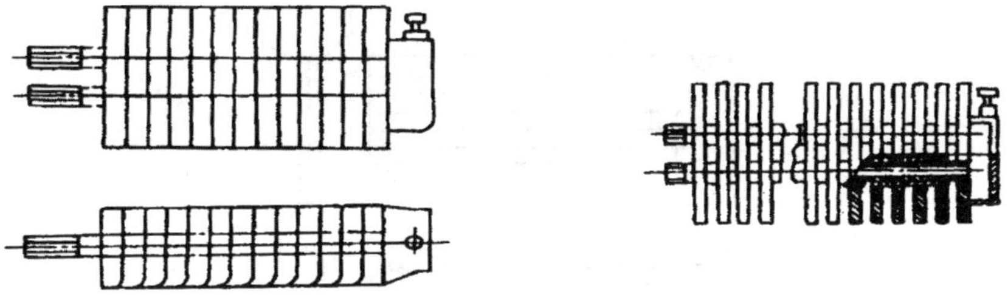

图5-8　钢串片散热器

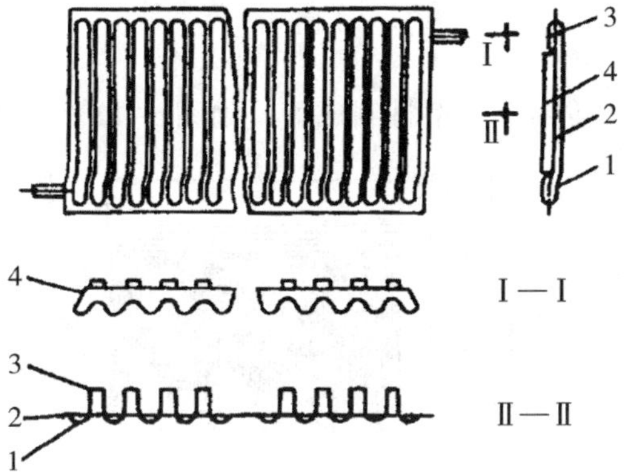

1——面板；2——背板；3——联箱；4——对流片

图5-9　板式散热器

（3）柱式散热器。

如图5-10所示，钢制柱式散热器的结构与铸铁柱式散热器相似，每片也有几个中空立柱。其形式有三柱式和四柱式两种。这种散热器质量轻，承压较高，不易腐蚀，只能用于热水供暖系统。

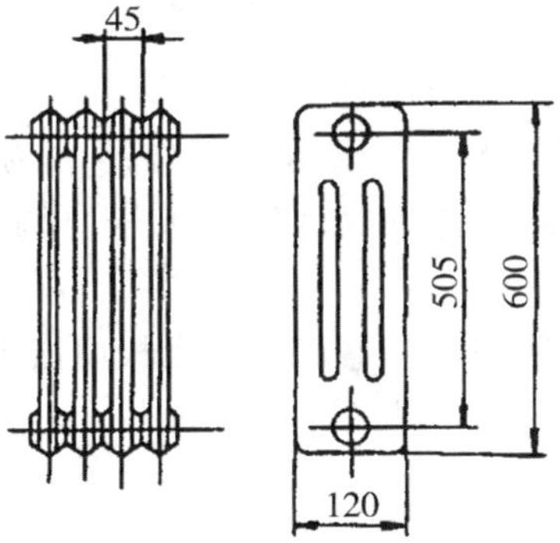

图5-10　柱式散热器

（4）扁管式散热器。

如图5-11所示，扁管式散热器的板型有单板、双板、单板带对流片和双板带对流片四种结构形式。单、双板扁管式散热器两面均为光板，板面温度高，有较多的辐射热。带对流片的单板、双板扁管式散热器，每片散热比同规格不带对流片的大，热量以对流方式传递为主。扁管式散热器只能用于热水供暖系统。

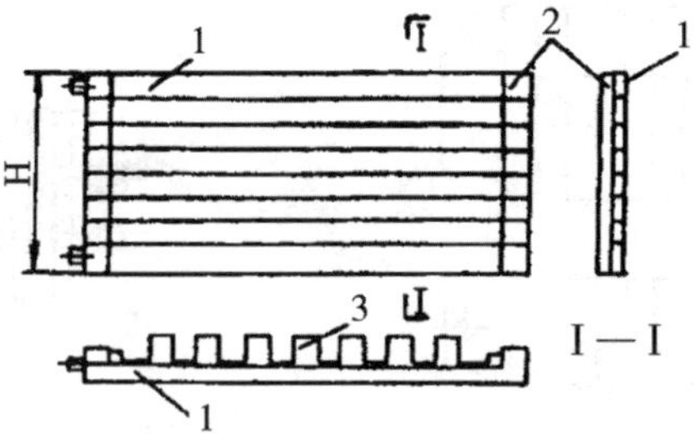

1——扁管；2——联箱；3——对流片

图5-11 扁管散热器

3）铝制散热器

铝制散热器是采用优质铝合金型材制成的，如图5-12、图5-13所示。

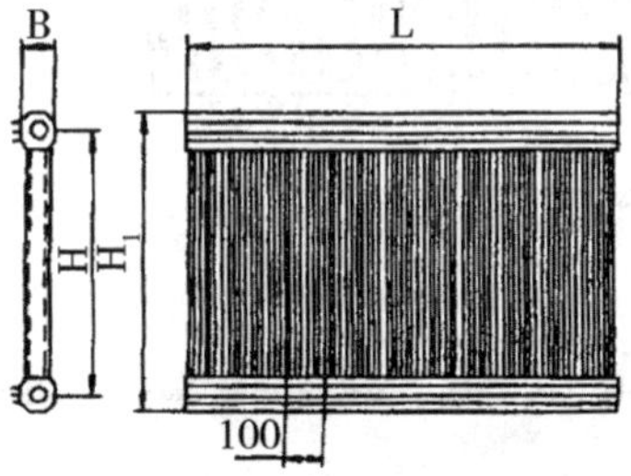

图5-12 铝制翼管形“LYG”散热器

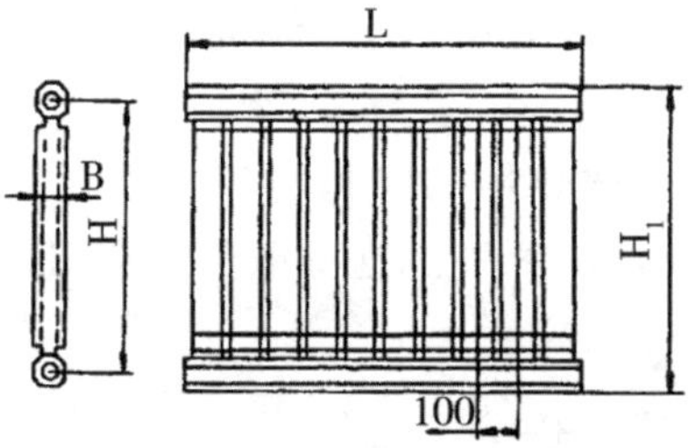

图5-13 铝制闭合式“LBH”散热器

铝制散热器具有热功能优异、承压高（工作压力为1.0Mpa）、质量轻、外形美观、抗腐蚀性强、使用寿命长、能与现代建筑装修协调、占地面积小、安装方便等优点。

此外，还有塑料散热器、陶瓷散热器和混凝土板内嵌钢管散热器等形式，在此不作详述。

5.3.3 散热器的布置

散热器的布置原则应以容易造成室内冷、暖空气的对流；室外侵入的冷空气加热迅速；人们的停留区暖和、舒适以及少占室内有效空间和使用面积为宜。

通常，房间有外窗时，散热器一般应安装在每个外窗的窗台下，这样散热器上升的对流热气流就能阻止和改善从玻璃窗下降的冷气流和玻璃冷辐射作用的影响，使流经工作区的空气比较暖和、舒适。但由于侵入冷空气的掺混，会使散热器周围的空气对流速度减弱。在进深较小的房间内，散热器也有布置在内墙的，它使室内空气形成环流，增强散热器对流放热。但是流经人们停留区的空气较冷，使人感到不舒适，房间进深超过4m时尤为严重。这种布置往往是考虑了系统的走向和减少系统水平干管的总长。因此，当距外窗2m以内的地方有固定的工作点时，散热器的布置主要应考虑防止冷气流和对人体辐射的影响。

楼梯间的散热器应尽量布置在底层，当散热器数量过多时，可适当、合理地布置在下部其他层。这是因为底层散热器所加热的空气能够自由上升，从而补偿上部的热损失。为防止冻裂，双层外门的外室以及门斗内不宜布置散热器。

5.4　热水采暖系统

5.4.1　热水采暖系统的分类

1）按热媒温度的不同，分为低温水采暖系统和高温水采暖系统

我们把温度低于100℃的水称为低温水；高于100℃的水称为高温水。室内热水采暖系统，大多采用低温水采暖系统，设计的供回水温度通常为70℃~95℃（也有的为60℃~85℃）。高温水采暖系统宜在生产厂房中使用。

2）按系统循环动力的不同，分为自然循环热水采暖系统和机械循环热水采暖系统

（1）自然循环热水采暖系统。

该系统不设外加动力而是靠供回水的密度差产生循环动力维持循环流动的。由于自然循环作用压力比较小，系统不能太大，其作用半径一般以不大于50m为宜，因此很少使用。

（2）机械循环热水采暖系统。

机械循环系统依靠循环水泵的动力使热水在系统中强制循环，供暖范围比自然循环系统大，管径小，可用于单栋建筑物、多栋建筑物，甚至可用于区域供暖。它的基本组成如图5-14所示。回水由水泵加压后送入锅炉中，由锅炉把水加热至供水温度，热水经供水管流入散热器内，在散热器内放出热量后由回水管返回。

另外，热水采暖系统还可按系统每组立管数的不同，分为单管系统和双管系统；按系统管道敷设方式的不同，分为垂直式系统和水平式系统；按管道连接及热媒流经路程不同，分为同程式系统和异程式系统。

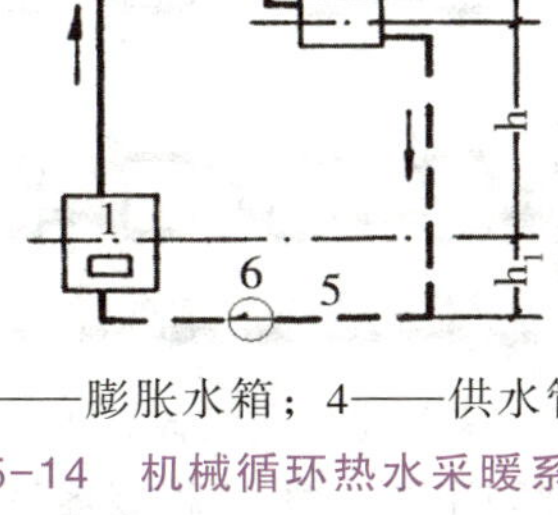

1——锅炉；2——散热器；3——膨胀水箱；4——供水管；5——回水管；6——水泵

图5-14　机械循环热水采暖系统

5.4.2 机械循环热水采暖系统的形式

机械循环热水采暖系统的形式较多，按系统的布置方式可分为垂直式与水平式。垂直式又有单管与双管系统之分，水平式均为单管系统。按供、回水干管敷设的位置，供水干管分为上分式、中分式、下分式，回水干管分为下回式与上回式。实际的采暖系统往往是以上各种形式的组合。以下介绍几种常用的系统形式。

1）双管系统

双管系统是各层散热器并联在立管上，可用支管上的阀门对散热器进行单独调节，但由于自然循环作用压力的影响仍存在，会造成严重的热力失调，因此在实际工程中已很少采用。

2）单管系统

单管系统是热水依次流过各层散热器，它们之间是串联关系。

（1）垂直单管热水采暖系统。

垂直单管系统在居住和公共建筑中应用较普遍，且设置跨越管后，可通过跨越管上的阀门调节进入散热器的热流量和散热量，可避免一定的热力失调（即冷热不均），如图5-15所示。

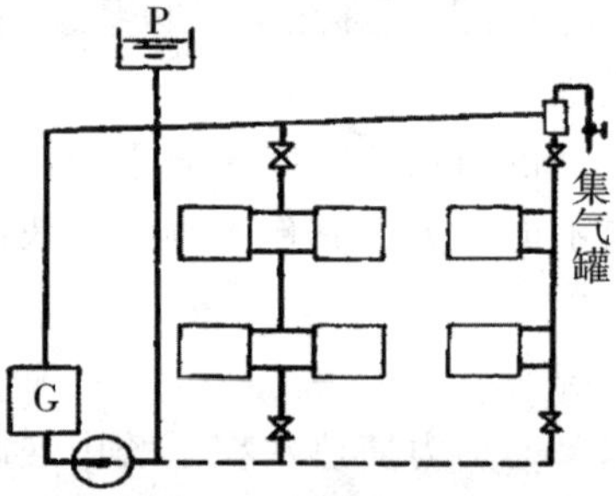

图5-15 垂直单管热水采暖系统

（2）水平单管热水采暖系统。

用一条水平管把同一层楼的各组散热器串联在一起，热水按先后顺序流经各组散热器，水温由近及远逐渐降低，但不能对散热器进行个体调节，这种方式为水平串联式，如图5-16、图5-17所示。

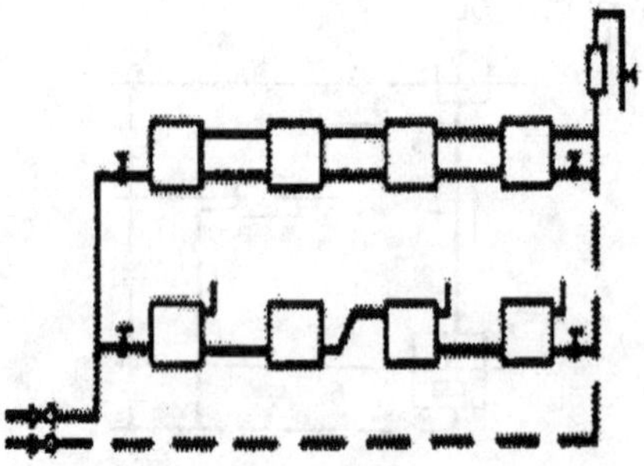

图5-16 单管水平顺流式热水采暖系统

为提高供暖收费率，便于灵活调节，单户采暖系统（即水平单管系统）在新建的住宅小区内应用广泛，旧小区也在逐步进行分户改造。

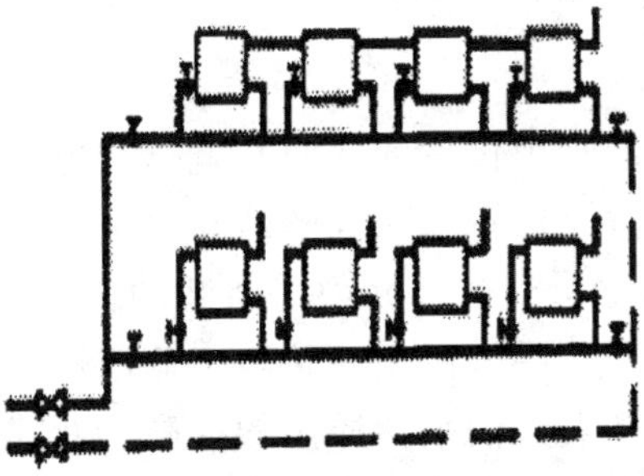

图5-17 单管水平跨越式热水采暖系统

3）高层建筑采暖系统的形式

目前，在我国高层建筑指的是10～30层的建筑物。这么高的建筑物，当用热水作为热媒时，底层的散热器及阀门将承受很大的静水压力，而且楼层越高，楼层间的冷热不均问题也越明显。因此，高层建筑热水采暖系统一般须采用竖向分区式，即在高度方向分成2个或2个以上的系统。

如图5-18所示，为不影响相邻系统的正常工作，高层采暖系统与外网连接时，应采取相应的措施。随着科技的发展与进步，目前有一种新技术已解决了因静水压力过大而分区的方式，可直接连接。

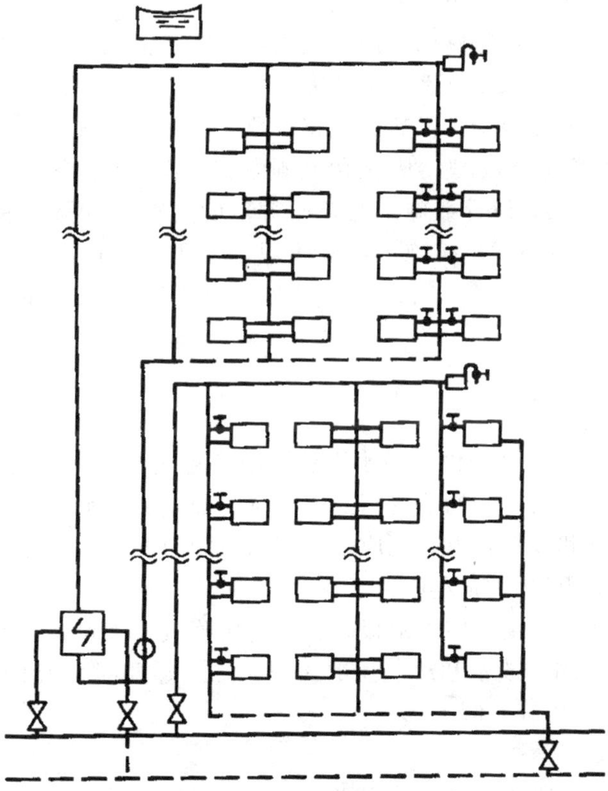

图5-18 分区式采暖系统

5.4.3 热水采暖系统的管道布置与敷设

1）基本方式

采暖管道有明装与暗装两种敷设方式。明装就是管道敞露于外面布置，其优点是安装、维修方便，造价低；缺点是影响室内的整洁与美观。暗装就是隐藏装置，即将管道敷设在闷顶、管沟、技术夹层、管道竖井内。暗装的优点是不影响室内的整洁与美观；其缺点是安装复杂，维修不便。一般民用建筑与工业厂房宜明装，一些装饰要求高或有特殊要求的建筑采用暗装。随着人们生活质量的提高，新建的小区大多采用设管道井的暗装方式，在楼梯间的管道井内统一放置采暖管道、给水管道、煤气管道、电线等，以利于美观与管理。

2）管道布置与敷设应注意的问题

①干管多采用室内管沟暗装敷设。安装时应保持其规定的坡度要求，在干管过门、穿越基础及变形缝时需做特殊处理，当供水干管布置在顶棚下时，在末端设置集气罐，并将排水管引至安全地方。

②立管明装时应尽量布置在外墙角，也可沿两窗之间的墙面中心线布置；暗装时应布置在管道竖井内，小区单户采暖的管道竖井多放于楼梯间内，这样既美观又便于管理，并在立管末端设放气阀。立管上下均应设阀门，以便于维修。

③支管应设置沿水流方向下降的坡度，以避免散热器上部存气或下部水放不净。单户采暖出入户的支管上应设特殊的阀门，按用户的交费情况决定是否开栓供暖。我国有些地方的单户采暖系统还设置了流量调节阀及热流计，家中无人时用户可把流量调小，保持室内值班温度，避免浪费，供热单位将按热流计的读数收费。

④管道穿过隔墙和楼板时，应预留孔洞，装设套管。采暖管道在管沟或沿墙、柱、楼板敷设时，应根据设计或施工与验收规范的要求，每隔一定间距设置管卡或支管、吊架，并考虑热力补偿。按施工与验收规范的要求，管道应作一般防腐处理，当管道敷设在管沟、技术夹层、闷顶、管道竖井内或易冻结的地方时，应采取保温措施。

3）附件的设置

（1）阀门的设置。

热水供暖系统在入口处的供、回水干管上应设置阀门作为启闭之用；各支管的供、回水管上设置阀门作为启闭和调节之用。双管系统的供、回水支管上，也应设置阀门作调节之用。在泄水管和放气管上，也应设置阀门。阀门要安装在便于操作的地方，以便于安装和检修，一般距地面1m左右。

在低压蒸汽和热水系统中使用闸板阀；在高压蒸汽系统和高温水系统中，调节流量用的阀门通常用截止阀；放水和放气用的阀门，当热媒温度大于100℃时用截止阀，当热媒温度小于100℃时用旋塞阀。

（2）补偿器的设置。

供暖系统中当直管段较短时，其膨胀靠本身允许的变形加以解决；当直管段长度超过25m时，应设置补偿器。当供暖的供水主管、干管和立管全高均在25 m以内时，应在中间部位设一个固定管夹，使管道向上、下伸缩；当全高超过25m时，必须在其中间设置补偿器。其具体种类将在后面章节中介绍。

（3）集气罐的设置。

机械循环上分式热水采暖系统的排气设备是集气罐或自动排气装置。集气罐应布置在系统的最高点，如图5-19所示。两个不同环路不能合用一个集气罐，以免热水通过集气罐互相串通。

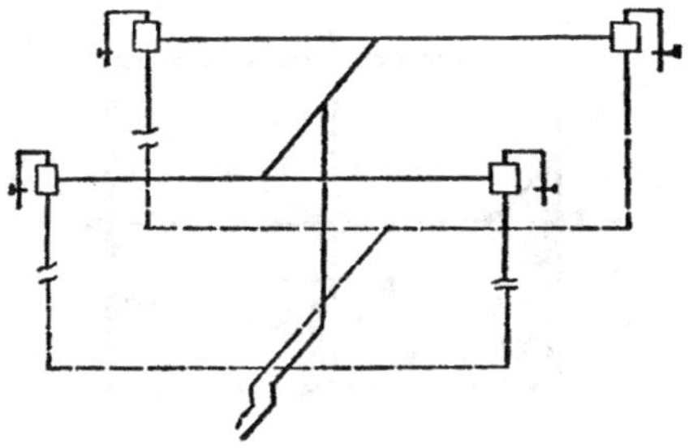

图5-19　集气罐的布置

下分式采暖系统在顶层各组散热器上设置放气阀。水平串联式热水采暖系统的各层散热器上均应设置放气阀。大型热水采暖系统，在水泵吸入口处的除污器上应设置放气阀。

4）热水采暖系统的入口装置

室内采暖系统与室外热网连接需要用的设施称为热力入口装置。热水采暖系统入口装置上主要仪表设备有温度计、压力计、调节阀及流量计等，如图5-20所示。供水管和回水管之间设连通管，并加设阀门。

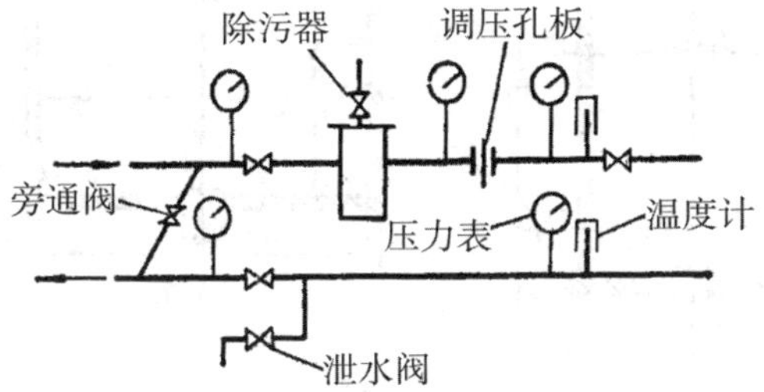

图5-20　热水采暖系统的入口装置

5）膨胀水箱

在热水采暖系统中，无论是自然循环热水采暖系统，还是机械循环热水采暖系统，膨胀水箱都应设置在系统的最高点。膨胀水箱在系统运行时，起着贮存系统加热后的膨胀水量、定压（机械循环）、排气（自然循环）的作用。图5-21是有补水箱的膨胀水箱构造图。膨胀水箱各种连接管的直径请查阅有关手册。

6）集气罐、自动排气罐与放气门

（1）集气罐。

热水采暖系统通常在供水干管末端安装集气罐。集气罐有手动集气罐和自动集气罐两类。手动集气罐一般用直径为100mm~250mm的钢管制成，有立式、卧式两种。由于立式集气罐比卧式集气罐容纳的空气多，因此在一般情况下多用立式罐，只有在干管

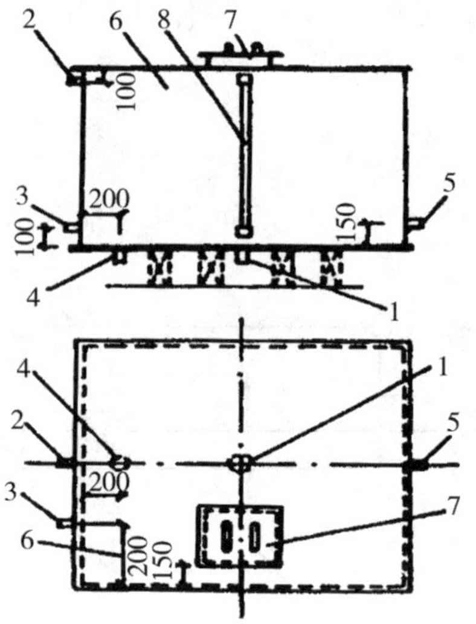

1——膨胀管；2——溢流管；3——循环管；4——排水管；
5——信号管；6——箱体；7——入孔；8——水位计

图5-21 膨胀水箱的构造图

距离天棚太近，不能设立式罐时才用卧式罐。立式手动集气罐与系统的连接方式如图5-22a所示，卧式手动集气罐与系统的连接方式如图5-22b所示。集气罐的安装高度要低于膨胀水箱，以利于排除空气。

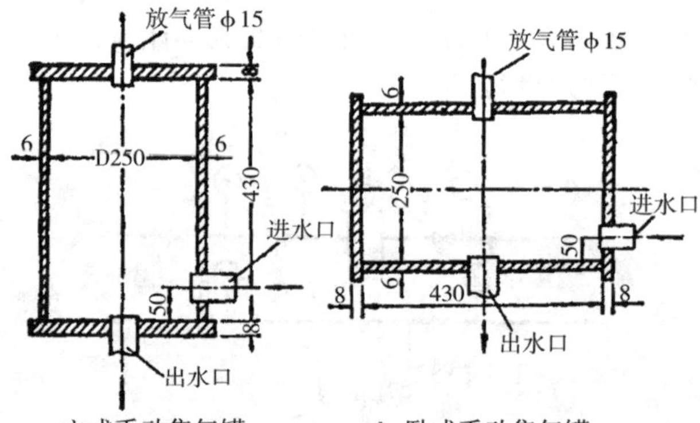

a 立式手动集气罐　　b 卧式手动集气罐

图5-22 集气罐与系统的连接方式

（2）自动排气罐。

自动排气罐靠本体内的自动机构使系统中的空气自动排除到系统外。常见的自动排气罐结构如图5-23所示。

（3）放气门。

在水平式或下分式热水采暖系统中，大量空气集中在散热器的上部，这时要靠安装在散热器上部的放气门进行排气。这种放气门可以是自动的，也可以是手动的，通常用手动放气门，也叫手动跑风门。单户采暖的用户系统中每个散热器都应设放气阀（如图5-24所示），在房屋验收时应注意验查。

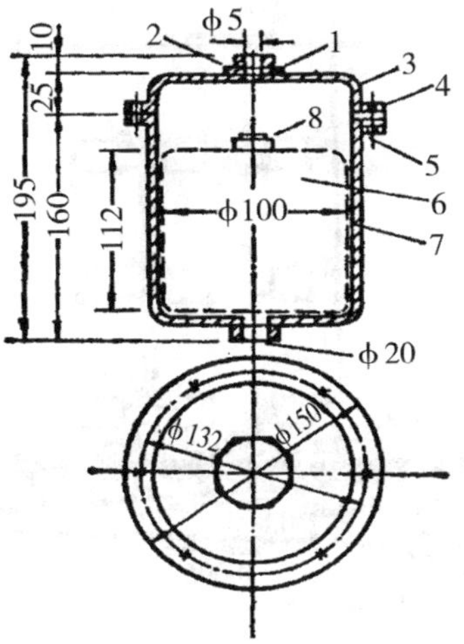

1——排气口；2——橡胶石棉垫；3——罐盖；4——螺栓；5——橡胶石棉垫；6——浮漂；7——罐体；8——耐热橡皮

图5-23　自动排气罐

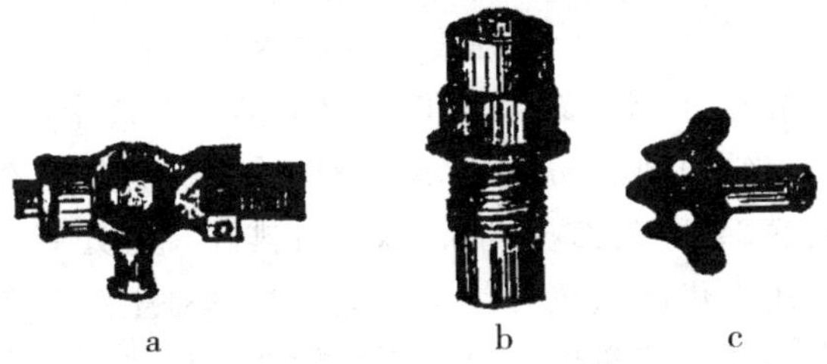

图5-24　放气阀

7）除污器

除污器一般安装在用户入口装置的供水总管上，也有的安装在回水总管上。其作用是阻留管网中水里的污物，防止污物造成室内系统管路的堵塞。

5.5　低压蒸汽采暖系统

5.5.1　低压蒸汽采暖系统的工作原理及特点

带有户外管路的上分式低压蒸汽采暖系统的简图如图5-25所示。低压蒸汽采暖系统的运行程序为：水在锅炉中加热后产生具有一定压力和温度的水蒸气，蒸汽在自身压力的作用下克服流动阻力，经过蒸汽干管、蒸汽立管、蒸汽支管进入散热器内，蒸汽在散热器内凝结成水放出汽化潜热，通过散热器把热量传给室内空气，维持室内的设计温度，凝水从散热器流经凝水支管、凝水立管、凝水干管和疏水器，最后流入锅炉附近的凝水箱（也称回水池）中，再由凝水泵注入锅炉重新被加热成水蒸气注入系统中。

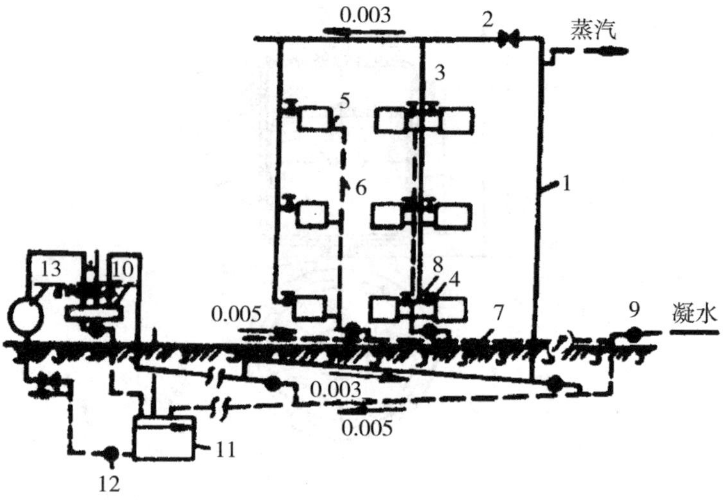

1——总立管；2——蒸汽干管；3——蒸汽立管；4——蒸汽支管；5——凝水支管；
6——凝水立管；7——凝水干管；8——调节阀；9——疏水器；10——分汽缸；
11——凝水箱；12——凝水泵；13——锅炉

图5-25 低压蒸汽采暖系统示意图

系统在适当位置设置疏水器。疏水器的作用是排出系统中的凝水并阻止蒸汽通过，使蒸汽在散热器内充分凝结放热，防止从凝水管内跑掉。另外，在总立管中汽水逆流是不可避免的，因此在其底部须安设疏水器，以及时排除转弯处聚积的凝水。

蒸汽供热广泛地应用在供暖通风、热水供应，特别是生产工艺热用户中。另外，蒸汽比容大、密度小，在向高层建筑供热时，不会像热水供热那样产生很大的静水压力。

但蒸汽供热系统的热惰性小，供暖时热得快，停暖时冷得也快，只适宜于可间歇供热的用户。散热器表面温度高，幼儿园及安全要求高的建筑物等不宜使用。

5.5.2 低压蒸汽采暖系统的基本形式

1）双管上分式

双管上分式采暖系统的蒸汽干管与凝水管完全分开。蒸汽干管敷设在顶层房间的天棚下或吊顶上。

2）双管下分式

双管下分式采暖系统的蒸汽干管和凝水干管敷设在底层地面下专用的供暖地沟内，蒸汽通过立管向上供汽。

3）中分式

中分式采暖系统适用于多层建筑的蒸汽供暖系统，当顶层天棚下面和底层地面不能敷设干管时采用。

4）重力回水式

重力回水式采暖系统是凝水依靠重力直接回锅炉，这种形式要求锅炉房位置很低，锅炉内水面高度要比凝水干管低200mm~250mm。

5）机械回水式

机械回水式采暖系统的凝水先流到凝水箱，然后用凝水泵抽送到锅炉内。

5.5.3 蒸汽供暖系统的管道布置

1）管道的坡度要求

（1）干管

当汽和水同向流动时，蒸汽干管的坡度应不小于0.002，一般采用0.003；当汽和水逆向流动时，蒸汽干管的坡度应不小于0.005。凝水管道的坡度应不小于0.002，一般为0.003。在管道最低点设置泄水阀。

（2）支管

支管的连接有同侧连接和异侧连接两种形式。同侧连接要求疏水器是直通式的，异侧连接要求疏水器是直角式的。蒸汽支管上应安装截止阀，并设0.01的坡度。

2）疏水器的设置

为了及时排除蒸汽系统的凝水，除保证坡度外，还应设置必要的疏水器装置。一般在蒸汽管道的低位点、每台暖风机的出口支管、采用片式散热器采暖的凝水干管末端、低压系统的每组散热器或立管底部等处应设置疏水器。

为了避免沿途凝水进入立管，供汽立管应从供汽干管的上方或上侧方引出，这时蒸汽干管的沿途凝水可通过干管末端的疏水器或单设立管来排除。

3）其他

由于蒸汽管路的温度变化比热水系统大，因此必须注意解决好管道的热胀冷缩问题。一般在较长的水平管道和垂直管道上应装设伸缩器。对于穿越楼板、隔墙的管道均应加套管，以利于管路的自由伸缩。干管与立管均应用乙字弯管连接，防止管道连接点处产生过大的位移而破坏接口。

当蒸汽供暖系统的规模比较大时，凝水不可能靠重力直接返回锅炉，这时须将散热器后面的凝水先靠重力流入开式凝水箱，然后再通过凝水泵打入锅炉。凝水泵与凝水箱之间的安装高度差必须保证满足防止凝水汽化的要求，它与凝水的温度有关，当凝水温度高于75℃时，凝水泵就必须低于水箱设置。

5.6 其他采暖方式

5.6.1 辐射采暖

散热器以对流和辐射两种传热方式向供暖房间传递热量。一般铸铁散热器主要以对流散热为主，对流散热量占总散热量的75%左右，而暖风机的对流散热量几乎占到总散热量的100%，这种以对流散热为主的采暖方式称为“对流采暖”。“辐射采暖”是使采暖设备尽量放出辐射热，使一定的空间里有足够的辐射强度，以达到采暖的目的。辐射采暖的辐射散热量占总散热量的50%以上。

1）辐射采暖的特点

（1）降低能耗。在人体的舒适感范围内，辐射采暖时的实感温度可比室内环境温度高出2℃~3℃，即在具有相同舒适感的前提下，辐射采暖的室内环境温度，可比对流采暖时的室内环境温度低2℃~3℃。因此辐射采暖方式比对流采暖方式舒适感好、热能消耗少。

（2）少占地面的有效空间。辐射面可以和建筑结构做成一体，也可以做成块状或带状的辐射板，悬挂在墙壁上、柱间或吊装在天棚下，减少散热设备对室内空间的占有量，增加室内空间的有效利用，同时便于布置家具。

（3）卫生条件好。由于辐射散热量占总散热量的比例小于对流采暖系统，因此可以提高围护结构内表面温度，减少人体辐射热损失，使人比较舒适。另外，室内空气对流较弱，可减少尘埃飞扬。

（4）房间热稳定性好。埋管地面构造由于地面层和混凝土层蓄热能力强，即使在间歇运行条件下，室温波动也小。

2）辐射采暖的种类与形式

根据辐射散热设备表面温度的不同，辐射采暖可分为低温（<80℃）、中温（80℃~200℃）及高温（500℃~900℃）三种。低温和中温辐射采暖可以用热水或蒸汽作为热媒，而高温辐射采暖则需要用电热或可燃气体加热的辐射散热设备。

根据辐射散热设备构造不同，又可以将其分为单体式（如带状、块状辐射板，红外线辐射器等）和与建筑构造相结合的辐射板（如天棚式、墙面式、地板式等）。

（1）低温热水地板辐射采暖。

微课3

低温热水
地板辐射采暖

低温热水地板辐射采暖是指将加热管埋设在地板构造层内，以不高于60℃的热水为热媒流过加热管，加热地板，通过地面以辐射和对流两种换热方式向室内供给热量的采暖方式。低温热水辐射采暖具有节能、卫生、舒适、不占室内有用空间等优点，比较适合于民用建筑与公共建筑中安装散热器会影响建筑物协调和美观的场合，近年来在国内得到广泛应用。

地板辐射采暖系统和建筑地板结合为一体，它的散热面是被埋置于地面构造层内的盘管所加热的地面。地面构造由结构层、水泥砂浆找平层、绝热保温层、铝箔、地热管、塑料卡钉或钢丝网、豆石混凝土层、地面装饰层组成，如图5-26所示。

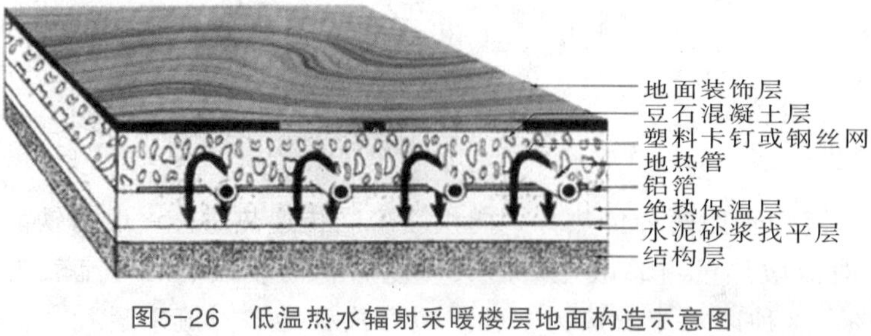

图5-26 低温热水辐射采暖楼层地面构造示意图

埋管式辐射采暖系统组成图如图5-27所示，分集水器平面基本构造图如图5-28所示。

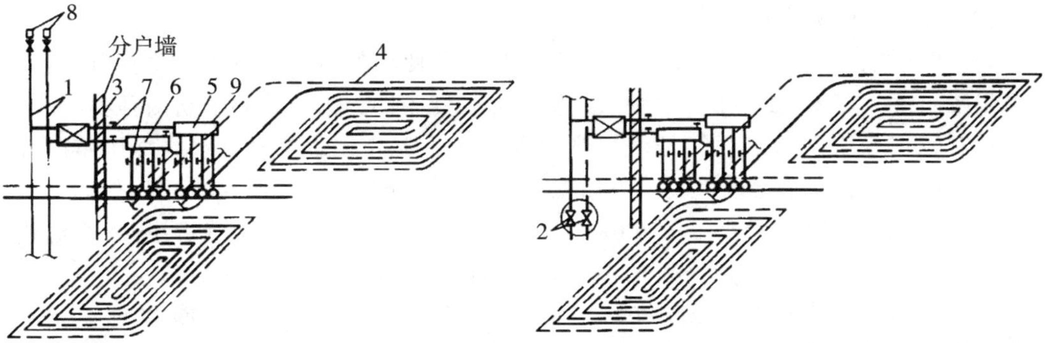

1——共用立管；2——立管装置；3——入户装置；4——加热盘管；5——分水器；6——集水器；
7——球阀；8——自动排气阀；9——散热器放气阀

图5-27　埋管式辐射采暖系统组成图

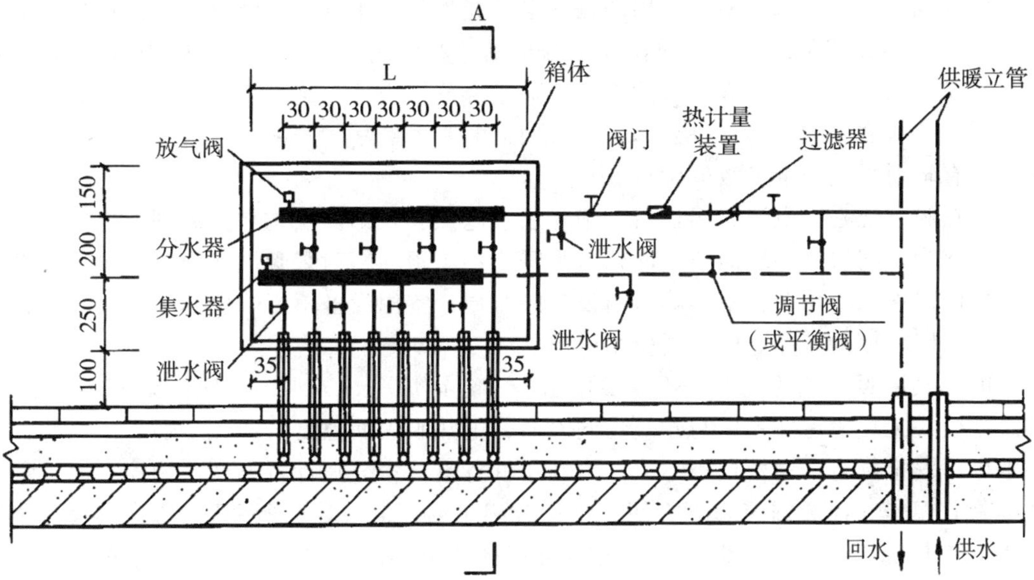

分集水器正视图

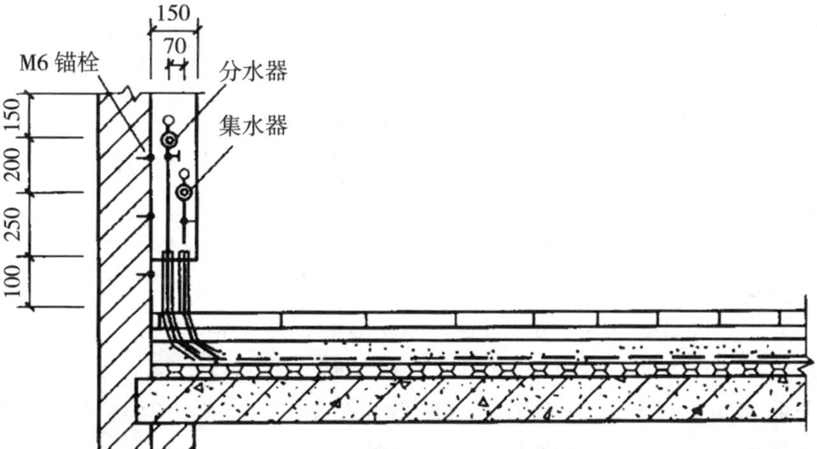

A—A 剖面

图5-28　分集水器平面基本构造图

（2）钢制辐射板采暖。

钢制辐射板采暖通常也称为中温辐射采暖，其使用的散热设备主要是钢制辐射板，辐射采暖温度为80℃～200℃。钢制辐射板按照长度不同分为块状和带状两种类型。

钢制辐射板表面的温度，是靠加热管内通入一定参数的高温热水或高压蒸汽维持的。一般情况下，在不超过采暖设备和管道附件的承压能力时，尽可能采用较高参数的热媒，如高压蒸汽宜高于或等于400Kpa（表压），不应低于200Kpa（表压），高温热水不宜低于100℃，以提高采暖系统的经济效益和使用效果。

钢制辐射板构造简单，制作维修方便，比普通散热器节约金属30%~70%。钢制辐射板采暖适用于高大的工业厂房或者大空间的公共建筑物如商场、展厅等的局部采暖。

（3）低温辐射电热膜采暖。

低温辐射电热膜采暖系统采用的是通电后能发热的半透明聚酯薄膜，由可导电的特制油墨、金属载流条经加工、热压在绝缘聚酯薄膜间制成。由于电热膜为纯电阻电路，故其转换率高，电热转换效率可达99%，除小部分损失外，绝大部分被转化为热能。电热膜采暖系统的工作温度在85℃以下，表面最高温度为40℃～50℃，属于低温辐射采暖，具有辐射采暖和电采暖的优点。

电热膜系统是由电源、温控器、绝缘层、电热膜及饰面层构成。原则上电热膜辐射采暖可作为房间顶面、地面或墙面辐射采暖之用。顶面辐射采暖电热膜安装方便，电耗小，室内温度比较均匀，不影响室内设备的布局，室内设备不影响电热膜散热效果，不易损坏，因此比地面和墙面采暖应用广泛。

电热膜采暖系统的优点是不需要用水，不建锅炉房，节水、节地；无废气、废料、烟气排放，无环境污染；可与建筑物同寿命；电热膜表面温度低，无干燥、闷热感，清洁卫生，安全舒适；初始投资不大，可利用低谷电价；分户计量方便，调控方便。它的缺点是升温慢，再装饰装修不方便，不适合潮湿的环境（如厕所和厨房）。一般适用于集中供热热源不足、电价低廉、最好有低谷廉价电的地区以及对环保有特殊要求的地方，也可作为节能建筑中集中供热的辅助和补充采暖形式。

（4）低温辐射发热电缆采暖。

低温辐射发热电缆采暖系统是将电能转化为热能的新型采暖系统，发热电缆通电后，导体工作温度一般为40℃～60℃，地板温度在24℃～28℃，而室内温度一般控制在18℃～22℃。低温辐射发热电缆采暖系统以电力为能源，以发热电缆为发热体，通过地面作为散热面将绝大部分热量（约占总热量的70%以上）以辐射的形式送入房间，使人体首先感到温暖。

低温辐射发热电缆采暖系统的综合效果优于传统的对流采暖，尤其是配以独立的温控装置和均匀散热装置，使系统具有恒温可调、便于区域控制、干净卫生、安全可靠、环境舒适、节能、经济、无需维护、计量方便准确，便于物业管理和使用寿命长等显著优点，因而在发达国家得到了广泛应用。这种采暖方式不仅大量应用于饭店、商场、医院等大型公共建筑，而且普及到了民用住宅和公寓，甚至使用在户外停车场、公路坡道、草坪等场所。但其也会受到电力资源、技术经济性等条件限制，所以暖通规范规定，符合下列条件之一者，在技术经济比较合适时可采用电热采暖：①环保有特殊要求的地方；②远离集中热源的独立建筑；③采用热泵的场所；④有丰富的水电资源可供利用的地方。

低温辐射发热电缆采暖系统是由可加热柔韧电缆和感应器、恒温器等构成。其可分成两类：一类为加热电缆线，可广泛应用于各种安装区域；另一类为加热席垫，用于薄地板、翻新后的地板。低温辐射发热电缆采暖系统可适用于任何材质的地面，如木地板、大理石、瓷砖等。低温辐射热电缆的种类，根据热导线材质可分为KEVLAR外缠镀锡铜合金多股发热电缆、加热电缆DTIP和碳素纤维发热电缆三大类。低温辐射发热电缆采暖系统的电缆敷设构造层主要有耐压保温层、钢丝网或快速安装带、热电缆、混凝土层和地面装饰层等。

5.6.2 热风采暖

热风供暖是用蒸汽或热水加热空气。利用蒸汽或热水通过金属壁传热将空气加热的设备称为空气加热器。由空气加热器、通风机和电机组合而成的暖风机组，广泛地应用在工业厂房和门厅中。当空间比较大、对噪声无严格要求、用散热器供暖难以布置、不大量产生灰尘或有害气体、允许采用再循环空气的房间，适宜用热风供暖。

1）暖风机的种类

暖风机按安装方式不同，一般可分为拖挂式和落地式两种。

（1）拖挂式暖风机。

NC型轴流暖风机的结构如图5-29所示。这种暖风机采用四叶片式轴流风机，空气加热器为螺旋翅片式，出口送出去的气流射程短、风速低、送风量小。每台散热量在1.163×10^2kW/h以内。这种暖风机一般是悬挂或用支架安装在墙上或柱子上。暖风机的空气加热器一端接蒸汽或热水干管，另一端接回水干管、热媒加热器，由轴流风机送出热风。热风经暖风机出风口，经百叶窗调节，直接吹向工作区。

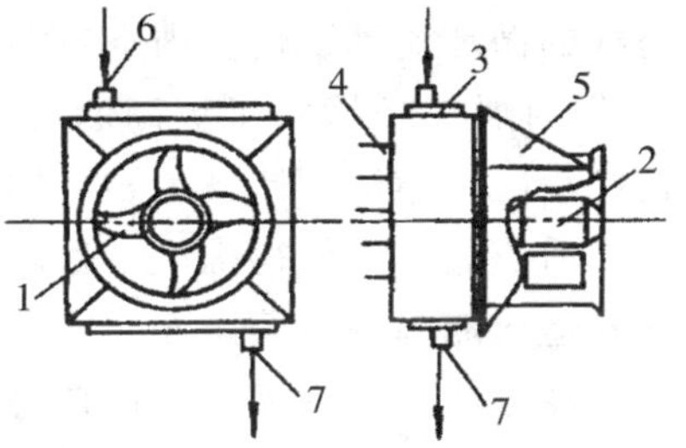

1——轴流暖风机；2——电动机；3——加热器；4——百叶窗；
5——支架；6——热媒入口；7——热媒出口

图5-29 NC型轴流暖风机的结构

暖风机出风口离地面的高度为暖风机的安装高度，一般取2.5m ~ 3.5m。出口热风温度取30℃ ~ 50℃，出口风速为6m/s ~ 12m/s。

（2）落地式暖风机。

NBL型离心暖风机的结构如图5-30所示。这种暖风机采用离心机，出口射出的气流射程长、风速高、送风量大。每台散热量在1.163×10^2kW/h以上。这种暖风机是用地脚螺栓固定在地面上。热媒通过散热器、离心风机将热风由通风筒送向工作区。

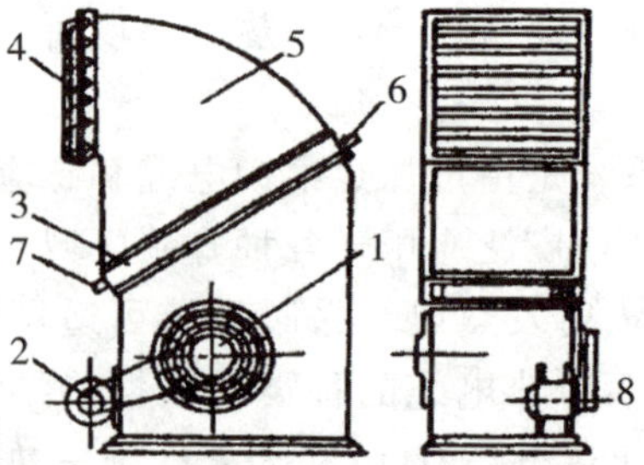

1——离心通风机；2——电动机；3——加热器；4——导流叶片；
5——外壳；6——入口；7——出口；8——热媒出口

图5-30 NBL型离心暖风机的结构

2）暖风机的布置与安装

暖风机的布置方案随使用条件不同，方式较多，下面介绍三种布置方式，如图 5-31所示。

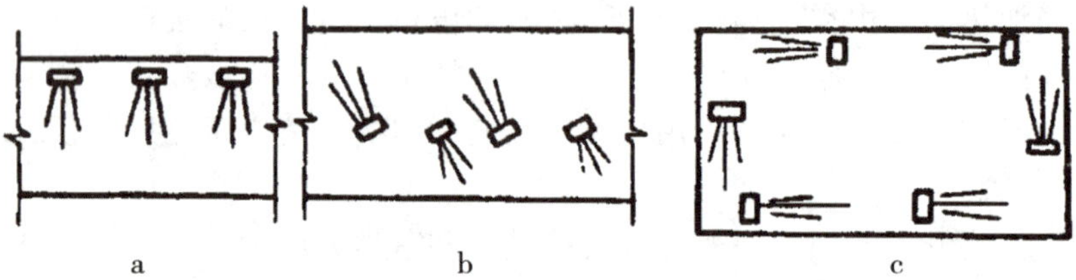

图5-31 暖风机的布置方式

（1）图 5-31a是暖风机布置在内墙一侧，射出热风与房间短轴线相平行，吹向外墙或外窗。这种布置与从外墙向内吹射相比，可以减少冷空气渗透量。

（2）图 5-31b是暖风机在房间中部沿纵轴方向布置，把热空气向外墙斜吹的形式。此种布置用在沿房间纵轴方向布置暖风机，且纵轴两边都是外墙的狭长房间。

（3）如果暖风机无法在房间纵轴线上布置，可如图 5-31c所示布置，使暖风机沿四边墙串联吹射，以形成室内空气的循环流动，使室内空气温度比较均匀。

随着生活水平的提高，人们对居住环境有了更高的要求，一些小区采取无污染设计，成为人们购房的首选。这些小区以燃油或燃气为燃料供暖，其优点是无污染、无噪声，净化了居住环境，提高了生活质量，很值得推广。目前，供暖费用普遍按建筑面积收取，虽然简单易行，但是容易造成能源的浪费。而一些小区已经试行使用热能计量表计费的办法，颇为成功。采用这种方法，用户可以根据自身的需要调节温度，按照实际耗能量交纳采暖费，不仅节能而且消除了以往采暖、不采暖均交费的不合理现象。

5.7 室外供热管道的敷设与维修

锅炉房产生的热水或蒸汽必须通过管道输送到各热用户。这些把热水或蒸汽从集中锅炉房送到热用户去的管道及附件称为区域供热管网。室外供热管网是集中供热系统中投资最多、施工最繁重的部分，所以合理地选择供热管道的敷设方式，对节省投资、保证热网安全可靠的运行和施工维护的方便都具有重要的意义。

5.7.1　供热管道的敷设

室外管道的敷设方式分为架空敷设和地下敷设两类。

1）架空敷设

架空敷设在工厂区和城市郊区应用广泛。它是将供热管道敷设在地面上的独立支架或带纵梁的桁架以及建筑物的墙壁上。根据支架的高度，架空敷设又分为三种：

（1）低支架敷设。其支架高度在0.5m～1.0m，管道保温外壳底部离地面的净高不宜小于0.3m。使用这种支架，投资少，施工快，维修方便，但易给地上交通造成较大障碍。

（2）中支架敷设。在人行频繁，需要通行大车的地方，可采用中支架，其净高为2.5m～4.0m。

（3）高支架敷设。在跨越公路或铁路时可采用高支架敷设。采用这种支架时，管道附件处必须设置操作平台，其净高为4.5m～6.0m。

2）地下敷设

当地区规划、交通、美观等要求不允许采用架空敷设时，可以采用地下敷设。采用地下敷设时要注意保护管道和解决维修问题，一般要做地沟和检查井。根据地沟的高度不同，可分为三种：

（1）不通行和半通行地沟敷设。

地沟的高度小于1m的称为不通行地沟，地沟的高度在1.2m～1.4m之间的称为半通行地沟，这种地沟里有0.5m～0.6m的人行道。不通行地沟通常在管道数量不多的管线上或支线上使用。半通行地沟一般用于管道与铁路、公路交叉等局部地方，可以避免大维修时开挖路面。

采用上述两种地沟敷设方法时，为了解决易坏部件（如阀门、套管补偿器、疏水器等）的维修问题，必须设检查井（大的称为小室），如图5-32所示。

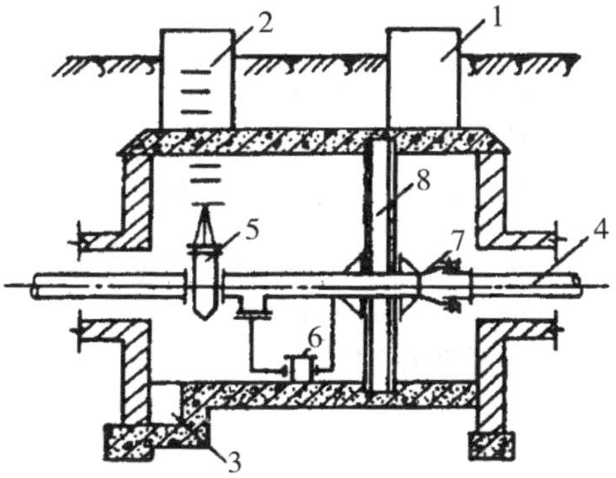

1、2——人孔；3——集水坑；4——管道；5——阀门；
6——疏水器；7——套管补偿器；8——钢支架

图5-32　检查井

（2）通行地沟敷设。

通行地沟的高度不低于1.8m，人行道为0.6m～0.7m，地沟内设有通风、照明设备，维修方便，但造价很高。通行地沟仅用于重要干线或管道数量较多、地沟的尺寸高大的情况。

（3）无地沟敷设。

无地沟敷设是将保温后的管道直接埋在地面下的土壤中。这种敷设方式一般用于地下水位较低、土质不下沉、土壤不潮湿的地区。一般管底要高于地下水位50cm以上，管顶上覆土为1m。它是一种经济实惠且有发展前途的敷设方式。

5.7.2 补偿器

供热管道运行时随着温度的变化，会有热胀冷缩的变形，这种变形受到限制时可能在管道壁内造成破坏的应力，严重时使管路破裂。供热管道上设置补偿器是为了减少管道变形，并使胀缩变形造成的管道壁内应力不超过允许值，以保证管道的正常工作。常见的补偿器有自然补偿器、方形补偿器和套管补偿器。

5.7.3 供热管道的保温及刷油

1）供热管道的保温

为了减少管道的热损失，防止冻结及保护管道不受外界的侵蚀，厂区及室内供热干管、附件、水加热器、贮水罐等，一般要包扎保温。

常用的保温材料主要有石棉、矿渣棉、泡沫混凝土、硅藻土、玻璃棉纤维、膨胀珍珠岩、膨胀蛭石、牛毛毡、石棉绳等。

2）管道的防腐涂漆

管道的防腐涂漆主要用来保护管道及设备的内外表面，使其不产生或延缓金属的腐蚀，也可以标记管内介质及其流向，以示各类管道的区别，便于操作管理。

5.7.4 室外供热管道的故障与维修

1）室外供热管道破裂的原因及处理方法

室外供热管道破裂的原因：一是热力管道管材质量不合格，焊缝质量不良和支架下沉而使管道过度挠曲变形；二是管道内的水冻结使管子胀裂；三是蒸汽管道送气时未预热，致使钢管上半部分和下半部分应力不同，引起钢管破裂。

室外供热管道破裂的处理方法：关闭破裂供热管的总阀门，更换管材，修补焊缝或铲掉重焊；修复管道支架并定期检查，将管沟内的热力管道保温层按要求修复；埋地管道要埋设在冻土层以下；在管道最低点要定期放水；冬季停用的管道要将管内的水全部放空。

2）热力管道堵塞的原因与处理方法

热力管道堵塞的原因：一是热力管道介质中的杂质不断沉淀、腐蚀，生成物积聚及水垢脱落等引起堵塞；二是热力管道内结冰堵塞管道。

热力管道堵塞的处理方法：在热力管道上安装排污器或管道有坡度时，在最低处安装排污阀，定期排污；将管内的水加热解冻。

3）系统回水温度过低的原因及处理方法

系统回水温度过低的原因：室外管网热损失大，系统补水量大，造成系统回水温度过低。

系统回水温度过低的处理方法：检查室外管网保温工程是否有漏项、管道泡在水中或保温层脱落等情况。如果有上述情况发生，应及时将水排掉，修复保温层。

4）水击现象的原因及处理方法

蒸汽供暖系统中发生水击现象，会影响运行效果。

水击现象的原因：一是管道坡向有问题；二是管道局部下凹存水。

水击现象的处理方法：调整坡向，调直管道。

5）系统跑汽、漏水的原因及处理方法

系统跑汽、漏水的原因：一是由于安装质量不符合要求或材料不合格；二是热膨胀问题没有解决好；三是送汽时阀门开得过急。

系统跑汽、漏水的处理办法：按照设计要求解决质量问题，送气时阀门逐渐开大。

【案例精析5-1】

某小区物业工程部小王发现采暖系统的回水温度过低，但是供水温度正常，你能帮他分析一下原因吗？

精析：发生这种现象可能的原因有：采暖系统可能发生漏水情况，检查室外管网和室内系统是否漏水或居民是否有偷放暖气水的情况，找出泄漏点及时处理；室外管网保温工程质量差、管道泡在水中或保温层脱落等情况，如果有上述情况发生，应及时将水排掉，修复保温层；循环水泵的流量小或扬程低，系统热媒循环慢，这时应选用适当的循环泵；检查水泵是否反转，管线、孔板、阀门等是否堵塞或者阀门没全打开等情况，打开阀门，并清除系统内的污物和沉渣。

5.8 供热系统的运行与维护管理

5.8.1 供热系统的试运行与初调节

一个新建的供热系统施工安装完毕后，正式交付使用之前，要对整个系统进行试运行与初调节，以使供热管网能按设计参数运行，保证各热用户均可达到设计温度要求。

供热系统的试运行与初调节包括供热管网及用户采暖系统两个方面，按热媒种类不同，可分为热水供热系统的试运行与初调节、蒸汽供热系统的试运行与初调节两种。

1）热水供热系统的试运行与初调节

当系统经水压试验合格之后，就可进行系统的试运行，即系统充水、系统送热、试运行及初调节等。当室外气温低于0℃时，外部管道的充水、试运行一定要预先做好防冻的准备。

（1）供热系统的充水。

充水是试运行的头道工序。系统充水应为软化水。先对管网充水，冬季外部管网的充水应用65℃～70℃的热水。小型管网可一次性充水，大型管网宜分段充水，由近及远，逐渐进行。外部管网充满水并通过外网循环管开始循环后，即可关闭管网循环管，由远及近、由大到小逐个向各用户系统充水。当用户系统充水时，对上分式系统应从回水管向系统充水，对下分式系统应从供水管向系统充水，以利于系统空气的排除。所有用户系统充满水后，整个系统开始循环，同时逐渐增大循环水泵的流量，并在工作压力下仔细检查管网的严密状况。

（2）供热系统的通热。

供热管网及用户系统全部满水，并经循环检查正常后即可开始通热。首先关闭各用户系统的供、回水管阀门，打开供热管网循环管阀门，接通热源，先向供热管网送热。此时热媒升温不宜过高（控制在70℃以内），待循环正常、管网首、末管道温度均匀后，逐渐升高至设计温度。外网循环正常后，关闭循环管，由远到近，由大户到小户逐个开放热用户。当用户系统通热时，应首先开放系统最不利环路，直至最不利环路通热循环正常，所连接的散热器均已通热后，再由远到近逐个开放各立管，使各并联管路通热。当以上各用户及用户内各并联环路通热时，阀门均应处于最大开启状态，以待调节。

（3）供热管网的初调节。

热水供热管网运行开始阶段的调整为初调节。初调节的目的是保证连接在管网上的全部用户系统都能维持正常的压力，达到当时室外气温下所要求的热媒流量，并使管网中多用户之间的阻力得以平衡。供热管网的调节方法是从离热源近的热用户或具有较大剩余压力的用户开始，调整用户系统入口的供、回水管阀门的开启度，使入口装置中供、回水管压力表读数的压力差同用户系统计算的压力降相一致；再依次用同样的方法调节离热源远的用户系统；最后，回过头重新调节各用户系统的压力降直至符合整体压力分布的设计要求。

（4）用户系统的初调节。

用户系统初调节的目的是使采暖建筑物内的所有散热器都能分配到计算要求的热媒流量，以保证各个房间都达到设计的室内温度。

对异程式系统应先从立管开始，把离热力入口近的立管上的阀门关小，以后各立管的开启度依次增大。然后再把不太热的或不热的立管上的阀门开大一些，把最热立管上的阀门关小一些，直到各立管的温度均匀一致。调节好各立管后，再调节各散热器。

散热器的调节必须根据采暖系统工程的不同形式，采用不同的方法。对双管上分式采暖系统的调节，主要是要消除上部楼层散热器环路产生的自然作用下的压力。因此，上层散热器支管阀门开度要小，下层开度要大。对单管上分式热水采暖系统设跨越管或三通调节阀时，应由上向下依次调小流入跨越管的热水流量，以提高底部散热器的热媒温度。总之，用户系统初调节的目的就是要使各房间的散热器散热均匀，并达到设计温度的要求。

初调节完毕经验收后，即可正式交付使用，并开始转入正常运行。

2）蒸汽供热系统的试运行与初调节

蒸汽供热系统的试运行与初调节，包括供热管网及用户系统的暖管、吹洗、送气及试运行调节等步骤，可在系统水压试验后进行。

调节暖管时应一部分一部分地进行，并且边缓缓送入蒸汽边打开排气阀排出空气。打开疏水器旁通阀迅速排除凝水，直至首末温度一致后，开始吹洗。蒸汽吹洗压力应低于工作压力，蒸汽吹出管应引至安全地点，并加明显标志，以安全排放，直至吹出洁净蒸汽为止，随后即可使送蒸汽的压力缓缓升高，直至达到工作压力，并使其工作正常。

对重力回水蒸汽供热系统的管网一般不需要进行调节；对有压回水系统的管网要调节各个用户系统凝水管路阻力的大小，以平衡各环路的压力。而用户系统只要控制好散热器支管上的阀门，使蒸汽在散热器的内部全部凝结。另外，当多个散热器共用一个疏水器时，应当用蒸汽支管阀门调节进入散热器的蒸汽压力，使疏水器前各分支凝水管内的压力达到平衡。

蒸汽供热系统试运行正常后，即可自然地转入正常运行。

5.8.2 供热系统的运行调节

在初调节后，热水供热系统还应根据室外气象条件的变化进行调节，称为运行调节。它的目的在于使用户的散热设备的放热量与用户的热负荷的变化相适应，以防止用户的房间内发生室温过高或过低的现象。根据调节地点的不同，运行调节可以分为集中调节、局部调节和个体调节三种调节方式。集中调节在热源处集中进行，局部调节在热力站或用户引入口进行，而个体调节直接在散热设备（如散热器、暖风机等）处进行。

1）集中调节

（1）质调节：改变网路的供水温度，即锅炉的出水温度。

（2）量调节：改变网路的循环流量，即调节锅炉房或换热站循环水泵的流量。

（3）分阶段改变流量的质调节：把采暖期按室外温度分为几个阶段，各阶段循环流量不同，但阶段内的流量不变，并在每阶段内进行质调节。

（4）间歇调节：改变每天供暖时数，根据气温在每天当中的变化分时段供热，一般用于采暖初期或末期。

2）局部调节和个体调节

采暖系统的运行调节除了按供热管网进行集中调节外，还要根据系统形式和同一建筑物不同房间热负荷受外界气候条件变化的影响不同，通过用户引入口或立、支管阀门等进行局部调节和个体调节，以满足不同用户的供暖要求。它们主要是靠流量调节控制的。

供热系统的运行调节还有一个问题应说明，建筑物在交付使用的第一个采暖期，室内温度较难保持设计要求的温度，这是由于刚建好的建筑物尚未干透，因此在第一个采暖期应适当提高锅炉内的水温或水气压，或延长供热时间，以给建筑物多送些热量，才能保持室内要求的设计温度。

5.8.3 供热系统产生不热的原因

1）外部管网的缺陷引起的不热

（1）外部管网没有按照设计指定的保温材料和要求的保温厚度进行管道保温，或保温层施工质量低劣，保温层受水侵袭或遭到其他破坏等都将会使用户系统达不到要求的温度或者蒸汽用户系统达不到要求的压力。

（2）随意在外网上连接新用户。供热系统的供热量基本上是一个定值。当供热系统在满负荷运行时，若在其上随意连接新的热用户，必然会引起原热用户的供热量不足。因此，在没有对旧有的供热系统事先验算，弄清它是否具有增添新用户的能力之前，不能在原有的供热系统中增加新的用户。

（3）初调节受到人为破坏。外部管网初调节好后，应当固定所有的用户系统热力入口处阀门的开启度。当初调节被破坏时，必然使整个供热系统的水力工况遭到破坏，从而引起一些用户不热或供热量不足等现象。

（4）地沟敷设深度过浅。地沟敷土层过薄，地沟向大气的散热量增大，管道的散热损失也就相应增大。小区住宅擅自增加散热器或修改管道线路造成阻力增大会影响其他用户甚至整个系统。

此外，热网的堵塞（如污物及空气的堵塞）也会产生不热现象。

2）用户系统空气滞留引起的不热

（1）集气罐的安装和操作不当。集气罐应安装在离弯头、丁字管等产生局部阻力部位一定距离（500mm～800mm）的地方，以免由于局部阻力所形成的涡流妨碍气泡从水中分离，使集气罐不能有效地发挥作用。在使用手动集气罐排气时，如果集气罐安装有较长的排气管，当刚打开排气管上的阀门时，排气管向外流水，这并不能说明集气罐内没有空气，因为在上一次的排气之后关上阀门，这个排气管就充满了水，而空气聚集在集气罐顶部的空间内，只有把管下部的水放走之后，集气罐内的空气才能被排除。因此，在刚打开阀门，排气管向外流水时，不能立即把它关闭。

（2）管道或散热器中的气囊。散热器的支管和水平干管的逆坡或弯曲方向不对都会造成气囊，使采暖系统不能正常运行。当热水采暖和蒸汽采暖使用圆翼形散热器时，要注意连接时应当使用偏心法兰，否则也会在散热器内造成气囊。分户采暖的用户在采暖期应不定期自行检查每组散热器是否集气。

3）管道或散热器堵塞引起的不热

在供热系统中，最易发生堵塞的地方通常有：①各种形式和用途的阀门处；②三通和四通，特别是直径较小的三通、四通处；③管路直径由大变小处及活接头和管接头处；④混水器、调压板处；⑤急转弯的弯头处。

特别应该指出的是，对于一个异程式热水采暖系统，如果是最远的立管上所有的散热器都不热，除用上述方法考虑管道或散热器是否堵塞外，还要看是不是热媒形成短路，或由于系统作用压力不够致使热媒不能通过最远立管循环，或由于干管有非整体性堵塞，使其阻力增加，造成最远立管的热媒流量不足或不流动现象发生。

4）安装不当引起的不热

（1）热水采暖系统在供水支管上漏装调节用的阀门。

（2）管道连接不当。立管与散热器支管连接处螺纹伸入过多，造成水流阻力增大，使热媒流量减少，从而造成散热器不热或不太热的现象。如果干管与立管的连接也是这种情况，将会在连接点处产生绕流，导致连接立管内热媒流量减少或滞留，造成整个立管不太热或完全不热。

（3）阀门安装不当。当采暖系统需要安装止回阀时，如果止回阀方向反装，也会使阻力增大，造成系统不热。

5）操作不当引起的不热

在热水采暖系统开始运行时，充水过快或充水不够都会造成系统的不热。因此，在操作时要慢慢充水使空气来得及排出。要检查膨胀水箱是否有水，必须保证使水充到必要的高度。

以上所述用户系统的不热及其故障的排除主要适用于热水采暖系统。蒸汽采暖系统一般能较正常运行。如果发生不热，就要看系统是否发生水堵、汽堵、疏水器故障、系统初调节遭到破坏、送蒸汽压力不稳定或蒸汽压力不足等情况，并有针对性地排除故障。

【案例精析5-2】

某新建住宅小区的一户居民向物业反映，在刚开始采暖的几天里，暖气一直不热。试分析原因，并提出解决方案。

精析：原因可能有干管或立管的阀门没有打开；系统空气没有排除；管道或散热器堵塞。

解决方案：首先检查干管或立管的阀门的开启情况。若阀门处于开启状态，再检查系统的集气罐和散热器上的冷风阀门等排气设备，打开放气设备的放气阀，排尽系统的空气；若暖气仍然不热，应对散热器及管道附件等容易发生堵塞的地方进行清通。另外，还要考虑热媒是否形成短路、系统压力不够等情况。

5.8.4　供热系统的日常维护与管理

供热系统无论运行与否都要进行很好的维护管理，使系统处于良好的状态，保证正常工作，减少故障，节省运行费用，延长使用寿命。为此，在供热系统的维护管理过程中要建立供热系统的岗位责任制和制定必要的规章制度，进而落实监督维护管理工作。值班人员应保证做到以下几点：

（1）勤检查、勤修理，尽量减少漏水、漏气现象，发现问题及时处理。

（2）经常注意容易被冻坏的管道及配件。一旦发现这种事故，应立即采取措施。为了避免这种事故的发生，间歇供暖停止时间不宜过长。

（3）检查了解各用户、各房间的用热情况，进行必要的调节，保证安全、经济、合理地供暖。

（4）注意检查电机、水泵等动力设备运行是否正常，发生故障要及时排除、修理。

（5）对各种热工仪表（如压力表、温度计、水位表、流量计等）要经常核对、检查、冲洗。

（6）对系统中的疏水器、减压阀、排水放气装置、各种阀门及安全装置等要及时检修，保证正常工作。

（7）根据设计要求，使锅炉在高效率下运行，但要防止超压运行，以免破坏设备，造成事故。

（8）当热水锅炉需要短时间停炉时，不能立即停泵。应使管网中循环水在系统中继续循环一段时间，以免锅炉内的水产生汽化。当循环水温度降到50℃以下时才能停泵。当再次投入运行时，应该先开动循环水泵，待管路中的水开始循环后才能提高炉温。升温速度不宜大于每小时20℃，以免管道发生温度应力。

（9）当运行中发生突然停电、停泵事故时，要立刻将热源与管路切断，开启自来水阀门，靠自来水的压力使冷水流经锅炉到锅炉上面的集气罐经排气阀排出，从而避免炉膛余热引起锅炉内水的汽化。

（10）供暖系统运行时，必须最大限度地减少系统的补水量。系统的补水量应控制在系统循环流量的0.5%以下，否则会增加运行费用，并且还会加速锅炉和管网的腐蚀。

（11）在运行中，如有需要局部停止供暖进行检修时，应将水放尽，防止发生冻结事故。

（12）供暖结束、系统停运后，一般应进行一次全面的检修。检修后热水供暖系统要注水进行湿保养，防止管道和设备氧化腐蚀。室外地沟内不允许存水。非供暖期间，晴天时将检查井盖板打开让空气流通，以降低地沟内空气湿度，防止管道支架及保温层的锈蚀和损坏。

（13）供暖系统每年运行前，需检修所有供暖管道和散热设备，清洗内部污垢及外表积尘。

5.8.5 供热系统常见故障及其消除

1）回水温度过高的原因和解决方法

（1）热负荷小，循环量大，要关小系统入口阀门，增加阻力，减少热媒流量。

（2）供暖系统用户入口处循环管阀门未关或者关闭不严，应关严循环管上的阀门。

（3）锅炉供水温度过高，应降低供水温度。

2）回水温度过低的原因和解决方法

（1）锅炉供水温度低，应提高锅炉供水温度。

（2）系统循环水量小，要开大供水阀门，消除管道堵塞现象。

（3）室外管网大量漏水，系统补水量大，这种情况要寻找漏水原因，及时修复。

（4）室外管网热损失大，要检查室外管网保温工程是否漏项，管道是否泡在水中或保温层脱落等情况。如果发生上述情况，应及时将水排掉，修理保温层。

3）各种漏水现象及处理方法

（1）阀门的压盖及管道长螺纹连接处漏水。其解决方法是将阀门的压盖或长螺纹的根部螺母拧紧，必要时打开阀门或长螺纹重加填料。若其他螺纹接头、焊口或管道设备损坏漏水，则应根据情况关闭系统或环路的阀门，放水修理。若室外气候寒冷，修理时间则应尽量缩短。

（2）系统局部超压。由于地形高差太大或建筑物较高，系统在运行中局部超压，使散热器及其配件损坏漏水。解决的方法是对可能超压的部件改用耐高压的散热器和配件。

（3）锅炉供水温度过高或过低不稳定，有时汽化超压，破坏散热器。由于水温冷热不均，散热器的连接件受热胀冷缩的影响而漏水。解决的方法是采取措施使锅炉供水温度保持稳定。

（4）局部循环或供热间隔过长。系统局部水循环差，形成“死水”，或供热时间间隔过长，致使门厅、楼梯间等一些容易冻结的地方散热器及管道冻裂，造成漏水。解决的方法是一经发现，迅速修复，并且要缩短供热间隔时间。

4）暖风机不热的原因及解决方法

（1）原因：①进水管坡向错误造成积气；②管内、阀门或孔板堵塞；③加热器堵塞；④供水温度不符合要求。

（2）解决方法：①校正坡向；②清除污物或检修阀门；③清洗转换器；④调节水温。

【实战演练5-1】

汇佳小区12号楼705室的业主李女士到物业公司投诉，说她家室内温度低，和同单元的邻居相差3℃~4℃。请求物业公司解决。

提示：物业公司维修人员到其家里现场测温，温度只有15.3℃，再检测邻居家温度为20.5℃。检查供暖系统的供水温度和回水温度均正常。

经进一步检查发现，705室是靠西山房，室内客厅有一个通室外的阳台窗，并且楼上（805室）、楼下（605室）暖气都没有开栓。因此，断定705室温度低是客观原因造成的。

【实战演练5-2】

北方某城市华府小区6号楼803室的业主到物业公司投诉，称其家室内温度只有16.2℃，低于政府规定的最低18℃的标准，请求物业公司给予解决。如果你是物业公司的供暖管理人员，该怎样做？

提示：1）检查用户采暖供水温度和回水温度。供水温度正常，回水温度低，说明系统循环不好。可能的问题为：（1）系统阀门未完全打开；（2）管路、地热管（或散热器）、过滤网堵塞；（3）分水器（或散热器）产气。

2）供水温度正常，回水温度正常。可能的问题为：（1）散热器的量不足；（2）室内保温不好。

3）供水温度低，但供回水温度差正常。可能的问题为：（1）换热站出水温度正常，可能是分区供暖阀门未完全打开或未调整好；（2）单元立管阀门未完全打开；（3）单元立管放风阀工作性能不好；（4）供水主管路堵塞。

4）换热站供水温度低。

主要概念

换热站　自然循环系统　机械循环系统　膨胀水箱　疏水器　辐射采暖

基础知识练习

△ 单选题

1.低温热水地板辐射采暖的供水温度一般不高于（　　）。

A.60℃　B.70℃　C.80℃　D.100℃

2.减压阀用于（　　）管道上，能自动降低工作压力。

A.热水　B.冷水　C.蒸汽　D.汽水混合

3.当容器压力超过设计规定时，（　　）自动开启，排出一定量的液体，防止容器内的压力超过设计安全值。

A.安全阀　B.减压阀　C.集气罐　D.疏水器

4.当阀门安装时，有方向要求的阀门是（　　）。

A.蝶阀　B.止回阀　C.闸阀　D.安全阀

△ 多选题

1.一般的供暖系统由（　　）组成。

A.热源　B.输热管道　C.散热设备

D.水泵　E.水处理设备

2.采暖系统按照热媒不同分为（　　）采暖系统。

A.热水　B.蒸汽　C.太阳能

D.热风　E.烟气

3.根据网路的热媒不同，换热站分为（　　）换热站。

A.热水　B.蒸汽　C.太阳能

D.热风　E.烟气

4.散热器的布置原则应以（　　）和使用面积为宜。

A.容易造成室内冷、暖空气的对流　B.实现室内美观

C.室外侵入的冷空气加热迅速　D.人们的停留区暖和、舒适

E.少占室内有效空间

5.机械循环热水采暖系统的形式有（　　）。

A.单管系统　B.双管系统　C.三管系统

D.垂直单管系统　E.水平双管系统

△ 判断题

1.在具有相同舒适感的前提下，对流采暖的室内空气温度，可比辐射采暖时低2℃～3℃。（　）

2.机械循环上分式热水采暖系统的排气设备是集气罐或自动排气装置。集气罐应布置在系统的最高点。（　）

3.角式截止阀常用在低压蒸汽供暖系统支管与散热器连接处，用来控制散热器内蒸汽流量。（　）

△ 思考题

1.热水采暖系统暖气不热的原因及解决方法。

2.简述散热器应如何布置。

3.试运行与初调节的作用是什么？供热系统充水的顺序与方法是什么？

4.辐射采暖具有哪些特点？

5.在哪几种条件下，经过技术经济比较可采用电热采暖？

实践操作训练

△ 案例题

某住宅楼是多年的老楼，采暖用的是柱形散热器。张先生家住四楼，在进行采暖分户改造后，其家的室温较邻居家低，并且张先生发现自家的散热器底下比上面热。

问题：

1.散热器底下热正常吗？

2.这种情况是否会影响室内温度？请说明原因。

3.若需维修，应从哪个部位着手？如何做？

△ 实训题

【实训情境设计】

某一旧住宅小区对采暖系统进行分户改造后，其中有一个单元的所有住户暖气不热，试分析原因。

【实训任务要求】

1.根据所学的理论分析不热产生的原因，并设计出几种解决的方法。

2.根据设计的方法，教师指导模拟实验，并帮助分析看一看能否解决问题。

3.教师一定要在实践中现场指导。

【实训提示】

1.该单元供水立管堵塞。

2.立管的顶层自动排气阀失灵，或排气阀下部阀门未打开。

3.立管的阀门未打开或失灵。

4.室外管井的小循环阀门未关闭。

【实训效果评价表】

填写实训效果评价表，见表5-1。

表5-1 实训效果评价表

评价内容	分值（分）	评分（分）
分析原因、拿出解决方法	30	
制订维修方案	30	
实际操作技能	40	
总体评价	100	

第 6 章

空气调节系统

本章概要

本章共分 6 节，简单介绍了空调系统的组成、空气处理设备、空调房间的风口形式和空调冷源；重点讲解了空调系统的维护与管理。

学习目标

通过本章的学习，了解空气调节的原理与方法；掌握不同类型的空调系统的组成、特点及适用范围；了解常用的空气处理设备、空调房间的气流组织形式与风口类型、空调冷源的相关知识；掌握空调系统的维修与管理，能够结合所学的理论去解决实际问题；树立正确的节能思想，培训科学严谨的态度，形成吃苦耐劳的工匠精神。

引例

南方某城市，一综合写字楼由佳和物业公司负责管理。7月初的一天，12楼1204室的客户打电话向物业公司服务接待中心报告称，其房间最近几天空调送风量明显减少，室内温度较高，影响了正常工作。

服务接待中心接到电话后，立即派空调维修技工前去检修。经调查发现，1202室和1203室同样空调送风量小，其他房间正常，因此断定应该是敷设在天棚内的分送风道出现问题。维修技工打开天棚预留口，感觉天棚内温度明显低于房间内的温度，经进一步检查发现，是空调送风道法兰连接处松脱漏风造成室内送风量减少而出现的故障。

上述案例启示我们，物业公司的管理和维修人员应该会看施工图纸，掌握建筑物内空调系统管道的走向和布置，便于日后更快捷地为业主服务。

6.1 空气调节系统概述

空气调节是指为满足人们生活、生产或工作的需要，改善环境条件，用人工的方法创造和保持满足一定的空气环境。室内空气环境的好坏是由空气的温度、湿度、清洁度和空气流动速度来衡量的。干扰室内空气环境的因素主要有两个方面：一是来自室内的人和设备产生的热量、湿气及有害物；二是来自室外的太阳辐射及空气条件的变化。在这两种因素的综合作用下，室内空气状态会与人们所需要的标准产生偏差。空气调节的原理就是采取适当的方法抵消由于室内外干扰造成的影响，从而使空气环境得到有效控制，保持人们所需要的温度、湿度和其他状态标准。

空气调节最基本的功能是：加热或降温，能够调节空气温度；加湿或减湿，能够调节空气湿度；能够使空气具有一定的流动速度；能够使空气具有一定的洁净程度。

根据功能不同可将空调分为工艺性空调和舒适性空调两类。工艺性空调对室内环境的温度、湿度、清洁度、风速等方面都有很严格的要求，以保证产品质量及科学研究的精确度，如精密机械工业、仪表工业、纺织工业、电子工业等都需要设置工艺性空气调节系统。舒适性空调主要是从满足人体的舒适感出发，创造和保持适宜的室内环境，以利于人们的工作、学习和休息，提高工作和学习效率，保证人们的健康。舒适性空调对室内环境也有温度、湿度、清洁度、风速等方面的要求，但对这些参数允许的波动范围不像工艺性空调那么严格。从室外空气参数、冷热源情况、经济条件和节能要求等方面综合考虑，我国舒适性空调的室内参数有以下推荐值：冬季室温一般为18℃～22℃，夏季为26℃～28℃，室内相对湿度为40%～60%，空气流动速度夏季为0.2m/s～0.5m/s，冬季为0.15m/s～0.3m/s。舒适性空调被广泛应用于博物馆、宾馆、商场、医院、体育馆等公共建筑中。

随着经济的发展和人们生活水平的提高，空调已走进了千家万户。物业管理工作所涉及的空气调节大多为舒适性空调。

空气调节系统一般由五部分组成：

1）进风排风部分

进入空调系统的室外新鲜空气常称为“新风”，而循环利用的室内空气称为“回风”。取入多少新风主要由系统的服务用途和卫生要求决定。在要求严格的场合，如有大量毒害物或放射性物质的车间或实验室，不允许空气再循环时，要全部采用新风。但为了节能，大部分空调系统要采用一部分回风，混入的回风量越多越经济。为满足卫生要求，一般规定，空调系统中新风占送风量的百分数不应低于10%。新风的入口应设置在建筑物周围不受污染影响的部位，而且新风口、回风口处应设空气过滤装置和风量调节设备。

室外进风口是送风系统的采气装置，根据进气室的位置不同，可设专门采气的进气塔（如图6-1a所示），或设于外围护结构的墙上（如图6-1b所示），经百叶风格和保温阀（如图6-2所示）进入空气处理室（进气室）。

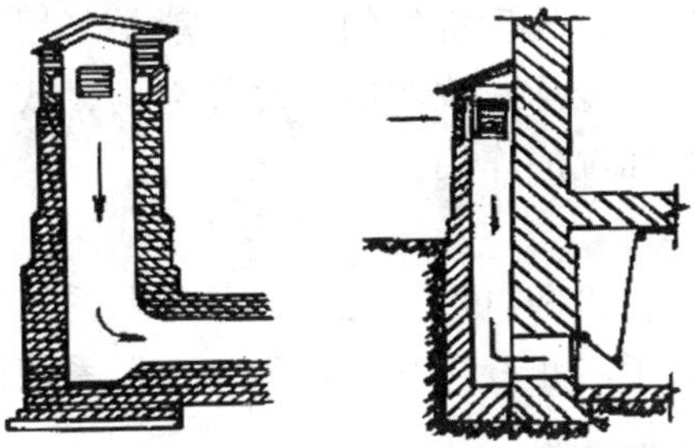

a 塔式进风口　　b 墙壁式进风口

图6-1　室外进风口

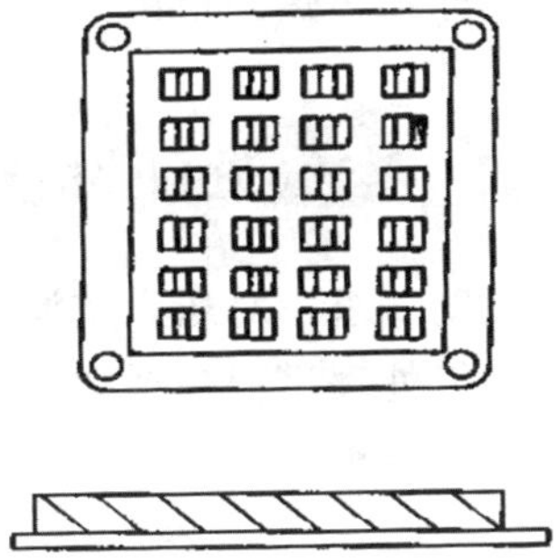

图6-2　百叶风格和保温阀

为了保证吸入空气的清洁度，进气口应选择在空气比较新鲜、尘埃较少或离废气排出口较远的地方。它的位置一般应高出地面2.5m，并且和排风口的水平距离不小于10m，以免从排风口排出的废气或污浊的空气再被吸回空调房间内。

百叶风格是为了避免雨、雪或防止外部的有机混合物（如树枝、纸片和沙土等）从空调进风口吸入。保温阀是为了调节进风，并考虑冬季进风口全部关闭时，室内外空气温度差较大，为防止阀门内表面结露，对阀门和系统的侵蚀而设。

室外排风口即排风道的出口，它的任务是将室内污浊空气直接排到大气中去。室外排风口经常设在高出屋面1m以上的位置，为防止雨、雪或风沙倒灌，出口处仍设有百叶风格或风帽。

对于装设在阁楼或天棚内的排气管道及排气塔，为了加强其排气效果和防止管道的腐蚀，应加以保温，防止凝水或冰层产生。排气口通常设为由屋面排气，也有的设为由侧墙排气，此时其排出口最好也高出屋面。

2）空气过滤部分

空气调节系统的新风吸入后，首先应经过一次预过滤，清除掉较大的尘粒。过滤的程度视空调房间的清洁度要求而定。通常空气调节系统设有两级过滤装置（即预过滤器和主过滤器），过滤器的种类较多，样式不一。根据过滤能力的大小和过滤效率的高低，过滤器可分为初效过滤器、中效过滤器和高效过滤器。预过滤器一般是初效过滤器。

3）空气热湿处理部分

这部分主要是把经过净化后的空气进行加热、加湿或降温、减湿等有关处理过程综合在一起，达到所要求的状态。处理空气的方法一般是采用表面式换热器，冬季通入蒸汽或热水加热空气，夏季通入冷冻水或制冷剂冷却空气，或者采用喷水室喷淋冷水或热水起到降温、减湿或加热、加湿的作用。

4）空气输送部分

空气的输送部分包括通风机和风道。通风机是空调系统的主要噪声源，工程设计中常需采用消声器。另外，为了防止冷、热量损失，空调系统的风道需要保温。为了与建筑物配合，风道大多采用矩形风道。

5）冷热源部分

冷源就是用制冷机组提供的冷冻水，热源指由锅炉提供的蒸汽或热水。

6.2 空气处理设备

为了满足空调房间的温度、湿度要求，对送入空调房间的空气必须进行处理，达到设计要求后才能送入空调房间。空气处理过程包括加热、冷却、加湿、除湿、净化、消声等，不同的系统在应用上有不同的要求。

6.2.1 喷水室

1）组成

喷水室也称淋水室或喷雾室，是空调工程中主要的空气处理设备之一。它主要是由挡水板、喷嘴、喷水管、补水管、滤水器、溢水器等组成，如图6-3所示。

2）工作原理

根据喷水温度的不同，空气在喷水室中可以得到加湿、加热、冷却、除湿处理。喷水室的横断面上均匀地布满喷嘴。一定温度和压力的水，经喷嘴喷成无数的小水滴，被处理的空气又以一定的速度经前挡水板均匀地进入喷水室，全面与水滴直接接触。由于二者温度不同，相互进行热量、含湿量的交换，空气被处理到人们所需要的参数。经挡水板去掉大水滴后，由通风机送入到房间内使用，然后由风机负压端或回风机将房间空气抽回再循环。与空气进行热湿交换后的水，可重复回到冷冻机房的蒸发水箱中循环使用。

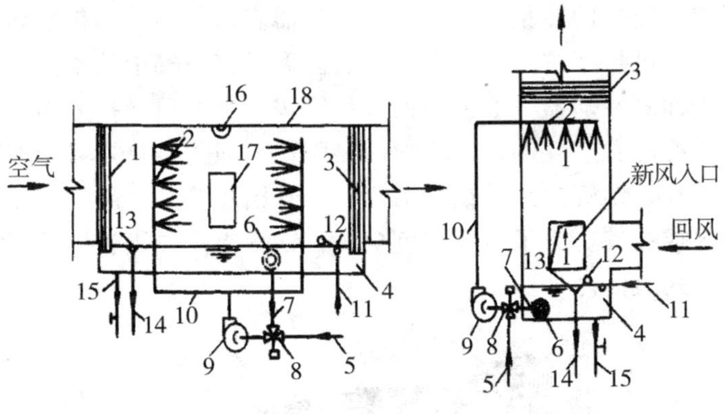

a 卧式　　　　b 立式

1——前挡水板；2——喷嘴与排管；3——后挡水板；4——底池；5——冷水管；
6——滤水器；7——循环水管；8——三通混合阀；9——水泵；10——供水管；
11——补水管；12——浮球阀；13——溢水器；14——溢水管；15——泄水管；
16——防水灯；17——检查门；18——外壳

图6-3　喷水室的构造

喷嘴是将水喷射成雾状细小水滴的部件。制作喷嘴的材料要求耐锈蚀和耐磨损，起初为铸铜，后改为铸铝及塑料。因塑料喷嘴易老化掉帽，且嘴孔易变大，现已被尼龙喷嘴所代替。喷嘴喷出的水滴大小、喷水量、射程、喷水角度与喷嘴的构造、孔径、喷水压力有关。在其他条件相同的情况下，喷嘴孔径越小，喷水压力越高，水滴就越小。喷水量随喷嘴孔径和喷水压力的增加而加大。

挡水板分为前、后挡水板。前挡水板设置在喷嘴之前，其作用是防止水滴溅于喷水室之外，同时也能使进入喷水室的空气均匀分布。后挡水板用于阻止混合在空气中较大的水滴进入空调房间，提高降湿效果。挡水板一般用0.75mm ~ 1.0mm的镀锌钢板加工而成，也可用5mm ~ 7mm厚的玻璃条作挡水板，它的造价低，但挡水效果不如前者，而且极易损坏。

喷水室的外壳一般采用1.5mm ~ 2.0mm厚的钢板或80mm ~ 100mm厚的钢筋混凝土现浇制成，断面做成矩形。断面面积应根据通过的风量和推荐的风速（2m/s ~ 3m/s）来确定。

6.2.2　表面式换热器

在空调工程中，除了用喷水室对空气进行热湿处理外，还可以用表面式换热器处理空气。表面式换热器如用来加热空气，称作表面式加热器；如用来冷却空气，称作表面式冷却器。加热器已在前面讲过，这里主要讲述表面式冷却器。

表面式冷却器分为水冷式和直接蒸发式两种。水冷式表面冷却器用冷冻水或冷冻盐水作冷媒。直接蒸发式表面冷却器是以制冷剂作冷媒，靠制冷剂的蒸发吸取外部空气的热量，用以冷却空气。

表面式冷却器管内通入冷媒，当空气通过表面式冷却器时，表面式冷却器表面与空气之间存在着温差，空气的热量通过表面式冷却器表面传给冷却排管内的冷媒，空气的温度降低。当表面温度低于被处理的空气露点温度时，空气中的水蒸气被凝结，达到冷却除湿的目的。表面式冷却器一般由多根肋片管按一定的单元排列而成。由于空气传热较差，肋片都置于冷却管空气侧，以增加传热面积，强化传热效果。按肋片管的制作材料来分，有铜管铜片、铝管铝片、铜管铝片、钢管铝片等。一般空调器多采用铜管穿片式，然后进行搪锡或镀锌。为了节约有色金属，钢管铝片或铝管铝片用得较多。空气强迫流动的直接蒸发式表面冷却器如图6-4所示。

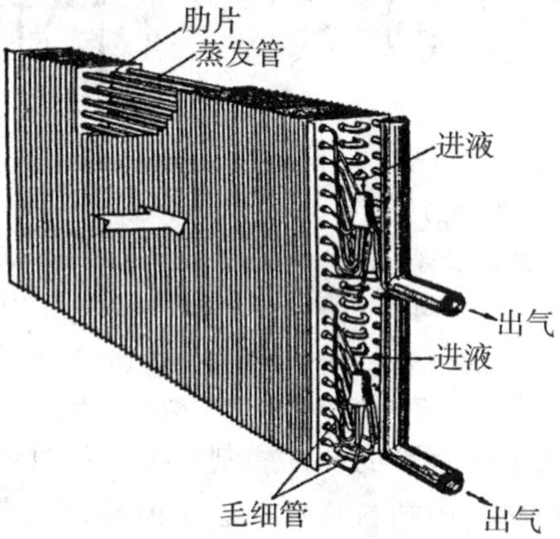

图6-4　直接蒸发式表面冷却器

6.2.3　空气加湿器

在通风空调工程中有时需要对空气进行加湿处理，以增加空气的含湿量和相对湿度，满足通风空调房间的要求。

在空调系统中，有两种空气加湿方式：一种是在空气处理室或空调机组中进行，称为“集中加湿”；另一种是在房间内直接加湿空气，称为“局部补充加湿”。利用前面介绍的喷水室加湿空气，是一种常用的加湿方法。对于全年运行的空调系统，如果夏季是用喷水室对空气进行减湿冷却处理的，在其他季节需要对空气进行加湿处理时，仍可使用该喷水室，只需相应地改变喷水温度或喷淋循环水，而不必变更喷水室结构。除此之外，还有喷蒸汽加湿和喷雾加湿等。

1）喷蒸汽加湿

把水蒸气喷入空气中直接进行加湿的方法称为喷蒸汽加湿。蒸汽可喷入空气处理室内，也可设置在风道内。它的特点是节省电能，加湿快、均匀、稳定，不带水滴，不带细菌，设备简单，运行费用低。喷蒸汽加湿设备有电热式加湿器（如图6-5a所示）、电极式加湿器（如图6-5b所示）等。

2）喷雾加湿

将常温水喷成水雾直接混入空气中，水雾吸收空气中的热量蒸发成水汽来加湿空气的方法叫喷雾加湿。它的特点是：对水温无特殊要求，水雾蒸发吸收汽化潜热，可节省为排除余热所需的风量。喷雾加湿的设备有压缩空气喷雾加湿机（如图6-6所示）、电动喷雾机等。

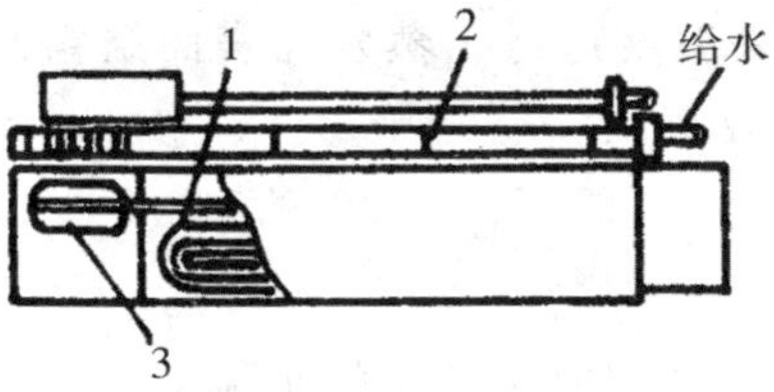

1——加热器；2——蒸汽出口；
3——控制器

a 电热式加湿器

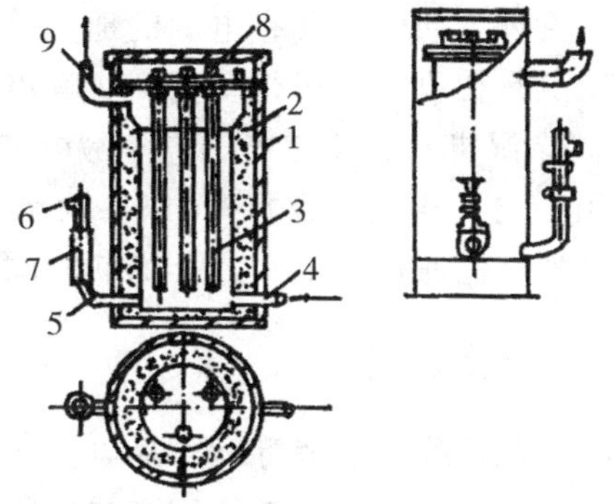

1——外壳；2——保温层；3——电极；4——进水管；5——溢水管；6——溢水嘴；7——橡皮短管；8——接线柱；9——蒸汽出口

b 电极式加湿器

图6-5　喷蒸汽加湿设备

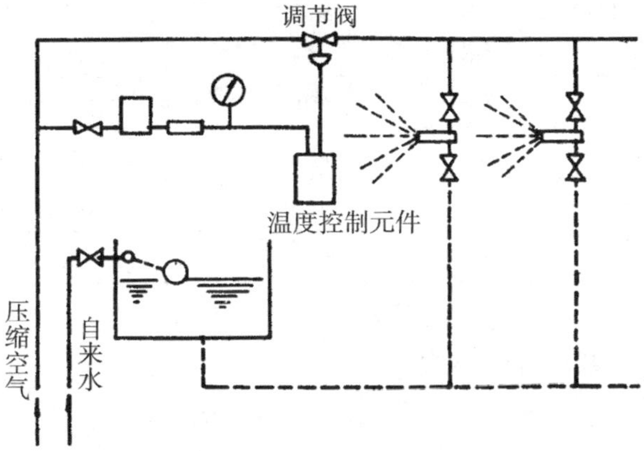

图6-6　压缩空气喷雾加湿机示意图

6.2.4　除湿装置

通风空调工程中经常遇到对空气进行除湿处理的问题。如我国南方空气比较潮湿的地区或者地下建筑、精密机械加工、仪表加工、电信室、档案室及各种仓库等场合均需要对空气进行除湿处理。

空气的除湿方法很多，概括起来可分为四种，即加热通风法减湿、冷冻除湿、液体吸湿剂除湿和固体吸湿剂除湿。加热通风法是指采用加热低于室内空气含湿量的室外空气的办法来降低相对湿度，同时从室内排除同样数量的潮湿空气，从而达到减湿的目的。这种方法设备简单、投资少、运行费用低，但受自然条件的限制，不能确保室内的除湿效果。

民用建筑中的空气除湿设备主要是冷冻除湿机。我们将利用制冷设备，把被处理空气的温度降低到它的露点温度以下，以除掉空气中水分的方法称为冷冻除湿。其设备一般做成机组的形式，叫冷冻除湿机。冷冻除湿机的主要优点是除湿性能稳定可靠，可以连续使用，管理方便，只要有电源的地方就可使用，特别适用于需要除湿升温的地下建筑。它的缺点是初投资和运行费用高，噪声大，用于小面积、小风量的地下建筑通风除湿工程中。除湿机宜在空气干球温度为15℃～35℃，相对湿度为50%以上的条件下工作，不宜用于空气露点温度在4℃以下的场合。如果温度过低，蒸发器表面结霜，影响传热，又增加气流通过的阻力，会降低冷冻除湿的效率。

6.2.5 空气净化设备

空气净化包括除尘、消毒、除臭以及离子化等。其中应用最多的是除尘。

对送风的除尘处理，通常使用空气过滤器。空气过滤器，是用来清除微小尘粒，对空气进行清洁处理的一种设备。根据过滤效率的高低，可将空气过滤器分为粗效、中效、亚高效和高效四种类型，见表6-1。

表6-1 空气过滤器的分类

类别	有效捕集尘粒的直径（μm）	适应的含尘浓度（mg/m^3）	过滤效率（%）	测定方法
粗效	>5	<10	<60	大气尘计重法
中效	>1	<1	60~90	大气尘计重法
亚高效	<1	<0.3	90~99.9	对粒径为0.3μm的尘粒计数法
高效	<1	<0.3	≥99.91	对粒径为0.3μm的尘粒计数法

过滤效率是指在额定风量下，过滤器进出口空气含尘浓度之差与过滤器进口空气含尘浓度之比的百分数。其计算公示为：

$$\eta=\frac{c_1-c_2}{c_1}\times 100\%$$

式中：c_1、c_2分别为过滤器进出口空气的含尘浓度。当它们以重量浓度（mg/m^3）表示时，得出的效率值为计重效率；而以大于和等于某一粒径的颗粒浓度（个/L）表示时，则为计数效率。

空气过滤器的选用主要根据空调房间的净化要求和室外空气的污染情况而定。一般的空调系统通常只设一级粗效过滤器；有较高净化要求的空调系统，可设粗效和中效两级过滤器，其中第二级中效过滤器应集中设在系统的正压段（即风机的出口段）；有高度净化要求的空调工程，一般用粗效和中效两级过滤器做预过滤，再根据要求洁净度级别的高低，使用亚高效过滤器或高效过滤器进行第三级过滤。亚高效过滤器和高效过滤器在安装时应尽量靠近送风口。对于商场空调，建议用粗效、中效两级过滤器，这样可以大大改善商场的空气质量。

空气过滤器的产品种类很多，粗效的有采用化纤组合滤料制作的ZJK型自动卷绕式人字形空气过滤器，以及用粗中孔泡沫塑料制作的M-Ⅲ型袋式过滤器等；中效的有用中细孔泡沫塑料制作的M-Ⅰ、M-Ⅱ和M-Ⅳ型袋式过滤器，以及用涤纶无纺布制作的WV、WZ-1和WD-1型袋式过滤器等；亚高效的有ZKL型棉短绒纤维滤纸过滤器和

GZH型玻璃纤维滤纸过滤器等；高效的有GB型玻璃纤维滤纸过滤器和GS型石棉纤维滤纸过滤器等。

几种常见的过滤器如图6-7与图6-8所示，过滤器内部结构和外形如图6-9所示。

a 泡沫塑料过滤器　　b 无纺布过滤器

图6-7　泡沫塑料过滤器和无纺布过滤器

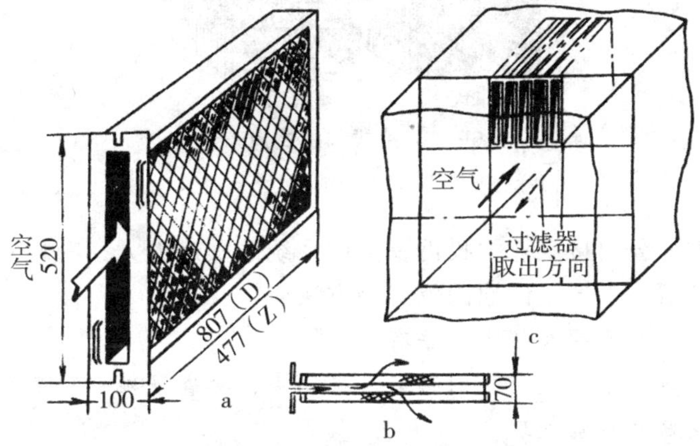

图6-8　玻璃纤维滤纸过滤器

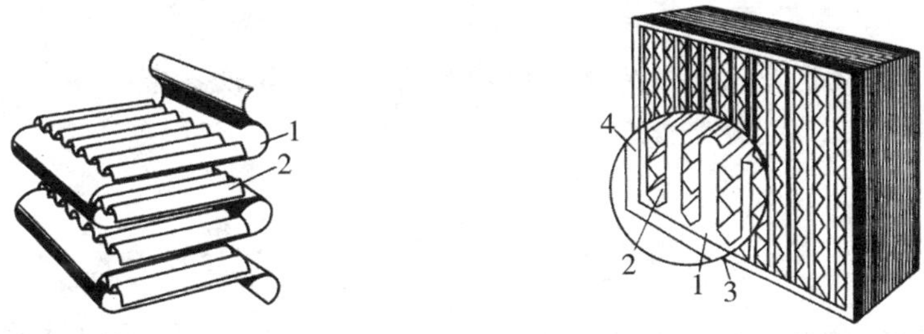

a 过滤器的内部结构　　b 高效过滤器的外形

1——滤纸；2——分隔片；3——密封胶；4——木外框

图6-9　过滤器的内部结构和外形示意图

6.2.6　消声器

消声器是用来消除噪声的设备。噪声不仅影响人们的工作、休息和睡眠以及日常社交活动，还会损伤人们的听觉器官，甚至引起疾病。所以对通风、空气调节系统产生的噪声必须通过设置在管道上的消声器进行消除，使所控制环境的噪声强度符合国家规定的噪声标准。

通风空调系统中所用的消声器种类很多，有管式消声器（如图6-10所示）、片式和格式消声器（如图6-11所示）、共振式消声器、膨胀式消声器、复合式消声器等。

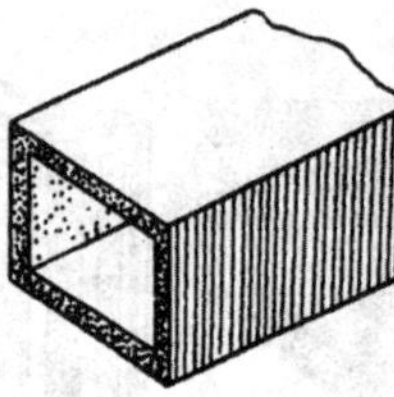

图6-10 管式消声器

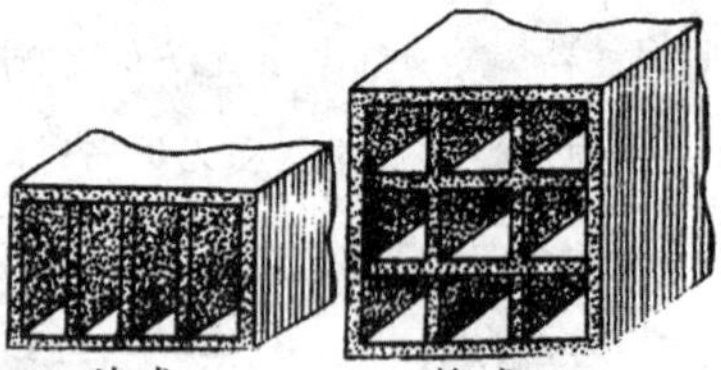

图6-11 片式和格式消声器

【案例精析6-1】

某写字楼的物业公司接到业主投诉，空调系统的噪声太大，影响业主的正常工作和休息。请你帮助分析一下产生的原因及解决方法。

精析：可能产生的原因及解决方法有：

（1）若风机噪声高于额定值，则测定风机噪声，检查风机叶轮是否碰壳，轴承是否损坏，减震是否良好，对症处理。

（2）若风管及阀门、风口风速过大，产生气流噪声，则调节各种阀门、风口，降低过高风速。

（3）若风管系统消声设备不完善，则增加消声弯头等设备。

6.3 空气调节系统的分类

空调系统形式多样，有多种分类方法，通常按空气处理设备的设置情况可分为三种：集中式空调系统、半集中式空调系统和局部式空调系统。

6.3.1 集中式空调系统

集中式空调系统将所有的空气处理设备（如过滤器、冷却器、加热器、加湿设备）以及风机等集中设置在空调机房内，便于集中管理，空气经过集中处理后，再用风管送入各个空调房间。集中式空调系统示意图如图6-12所示。这种系统的特点是设备集中布置，集中调节和控制，水系统简单，使用寿命长，服务面积大，并且可以严格地控制室内空气的温度和相对湿度，因此适用于温度、湿度、洁净度、噪声等要求严格的场合，如工厂、商场、礼堂、高层建筑的裙房部分。集中式空调系统的缺点是风道截面大，占用建筑空间较多。

微课4

集中式空调系统

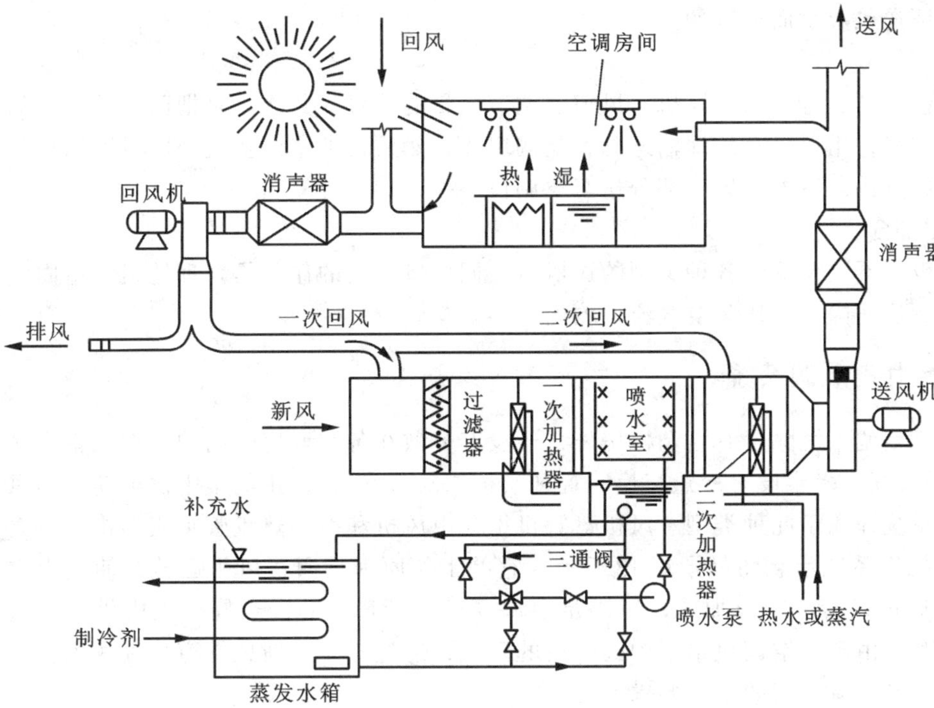

图6-12　集中式空调系统示意图

1）空气处理部分

我们把集中在一起的空气处理设备称为空气处理室或空调机。空调机有立式及卧式两种。它可以按图纸在施工现场制造，外壳多为砖或钢筋混凝土结构；也可选用工厂制造的定型产品，外壳是钢板制作的。空调机一般由以下几部分组成：

①新风入口。新鲜空气从进气竖风道或设在墙上的百叶窗吸入。百叶窗的作用是防止杂物或雨雪落入。在寒冷地区应设密闭的保温窗，防止系统停止运行和设备被冻坏。

②一次回风混合段。采用新风和一次回风混合，冬季、夏季均可节省能耗，新风与回风混合比例由设计计算决定，运行时用风阀来调节风量大小。

③空气过滤段。因为空调房间对空气的洁净度有一定的要求，所以新风和回风用空气过滤器净化。

④空气一次加热段。它是用来加热新风或加热新风与一次回风的混合风。一次加热仅在冬季对新风预热。中央空调系统广泛采用蒸汽或热水作为热媒的肋片式空气加热器。

⑤喷水室。它又称喷雾室或淋水室，有卧式与立式和单级与双级之分。它由喷嘴、喷水管、挡水板、集水池和外壳等组成，集水池又有回水、溢水、补水和泄水四种管路和附件。喷水室是一种多用途的处理设备，只需采用不同的喷水温度，就可满足不同热湿处理的要求。

⑥二次回风混合段。经过喷水室处理后的空气与二次回风混合可以节省能源，是否

用二次回风由设计者决定。

⑦空气二次加热段。它是用于二次回风混合段后对空气的再加热段，又称再热段，是为冬季保证送风温度而设置的。

2）空气输送部分

这部分包括送、排（回）风机、风道及调节风量的装置。其作用是把已经处理过的符合要求的空气，用风机有效地输送到各空调房间，然后再把室内空气经回风道用排风机排出，一部分排至室外，另一部分送至空调机。

3）空气分配部分

它是指设在不同位置的各种类型的送风口、回风口。它的作用是合理地组织室内气流，保证空调房间内、工作区空气流动均匀。

6.3.2 半集中式空调系统

半集中式空调系统除了有空调机房外，还设有分散在各空调房间内的二次设备（又称末端装置），其中多半设有冷热交换装置（又称二次盘管），常用的集中供给新风的风机盘管空调系统即属于此种类型。风机盘管机组是由风机和冷、热盘管组成的机组。立式风机盘管机组系统示意图如图6-13所示，它的工作原理是通过风机运转，使室内空气循环，并通过盘管冷却或加热，以满足空调要求。盘管内的冷热媒由集中供应站供应，与此同时，由新风空调机组集中处理后的新风，通过专门的新风管道分别送入各空调房间，以满足空调房间的卫生要求。

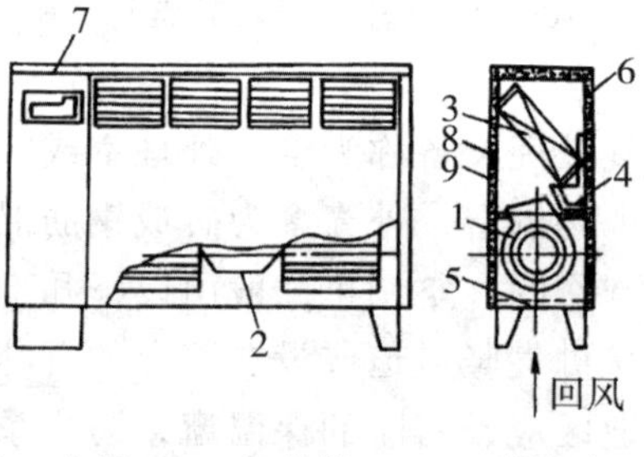

1——风机；2——电机；3——盘管；4——凝水盘；5——过滤器；
6——送风口；7——控制器；8——吸声材料；9——箱体

图6-13 立式风机盘管机组系统示意图

风机盘管有卧式和立式两种形式。卧式的前面出风，后面进风，立式的下面进风，上面出风。根据形式不同，可将它布置在窗下或悬挂在顶棚下以及暗装在顶棚内。风机盘管的空调系统示意图如图6-14所示。风机盘管的水系统示意图如图6-15所示。

风机盘管系统的特点是各房间可独立调节风机的风量，房间无人时可以关闭机组（风机），节省运转费用；同时，与集中式空调系统相比，风机盘管系统没有大风道，只有水管和管径较小的新风管道，具有布置和安装方便、占用建筑空间小等优点，广泛应用于对温、湿度精度要求不高，房间数量多，需要单独控制的建筑中，如高级宾馆、写字楼等。

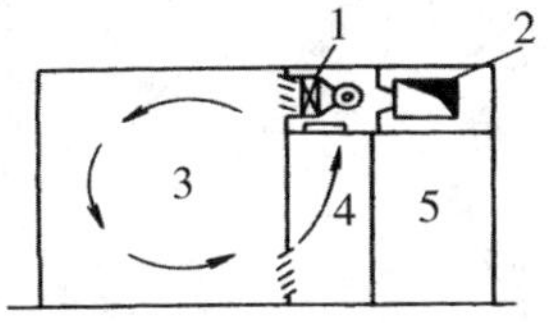

1——盘管；2——新风管道；3——空调房间

4——回风；5——走廊

图6-14　风机盘管的空调系统示意图

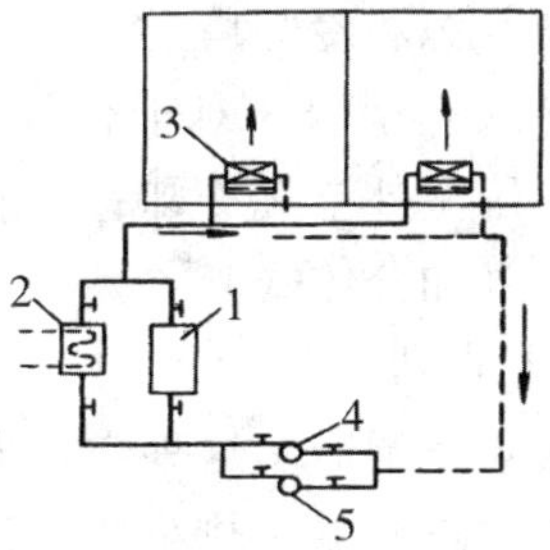

1——制冷机；2——换热器；3——风机盘管；

4——冷水泵；5——热水泵

图6-15　风机盘管的水系统示意图

6.3.3　局部式空调系统

局部式空调系统又称全分散系统。如果在一个大的建筑物中，只有少数房间需要空调，或者需要空调的房间虽多，但很分散，距离又远，这时宜采用局部式空调系统。该系统是把冷、热源和空气处理、风机等设备集中设置在一个箱体内，组成空调机组，由工厂成批生产，现场整机安装。由于它服务面积小，处理空气少，设备容量小，空调机组一般装在需要空调的房间或邻室内就地处理空气，因此可以不用风道或只用很少的风道就可以将处理后的空气送入空调室内。典型的局部空调系统示意图如图6-16所示，空调机组的示意图如图6-17所示。

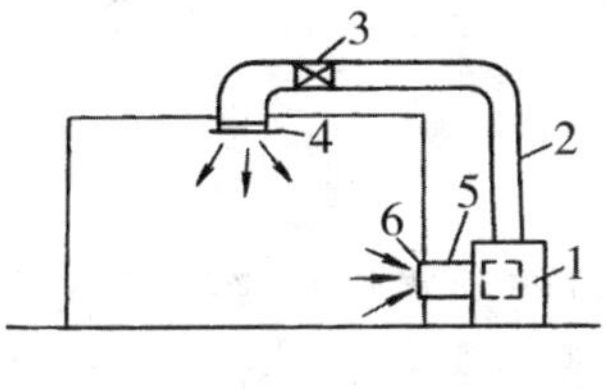

1——空调机组；2——送风管道；

3——电加热器；4——送风口；

5——回风管道；6——回风口

图6-16　局部空调系统示意图

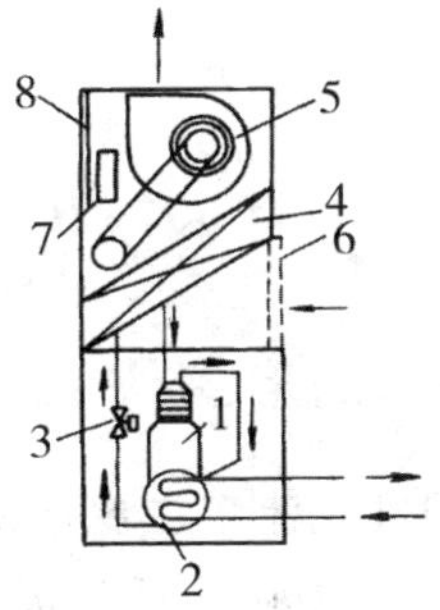

1——压缩机；2——冷凝器；3——膨胀阀；

4——冷却器；5——通风机；6——过滤器；

7——电回热器；8——自动控制屏

图6-17　空调机组示意图

空调机组的种类很多，主要可分为：

1）按容量大小划分

①窗式空调器。窗式空调器的容量较小，一般它的冷量小于7kW，风量在1 200m^3/h以下。

②立柜式空调器。立柜式空调器容量较大，一般它的冷量在70 kW左右，风量可达20 000m^3/h。

2）按冷凝器的冷却方式划分

①水冷式空调器。水冷式空调器一般用于容量较大的机组。采用这种空调机组时，

用户要具备水源和冷却塔。

②风冷式空调器。对于容量较小的风冷式空调机组（如窗式），其冷凝器在机组的室外部分，用室外空气冷却；对于容量较大的风冷式空调机组，需要在室外设置独立的风冷冷凝器（如分体式）。

3）按供热方式划分

①普通式空调器。这种空调器冬季用电加热空气供暖。

②热泵式空调器。热泵式空调器在冬季仍由制冷机工作，只是通过一个四通换向阀使制冷剂作供热循环，原来的蒸发器变为冷凝器，空气通过冷凝器时被加热送入房间，如图6-18所示。

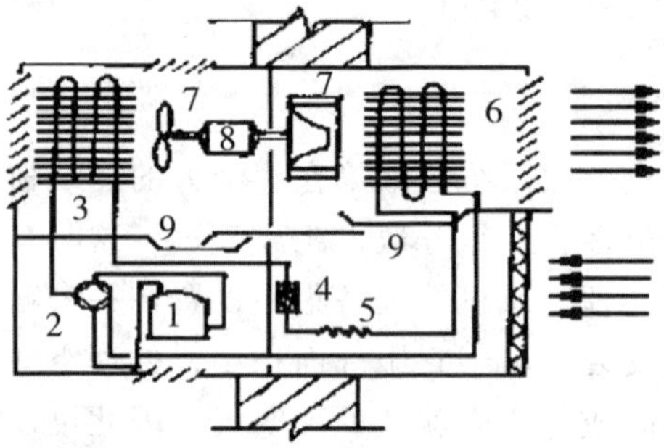

1——压缩机；2——四通阀；3——室外换热器；4——过滤器；5——毛细管；
6——室内换热器；7——风扇；8——电机；9——凝水盘

图6-18 热泵式空调器

6.4 空调房间的风口形式

6.4.1 送风口的形式

空调房间气流流型主要取决于送风射流，而送风口的形式将直接决定气流的混合程度、出口方向及气流断面形状，对送风射流具有重要影响。根据空调精度、气流形式、送风口的安装位置以及建筑物装修的艺术配合等方面的要求，可以选用不同形式的送风口。

送风口的种类繁多，按送出气流形式可分为以下四种类型：

1）辐射形送风口

辐射形送风口送出的气流呈辐射状向四周扩散，如盘式散流器、片式散流器等。

2）轴向送风口

轴向送风口是气流沿送风口轴线方向送出，这类风口有格栅送风口、百叶送风口、喷口送风口、条缝形送风口等。

3）线形送风口

线形送风口是气流从狭长的线状风口送出，如长宽比很大的条缝形送风口。

4）面形送风口

面形送风口是气流从大面积的平面上均匀送出，如孔板送风口。

根据送风口不同的安装位置，将安装在顶棚上的送风口，称为顶棚送风口；将安装在侧墙上或风管侧壁上的送风口，如格栅送风口、百叶送风口、条缝形送风口等，称为侧送风口。

6.4.2　几种常见的送风口

1）侧送风口

此类送风口常向房间横向送出气流，常用的侧送风口形式见表6-2。在百叶送风口内，一般根据需要设置1～3层可转动的叶片。外层水平叶片用以改变射流的出口倾角；垂直叶片能调节气流的扩散角。当叶片平行时，扩散角只有19°；当叶片张开时（最边缘叶片与送风口平面夹角为45°），扩散角可增大至60°，如图6-19所示。

表6-2　　　　常用的侧送风口形式

风口图示	风口名称及特点
	格栅送风口：叶片或空花图案的格栅，用于一般空调工程或通风工程
	单层百叶送风口：叶片活动，可根据冷、热射流调节送风的上下倾角，用于一般空调工程或通风工程
	双层百叶送风口：叶片可活动，内层对开叶片用以调节风量，用于较高精度的空调工程或一般空调工程
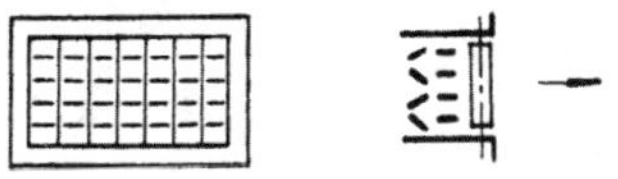	三层百叶送风口：叶片可活动，有对开叶片可调节风量，又有水平、垂直叶片可调上下倾角和射流扩散角，用于高精度的空调工程
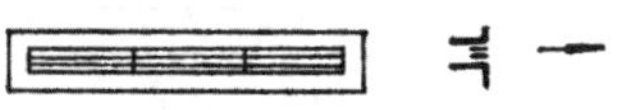	条缝形送风口：带配合静压箱（兼作吸音箱）使用，可作为风机盘管、诱导器的出风口，适用于一般精度的民用建筑空调工程

送风口内层对开式叶片是为了调节送风量而设置的。格栅送风口除可装横竖薄片组成的格栅外，还可以用薄板冲制成有各种装饰图案的空花格栅，气流通过的有效面积可达53%～73%。

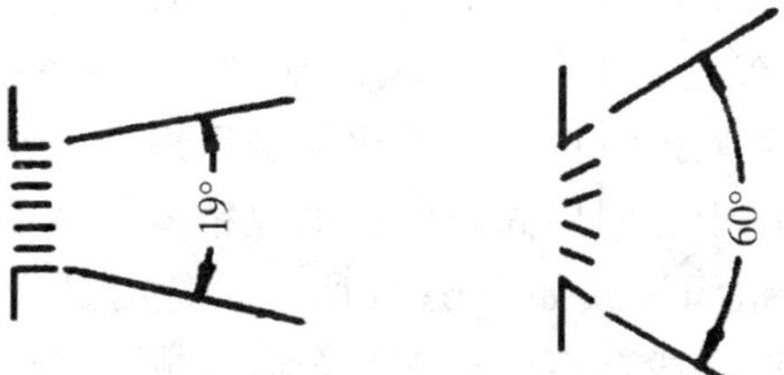

a 叶片平行时　　b 叶片张开时

图6-19　百叶送风口气流扩散角

2）散流器

散流器是一类安装在顶棚上的送风口，可以与顶棚下表面平齐，也可以在顶棚下表面以下。散流器有圆形、方形和矩形的。盘式散流器的送风气流呈辐射状。片式散流器设有多层散流片，片的间距有固定的也有可调的，使送风气流呈辐射形或锥形扩散；也有将送风口和回风口做成一体的，分别与送、回风支管连接。常见的散流器形式见表6-3。此外，还有一种方形或矩形散流器。散流片的倾斜方向不同，各向散流片所占散流器的面积比例也不同，可以根据需要安排气流的方向及分配各向送风量的比例，以适应各种建筑平面形状及散流器位置的要求。

表6-3　常见的散流器形式

风口图示	风口名称及气流流型
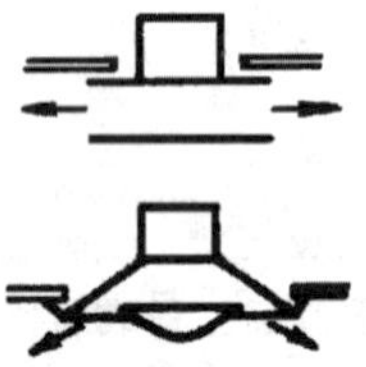	盘式散流器：属平送流型，用于层高较低的房间；挡板上可贴吸声材料，能起消声作用
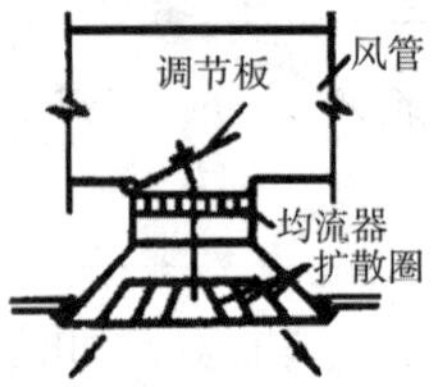	直片式散流器：属平送流型或下送流型（降低扩散圈在散流器中的相对位置时可得到平送流型，反之可得到下送流型）
	流线式散流器：属下送流型，适用于净化空调工程
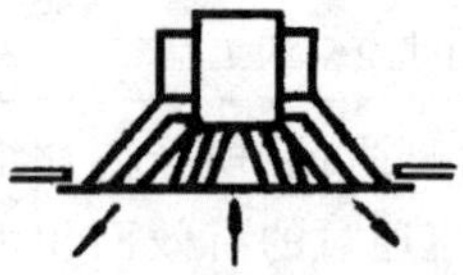	送吸式散流器：属平送流型，可将送、回风口结合在一起

散流器送风有平送风和下送风两种形式。平送风时，气流贴附着顶棚向四周扩散下落，与室内空气混合后从布置在下部的回风口排出，如图6-20所示。散流器平送风的主要特点是作用范围大，射流扩散快，射程比侧送风短，工作区处于回流区，具有较均匀的温度和速度分布，适用于房间层高较低、恒温精度较高的场合。

散流器下送风的气流组织形式如图6-21所示，这时送风射流以20°～30°的扩散角向下射出，在风口附近的混合段与室内空气混合后形成稳定的下送直流流型，通过工作区后从布置在下部的回风口排出。散流器下送的工作区处于射流区，适用于房间层高较高、净化要求较高的场合。

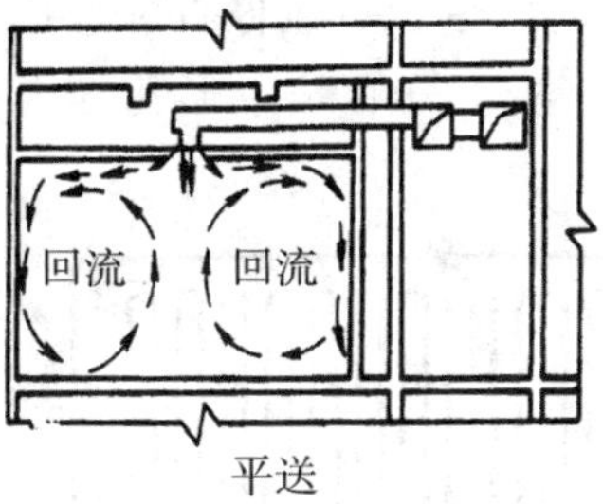

图6-20　散流器平送风图

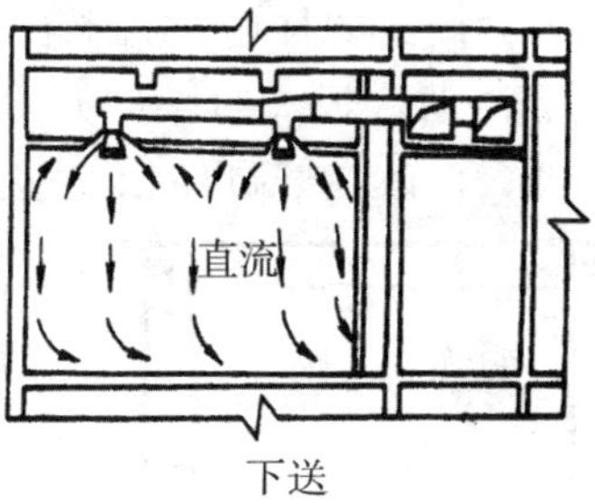

图6-21　散流器下送风图

采用散流器送风时通常要设置吊顶，需要房间的层高较高，一般为3.5m～4.0m，因而初投资比侧送风大。

3）孔板送风口

空气经过开有若干圆形或条缝形小孔的孔板而进入室内，此风口称为“孔板送风口”。该送风口与前述所有的风口比较，其特点是送风均匀，速度衰减较快。具有稳压作用的送风顶棚的孔板送风口，如图6-22所示，空气由风管进入稳压层后由于静压作用经孔口均匀地送入室内。孔板可用胶合板、硬性塑料板或铝板等材料制作，对净化要求不高的空调工程，也可采用酚醛树脂纤维板等材料。

孔板送风需要房间的层高较低，初投资比侧送风大，比散流器送风小。

4）喷射式送风口

对于大型的生产车间、体育馆、电影院等建筑，常采用喷射式送风口。圆形喷口的送风口如图6-23a所示，该喷口有较小的收缩角度，并且无叶片遮挡物，因此喷口的噪声低、紊流系数小、射程长，为了提高送风口的灵活性，可做成既能调节风量，又能调节出风方向的球形转动风口，如图6-23b所示。

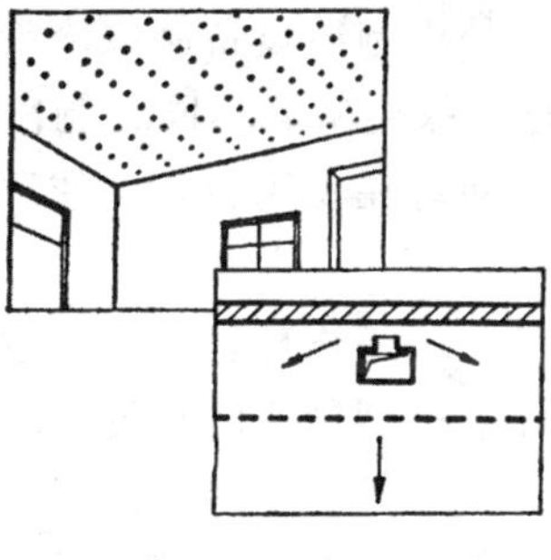

图6-22　孔板送风口

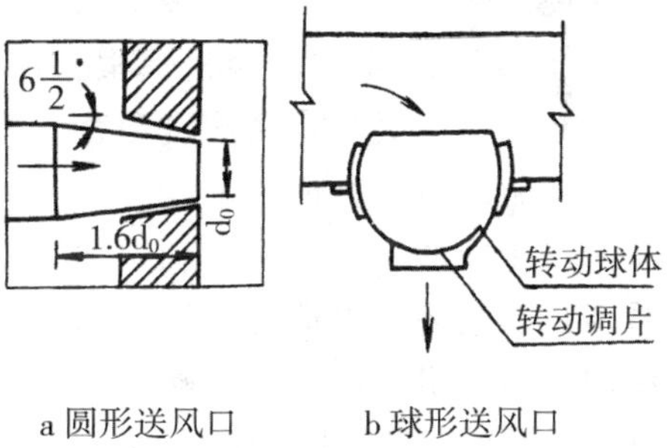

图6-23　喷射送风口

6.4.3　回风口

回风口与送风口的空气流动规律是完全不同的。送风射流以一定的角度向外扩散，而回风气流则从四面八方流向回风口，流速急剧下降，对室内气流组织的影响不大，因而回风口的构造比较简单，类型也不多。最简单的就是在孔口上装金属网，以防杂物被吸入，如图6-24所示，就是一种矩形网式回风口。为了适应建筑装饰的需要，可以在孔口上装各种图案的格栅；为了在回风口上直接调节回风量，可以像百叶送风口那样装活动百叶。活动篦板式回风口如图6-25所示，双层篦板上开有长条形孔，内层篦板可以左右移动，以改变开口面积，达到调节回风量的目的。

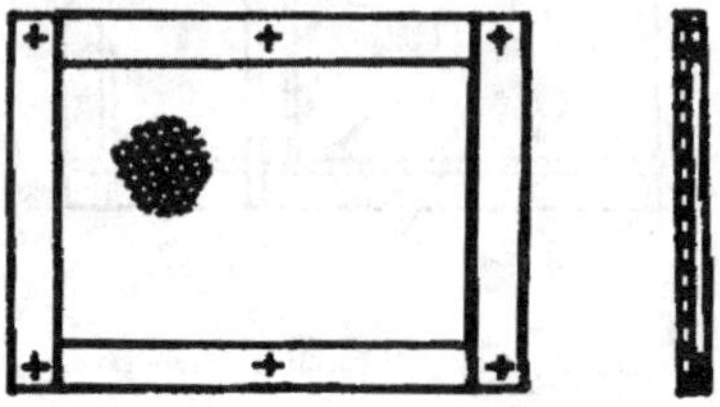

图6-24 矩形网式回风口

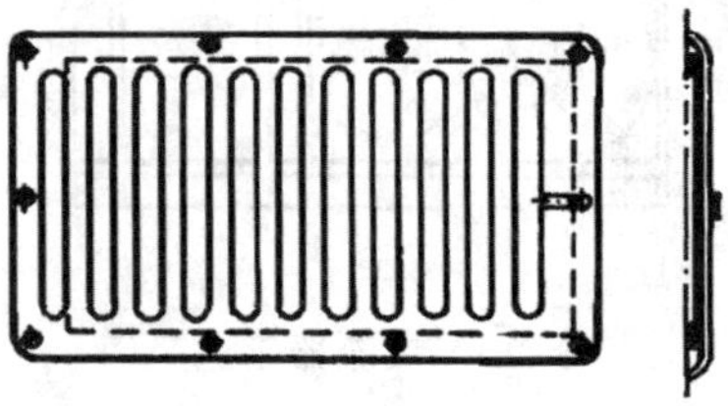

图6-25 活动篦板式回风口

回风口的形状和位置，需要根据气流组织的要求而定。若设在房间下部时，为避免灰尘和杂物被吸入，风口下缘离地面至少为0.15m。

在空调工程中，风口均应能进行风量调节。若风口上无调节装置，则应在支风管上加以考虑。

6.5 空调冷源

6.5.1 空调冷源

1）空调冷源的分类

空调冷源分为天然冷源和人工冷源。天然冷源是指自然界本身存在的温度较低的介质，如深井水、山涧水、天然冰、地道风等，利用这些低温介质可以降低空调房间的温度。利用天然冷源具有成本低、无污染、技术简单等优点。但天然冷源的利用具有很大的局限性，如地下水的过量开采会引起地陷，利用深井回灌技术又容易污染地下水源。因此，在民用建筑空调系统中多采用人工冷源。人工冷源是用制冷设备制取冷量，用来制冷的设备通常又叫 作制冷机。根据制冷设备所使用的能源类型的不同，制冷机可分为压缩式制冷机、吸收式制冷机和蒸汽喷射式制冷机。下面对在民用建筑中使用较多的蒸汽压缩式制冷机进行说明。

压缩式制冷的工作原理是利用“液体汽化要吸收热量”这一物理特性，通过制冷剂的一系列热力循环，以消耗一定量的机械能作为补偿条件来达到制冷的目的。压缩式制冷机由制冷压缩机、冷凝器、膨胀阀和蒸发器四个主要部件组成，这四个部件用管道连接起来，构成一个封闭的循环系统，如图6-26所示。图中点 画线外的部分是制冷段，贮液器中高温、高压的液态制冷剂经膨胀阀降压、降温后进入蒸发器，在蒸发器中吸收被冷却介质的热量，汽化后进入压缩机，同时，蒸发器周围的介质失去热量，温度降低。点画线内的部分称为液化段，其作用是使在蒸发器中吸热汽化的低温、低压、气态制冷剂重新液化去制冷。方法是先用压缩机将其压缩为高温高压的气态制冷剂，然后在冷凝器中利用外界常温下的冷却剂（如水、空气等）将其冷却为高温高压的液态制冷剂，重新回到贮液器用于制冷。

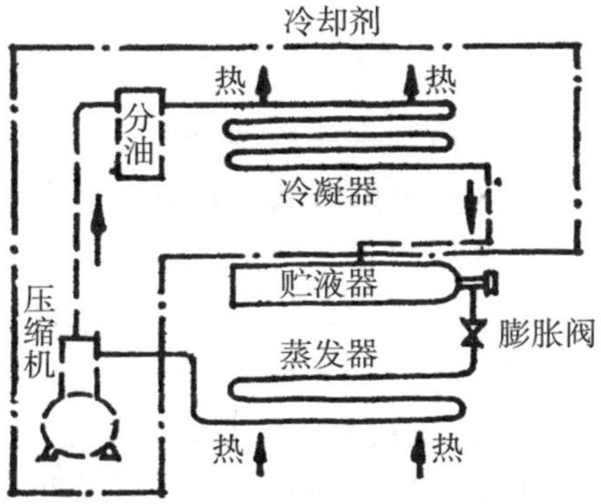

图6-26　压缩式制冷的工作原理图

由此可见，蒸汽压缩式制冷系统是通过制冷剂（如氨、氟利昂等）在压缩机、冷凝器、膨胀阀、蒸发器等热力设备中进行的压缩、放热、节流、吸热等热力过程，来实现一个完整的制冷循环。

2）制冷剂与载冷剂

（1）制冷剂

制冷剂是在制冷装置中进行制冷循环的工作物质。目前常用的制冷剂有氨、氟利昂等。

氨是一种比较常用的制冷剂，作为制冷剂来说，氨的热物性非常好，其节流损失小，能溶解于水，有漏气现象时易被发现，价格低廉。同时，它对环境无害，是一种极好的环保型制冷剂。但氨制冷剂有毒，与空气混合（16%~25%）后有爆炸危险是它的致命弱点，因此，它的使用一直受到限制。我国现行的《采暖通风与空气调节设计规范》对建筑物空调冷源选用的冷水机组采用的制冷剂有如下规定：氨压缩式制冷装置，应布置在隔断开的房间或单独的建筑物内，但不得布置在民用建筑和工业企业辅助建筑物内。由于规范限制，氨制冷剂在我国目前多用于冷库、人工冰场、工厂集中冷站等场合。

氟利昂是卤化碳制冷剂中的一个类别，即甲烷、乙烷、丙烷的衍生物。它是用卤族元素氟、氯、溴的原子来代替碳氢化合物中的部分或全部氢原子而形成的，是人工合成物质。常用的氟利昂制冷剂有R11、R22、R134a、R123等。氟利昂制冷剂毒性小、不燃烧、不爆炸，作为制冷剂时热工性能极好，是一种安全、理想的制冷剂。但氟利昂类制冷剂对大气中的臭氧层有破坏作用，同时能产生温室效应，因此，目前对其中影响较大的制冷剂（如R11、R12）已经实施限制。寻找新的环保型制冷剂替代材料是化工、制冷行业的一个新课题。

（2）载冷剂

为了把制冷系统制取的冷量远距离输送到使用冷量的地方，需要一种中间物质在蒸发器中冷却降温，然后再将所携带的冷量输送到其他地方使用。这种中间物质称为载冷剂。常用的载冷剂有水、盐水和空气等。

6.5.2 冷冻水系统

空调水系统包括冷冻水系统和冷却水系统两个部分。现代中央空调系统大都采用空气—水的形式，即风机盘管加新风的空调方式。房间的冷负荷主要由冷冻水承担。这种系统既保证了房间的空调要求，又使得送风管路的尺寸不会过于庞大。但其水系统较复杂，不仅需要较大的管理和设备投资，而且需要较大的水泵输送能耗，因此水系统的设计是否合理以及运行管理是否先进显得十分重要。

冷冻水系统有多种分类方法，如双水管、三水管和四水管系统，开式和闭式水系统，同程式和异程式水系统，单级循环泵和双级循环泵系统。

1）双水管、三水管和四水管系统

双水管系统是目前应用最多的一种系统，特别是空调系统主要以夏季供冷为主要目的的南方地区。双水管系统中一根为供水管，另一根为回水管。

双水管系统的主要优点是系统简单，管路初投资少。其主要缺点有：①由于空调系统冬季供热水和夏季供冷水采用同一套管路，而冬季供热水时供回水的温差比夏季供冷水时供回水的温差大，因此系统冬季要求的循环水量要远小于夏季要求的循环水量，为了节约能耗，系统常需设置两套水泵系统；②由于各空调房间热湿负荷的变化规律不一致，在过渡季节，会出现朝阳面的房间需要供冷，朝阴面的房间需要供热，或当建筑物平面较大时出现建筑物内区要供冷而外区要供热的情况，双水管系统不能满足这种需求。

三水管系统是冷、热水供水管分开设置，而回水管共用，因此，其对负荷的适应能力比双水管系统强。但由于冷、热回水都进入同一根回水管，会造成能量的浪费。

四水管系统设有各自独立的冷、热水供、回水管，它克服了双水管系统和三水管系统的缺点，使运行调节能适应系统的各种不同要求。但对其初投资大，占用的建筑物空间也较大。

2）开式和闭式水系统

开式水系统的回水集中回到建筑物底层或地下室的水池，再用水泵把经过冷却或加热后的水输送至整个系统。开式水系统中的水与大气相通，水质易受污染，管路系统易产生污垢和腐蚀。

闭式水系统的水在系统中密闭循环，不与大气相通，只在系统的最高点设置膨胀水箱，因此，水系统的管道不易产生污垢和腐蚀，系统简单。由于不需要克服系统的静水压力，水泵耗电量较小。目前，在空调系统中闭式系统使用较多，而开式水系统一般仅用于有蓄冷水池的空调系统或用喷水室处理空气的空调系统。闭式和开式水系统，如图6-27和图6-28所示。

3）同程式和异程式水系统

当冷冻水流过每个空调设备环路的管道长度相同时，称为同程式水系统。同程式水系统的水量分配和调节方便，管路的阻力易平衡。但同程式系统需设置同程管，管材耗用较多，系统的初投资较大。

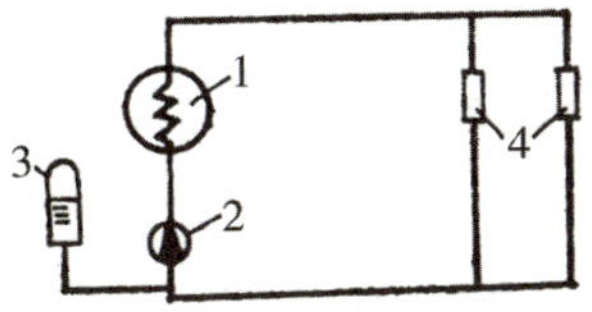

1——蒸发器；2——水泵；
3——膨胀水箱；4——用户

图6-27　闭式水系统

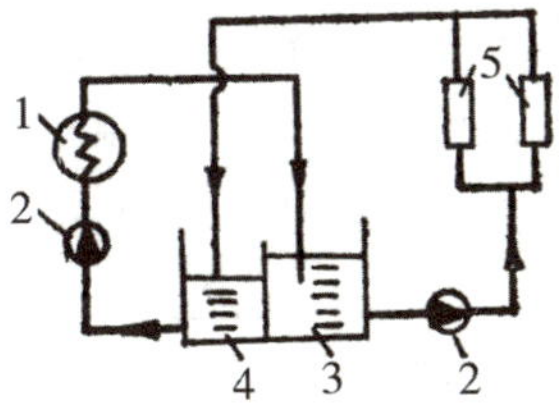

1——蒸发器；2——水泵；
3——冷水箱；4——回水箱；5——用户

图6-28　开式水系统

当冷冻水流过每个空调设备环路的管道长度都不相同时，称为异程式水系统。异程式水系统的水量分配调节较困难，管路的阻力平衡较麻烦，但其系统简单，初投资较小，因此，广泛应用于中小型空调系统中。

4）单级循环泵和双级循环泵系统

在单级循环泵系统中冷、热侧及负荷侧的系统阻力均由循环泵来承担，系统连接简单，初投资小。但由于冷水机组要求冷冻水定流量运行，因此，当负荷侧在部分负荷状态下运行所需冷冻水量比设计工况下的冷冻水量小时，多余的水从分水器与集水器之间的旁通管流回。所以，难以收到理想的节省输送能耗的效果，而且这种系统也不能适应供水分区压降较悬殊的场合。

在双级循环泵系统中，一次泵的流量根据相应的冷水机组的额定流量来确定，并且在运行时，一次泵定流量运行。同时，一次泵承担冷源侧的阻力。二次泵则承担负荷侧的总阻力（包括负荷侧管路阻力、换热设备阻力等）。同时，二次泵的流量可以十分方便地随负荷的改变而改变，从而节约冷冻水的输送能耗。二次泵的变流量可以采用以下方法来实现，如调节水泵的数量（改变同时运行的水泵数量）或采用调速水泵（变频调节）等。

6.5.3　冷却水系统

在水冷式冷水机组中，为了把冷凝器中高温高压的气态制冷剂冷凝为高温高压的液态制冷剂，需要用温度较低的水带走制冷剂冷凝时放出的热量。当冷水机组的冷凝器是用水作介质来冷却时，空调系统就需要一套完整的冷却水系统。

1）冷却水管道系统

直流式冷却水系统的冷却水在经过冷凝器升温后，直接排入河道、下水道或进入小区的综合用水管道系统。

为了节约水资源，应重复利用冷却水，通常采用循环式冷却水系统。在循环式冷却水系统中，采用冷却塔把在冷凝器中升温后的冷却水重新冷却，再送入冷凝器中重复使用。这样，只需补充少量的新鲜水即可，其管道连接如图6-29所示。

2）冷却塔

冷却塔按通风方式不同分为自然通风冷却塔和机械通风冷却塔。民用建筑空调系统的冷水机组通常是采用机械通风冷却塔。冷却水循环系统的主要设备有冷却塔、冷却水泵等。

机械通风冷却塔的结构如图6-30所示，其作用是制冷系统冷凝热的冷却水在冷却塔中和空气进行换热，降低温度后再进行循环使用。

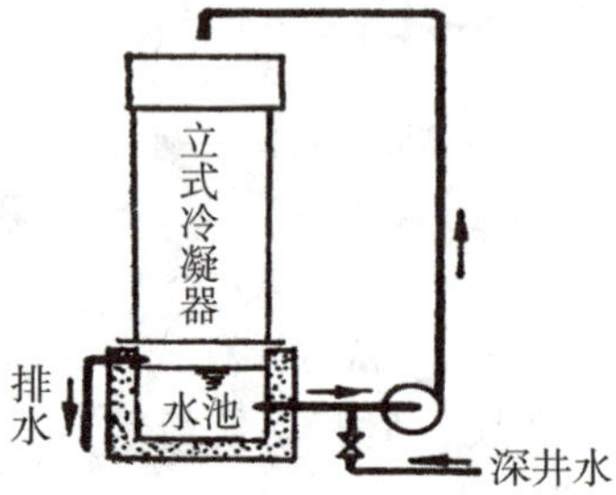

图6-29 循环式冷却水系统

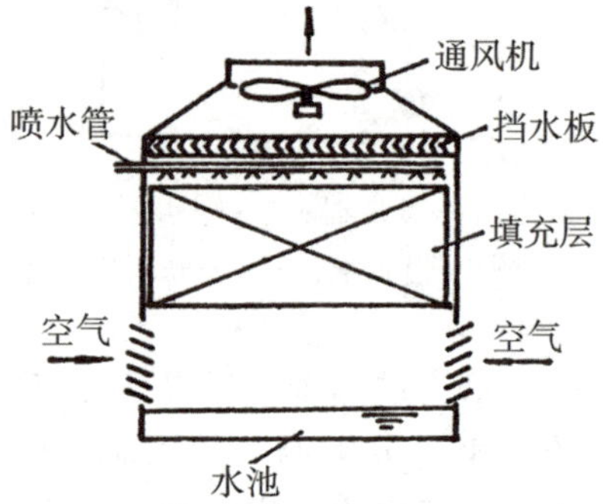

图6-30 机械通风冷却塔

冷却塔一般布置在室外地面或屋面上。对于附设在高层建筑里的制冷机房，冷却塔可布置在裙楼的屋面上。这时，屋面结构的承载能力应当按照冷却塔的运行重量设计。当几台冷却塔并联安装时，各台冷却塔之间要设置平衡管，并在各台冷却塔的进、出水管上安装控制阀。冷却塔的进、出水立管通常布置在管道井里。

冷却水泵一般布置在制冷机房里冷凝器的前边，进水管应低于冷却塔集水盘的液面标高，以便冷却塔的出水可以在重力作用下流入冷却水泵。

冷却塔运行时产生的噪声对周围环境有较大的影响，不宜布置在对噪声有严格要求的地方。同时，应当尽量选择低噪声和超低噪声型的冷却塔。

冷却塔、冷却水泵的数量和流量应当与冷水机组对应配置，以便于运行管理。

6.6 空调系统的维护与管理

对空调系统的日常维护是指物业服务公司有责任对空调系统在运行过程中出现的这样或那样的问题进行及时处理，保证空调系统的正常运行，使建筑物的使用功能得以最大限度的发挥。

6.6.1 空调系统的维护

在空调系统的维护过程中，经常会遇到以下几种系统故障，维护管理人员要认真分析故障原因，并对系统进行调节，使空调系统达到设计要求。

1）实际运行送风量与设计送风量不符

（1）实际送风量大于设计送风量

出现实际送风量大于设计送风量问题的原因有两个：一是系统风管阻力小于设计阻力，送风机在比设计风压低的情况下运行，使送风量增加；二是设计时送风机选择得不合适，风量或风压偏大，使实际风量增大。

解决的方法是：若送风量稍大于设计风量，在室内气流组织和噪声值允许的情况下，可不作调整。在必须调整时，可采用改变风机转速的方法进行调节。若无条件改变风机的转速，可用改变风道调节阀开度的方法进行风量调节。

（2）实际送风量小于设计送风量

出现实际送风量小于设计送风量问题的原因有三个：一是送风系统的风道漏风；二是系统的实际送风阻力大于设计计算阻力，使空调系统实际送风量减少；三是送风机本身质量不好，送风机本身不符合要求，或空调系统运行中对送风机的运行管理不善。

解决的方法是：一是对送风系统进行认真检漏。对高速送风系统应进行检漏试验，对低速送风系统应重点检查法兰盘和垫圈质量，看是否有泄漏现象；对空气处理室的检测门、检测孔的密封性作严格检漏。二是对风管的局部构件进行改造（如在风道弯头中增设导流叶片等），以减少送风阻力。三是更换或调整送风机，使其符合工作参数的要求。

2）送风状态参数与设计工况不符

送风状态参数与设计工况不符一般有下述几种原因：

①设计计算有错误，所选用的空气处理设备的能力与实际需要偏差较大。

②设备性能不良或安装质量不好，达不到送风的参数要求。

③空调系统的冷热媒的参数和流量不符合设计要求。

④空气冷却设备出口带水，如挡水板的过水量超过设计估算值，造成水再蒸发，影响出口空气的参数。

⑤送风机和风道的温升（或温降）超过设计值，影响风道的送风温度。

⑥处于负压状态下的空气处理装置和回风风道漏风，即未经处理的空气直接漏入送风系统，改变了系统送风的状态参数。

解决的方法是：

①通过调节冷热媒的进口参数和流量，改善空气处理设备的能力，以满足送风状态参数要求。若调节后仍不能明显改变空气处理的能力，则应更换空气处理设备。

②当冷热媒参数和流量不符合设计要求时，应检查冷冻水系统或热源（锅炉或热交换器）的处理能力，看它们是否能满足工作参数的要求。另外，还要检查水泵的扬程是否有问题，以及冷热媒管道的保温措施是否得当或管道内部是否堵塞。根据不同情况，采取相应措施，以满足冷热媒的设计要求。

③当冷却设备出口处空气带水时，若为表面式冷却器系统可在其后增设挡水板（或改进挡水板），以提高挡水效果。对于喷水室系统，要检查挡水板是否插入池底，挡水板与空气处理室内壁间是否漏风等。

④当送风机和风道的温升（或温降）过大时，应检查过大的原因。如果因送风机的运行超压使其温升过大，则应采取措施降低送风机的运行风压；如果是管道温升（温降）过大，应检查管道的保温措施是否得当，切实做好管道保温。

3）室内空气参数不符合设计要求

室内空气参数不符合设计要求的原因有：

①实际热湿负荷与设计计算负荷有出入，或送风参数不能满足设计要求，造成室内空气参数不符合设计要求。

②室内气流速度超过允许值，使室内空气参数不符合设计要求。

③室内空气的洁净度不符合要求。

解决的方法是：

①根据风机和空气处理设备的能力来确定送风量和送风参数，满足室内空气参数的要求。若条件允许，可采取措施，减少建筑围护结构的传热量及室内产热量，以满足室内参数的要求。

②通过增大送风口面积来降低送风速度或减少送风量及改变风口的形式等措施，改善室内气流速度，使其符合室内空气参数的要求。

③经常检查过滤器的效率和安装质量，增加空调房间换气次数和室内正压值，完善运行管理措施，以改善室内空气的洁净度，使其符合参数的要求。

【实战演练6-1】

北方某城市的一家小型疗养院，所使用的房屋是20世纪90年代中期建造的，配套设施设备陈旧落后。在秋冬交替季节，室内温度较低，而这时又没有到冬季采暖期，领导决定开空调补充热量。而在此疗养的老同志发现，空调不但不出热风，反而出凉风，立即将此情况报告给了后勤管理部门，请求解决。

提示：1）房屋年久，采用的空调设备可能是老设备，需了解清楚。

2）分析检查故障时，应根据老设备的工作原理分析和判断。

3）制冷、制热采用的是一套系统，制冷、制热应该能够进行转换。故障原因可能是操作人员没有将转换阀门由制冷转换到制热模式。

6.6.2 空调系统的运行管理

空调运行的目的，是送入室内一定风量，以保证室内的温度、湿度和清洁度符合要求。通过空调系统，在不断地送入室内一定风量、一定温湿度和一定洁净度的空气的同时，又把室内不断产生的余热、余湿及粉尘排出去（夏季），或把室内不断需要补充的热湿送进去（冬季）。室内的热湿变化，除室内设备和人的影响以外，主要取决于室外大气。

1）空调运行程序

（1）准备工作

首先，测出室内外空气温度和湿度，然后大体确定出运行方案。一般来说，冬季喷循环水，夏季喷冷冻水，对于过渡季节，要根据一天内室外温度、湿度的变化来确定运行方案。

（2）开启

启动风机、水泵、电加热器和其他各种空调设备，使空调系统运转，向空调房间送风。在开启前，要巡视机房及控制设备等，看其是否有异常情况。风机启动要先开送风机，后开回风机，以防室内出现负压。风机启动完毕，再开电加热器等设备。启动设备时，只能在一台设备的转速稳定后再启动另一台，以防供电线路启动电流太大而跳闸。设备启动完毕，再巡视一次，观察各种设备运转是否正常。

（3）运行

空调系统在投入使用后，值班人员必须精神集中，不得擅离职守；认真按规定做好运行记录，读数要准确，填写要清楚；应随时巡视机房，尤其是对刚维修过的设备要更加注意；掌握设备运转情况，监督各种自动控制仪表，保证其运作正常；发现问题应及时处理，重大问题要立即报告；要仔细观察和分析实际运行与所确定的方案是否相符。

（4）关闭

关闭空调系统的各种设备，应先停加热器，再停回风机，最后停送风机。之后巡视机房，看设备是否都已停止，该关的阀门是否关好，是否有不安全的因素。检查完毕方可离开值班室。

当系统是多班连续运行时，值班人员一定要严格履行交接班手续，上一班值班员必须把运行中的问题认真转告下一班值班员，在职值班员不许在下一班还未接班前就离开岗位。

2）空调运行管理应注意的问题

（1）注意设备安全

对设备状态要心中有数，定期检查和维修。具体项目包括：送风机、回风机、水泵、电机是否有异常声音，轴泵发热程度如何，皮带松紧是否合适；空调箱、水箱、风管等内部是否有锈蚀脱漆的现象，水阀门是否严密，开关是否灵活；各个部位的空气调节阀是否损坏，固定位置是否变化；需定期清洗、更换的设备（如各级过滤器等）是否已到清洗更换的限度；配电盘、各种电器接线头是否有松脱发热的现象，仪表运作是否正常等。

（2）注意人身安全

设备运行或检查维修时，一定要注意人身安全，尤其是检修转动部件和配电盘、电器接线等，一定要两人在场。严禁在机房或值班室、配电室内打闹。

（3）建立设备档案

要建立主要设备台账；设备维修和仪表校正要填写维修单；出了事故要填写事故登记表；运行要填写运行记录表，并按月装订成册；仪表设备说明书、产品目录、样本以及各种图纸资料都分类编号，妥善保管。这样做是为了更好地掌握仪表设备的使用和维护情况。

（4）定期检验与测量

定期检验和校正测量控制仪表设备，保证对它们的测量、控制准确可靠；定期测量空气参数，以保证各参数符合设计和使用的要求。

6.6.3 中央空调系统设备的年度停机修理

1）冷却塔的检修

随着送冷期的结束，冷却塔也将停止运行。冷却塔停止运行期间的维修工作对来年夏季的送冷有很大的影响。由于长时间的连续使用，各部分零部件均有一定程度的损耗，所以更换零部件的工作非常必要。因此，在冷却塔停止运行期一定要对冷却塔进行全面的检查和修理。修理的内容有：

（1）下部水箱的修理

经过长期运行，冷却水箱内由于大气污染物质的影响，堆积了一些污泥，因此，必须在冷却塔停止运行期间进行认真的清扫。用清水冲洗水箱内堆积的污泥，检查水箱内是否有损伤的部分和有无漏水的地方。如有漏水，要在停止运行期间进行修补，并要把管道内和水箱内的水全部放掉过冬，否则会冻坏管道。

（2）风机和电机的修理

冷却塔的风机一般采用轴流风机。风机和电动机是在高温、高湿的环境中工作，而且往往是在风（雨）等恶劣的条件下工作的。因此，冷却塔的风机与其他用途的风机相比，维修的周期要短，检查和修理的项目要多。

拆下风机和电动机的轴承后，要更换损坏的轴承，还要注意风机的皮带，皮带经过长时间的运行后，也必须更换。对直接连接的齿轮装置要检查齿轮机构是否有损伤的地方，润滑油是否足够，尤其是冷却塔的风机，它是产生噪声和振动的来源。对轴、轴承、带轮等的配合要进行必要的调整，对齿轮箱要进行定期的修理。

（3）填充材料

冷却塔一般采用塑料填充材料。由于填充材料不可避免地要接触冷却水、空气，因此，在填充材料上很容易黏附尘埃，有时还会黏附一些生藻类的水膜，使水质恶化，导致压缩机的管道污染，冷却效率大大降低，并使压缩机的压力增高，增加电能的消耗。为了防止这种现象的发生，要取出填充材料，用水洗净。在重新安装的时候，一定注意不要把填充材料损坏。

（4）上部水箱和补水装置

上部水箱在冷却塔使用季节应该经常进行检查，而在不使用冷却塔的季节，也应该注意检查和修理。上部水箱有很多小孔，要检查这些小孔是否有堵塞的现象。在冷却塔停止运行期间，在有大量风和雨的季节里，上部水箱易受到雨水的浸泡和大气中污染物的严重影响。为防止这种现象的发生，要制作一个特制的罩，将冷却塔覆盖，减少风雨和污染物的侵蚀。

当冷却塔停止运行时，要将球形阀取出分解，更换阀座的密封件，检查是否有裂纹，检查其功能。检查浮子，为下一个使用期做好各种准备工作。补水装置即使在使用中没有任何问题，在停止运行期间也要进行认真的检查和修理。

补水装置的管道和补水箱中所有的水，在修理结束后一定要放掉，以防冬季发生管道冻裂的事故。

2）风机盘管的检修

风机盘管是必须进行日常巡视检查的项目以及进行定期保养的内容。这种巡视和检查最好每月一次。风机盘管的保养和维修内容见表6-4。

（1）空气过滤器

空气过滤器的清洗周期与机器安装位置、工作时间、用途及使用条件有关，一般情况下应该每月清洗一次。如果过滤器的孔眼堵塞严重，会影响风机盘管的送风量，风机的效率就会大幅度下降。

表6-4　　风机盘管的保养和维修内容

设备名称	巡视检查的内容	维修内容	周期
空气过滤器	观察过滤器表面的脏污程度	用水洗净	1次/月
冷热水盘管	观察翅片管表面的脏污情况，检查弯管的腐蚀状况	用水及药品进行清洗	2次/年
送风机	观察叶轮沾染灰尘情况，检查噪声情况	清理叶轮	2次/年
滴水盘	观察滴水盘是否有污物，观察排水功能是否良好	清扫防尘网和水盘	2次/年
管道和阀门	检查保温材料是否良好，管道是否有因腐蚀而漏水的情况，检查自动阀的工作情况	发现问题，随时处理	随时

（2）冷热水盘管

冷热水盘管是风机盘管的重要组成部分，要求冷热盘管的管道和翅片的表面必须经常保持正常状态。冷热盘管一般是由铜管和铝翅片构成的。从构造上来看，在铝翅片之间容易附着灰尘，如果灰尘较少，在铝翅片间进行清扫即可；如果附着的灰尘比较多，铝翅片之间管道的深处已发生堵塞，简单的清扫就不能满足要求，这时必须将盘管取出，然后放入清水中，用浸泡的方法进行清洗。另外，冷热盘管两端和弯曲部分管道，最容易被腐蚀而造成漏水，因此，对这部分要仔细检查并及时修理。

（3）送风机

风机盘管一般多采用多叶式送风机。这种多叶式送风机的叶片是弯曲形的。经过一定时间的运转之后，弯曲部分会黏附着许多灰尘，严重的情况下会将弯曲部分填平。在这种状态下，即使盘管及其他部分的维修和管理正常，送风量也会明显下降，风机盘管的功能也就不能完全发挥。因此，定期对送风叶片的表面进行检查并认真地清扫是非常重要的。

（4）滴水盘

当盘管结露之后，冷凝水便落到滴水盘内，并通过防尘网流入排水管。由于空气中的灰尘以及油类和杂物慢慢地附在滴水盘内，造成防尘网和排水管的堵塞，因此就要对滴水盘进行定期清扫，否则冷凝水会从滴水盘中溢出，造成房间漏水。

（5）管道和阀门

一般情况下，风机盘管冷热水共用一条管道，即两管制（进水和回水）。这些管道最容易产生腐蚀面，造成漏水的地方是螺纹部分以及连接部分。这部分管道为了提高热效率和防止结露，都用各种保温材料包起来，要想从外部简单地检查出管道是否有腐蚀现象是很困难的。因此，只能从保温材料的表面来判断管道内部的腐蚀情况，或者当发生漏水现象之后，根据管道内水锈的情况来判断管道的腐蚀情况，并更换管道。风机盘管的管道系统上装有各种不同类型的阀门，根据管道的尺寸和水压的不同，阀门的型号也不一样。除特殊作用的阀门外，一般的阀门很少开闭操作，在阀座和阀体部分，容易产生水锈，使阀门关不严，因此，对阀门要进行分解检查和维修。

3）风口及风道的检修

（1）送风口的检修

在空调机组内即使装有高效率的过滤器，送风口和顶棚附近，也经常会看到许多灰尘。这是由送风口送出的空气和室内的空气产生对流而引起的。这种现象在开始送冷风的时候最容易出现，这是由于空气遇冷之后，温度降低空气密度增大，因此，灰尘容易落下。所以，每年对送风口进行清理是很有必要的。送风口内部的叶片和挡板上的灰尘较多，需用压缩空气进行认真的清扫。

（2）回风口的检修

在室内或走廊一般都装有回风口，以便把室内的空气抽回空调机组或排出室外。回风口和送风口相比，脏污的程度比较严重。特别是回风口设在走廊的情况下更为严重，对这种回风口的清扫并不影响室内工作人员的工作，因此，要经常对回风口进行清扫。在回风的风道上一般不装有保温材料，除发生风道故障外，一般不需要进行维修。

（3）风道的修理

在风道内部，设有调节风量的挡板和消声装置，这些部分是结构中最容易黏附灰尘的部件。特别是这些构件平常很少操作，灰尘就会慢慢地堆积在挡板和消声器上，因此，在运行中对挡板的操作要特别注意。

在有些风道系统中只设有送风口，没有设挡板和消声装置，对这类风道必须取下送风口进行检查。在风道的连接部分，尤其是法兰部分最容易黏附灰尘，因此，对这部分也要进行认真的检查和清扫。

（4）制冷机空调设备的管道检修

在制冷空调系统中除排水管道以外，其他管道都是有压管道，水在管道内流动温度差很大，如风机盘管的冷热水管道，夏天送冷水是5℃～8℃，冬天送热水是70℃～80℃。由于温度变化导致管道的膨胀和收缩也较大，因此，在管道的连接部分容易出现破裂损坏和漏水现象。另外，如果不注意管道的保温，会造成大量的热损失，使能源的消耗增加。漏水较严重的空调机组周围的管道，必须作为重点，经常进行检查。空调机组的管道由于管线较多，必须重点检查管道的保温情况是否良好。阀门和法兰直接与空气接触的部分，夏天容易结露。如果保温材料的施工质量不好，空气就会侵入保温材料中，当达到露点温度时，就会在内部结露。因此，保温的效果就会明显下降，如不及时修补，结露的面积会越来越大，使管道的外面产生腐蚀现象。

【案例精析6-2】

6月18日，物业公司接到大厦休闲设备公司投诉。称该公司所租房间连续发生风机盘管漏水，浸湿了天花板。该大厦建于20世纪80年代，采用新风加风机盘管的空调系统，楼内新风集中统一处理，各房间安装一定数量的风机盘管。试分析漏水原因，应如何处理?

精析：由于数台风机盘管冷凝水管连接成一根排水横管，再接到公共主管，且受层高限制，冷凝水管的坡度往往很难保证，造成水流速度过慢，再加上吊顶有灰尘，极易造成冷凝水管堵塞，导致漏水。

关闭漏水的风机盘管，防止继续运行产生更多的冷凝水；提醒用户下班后要及时关闭空调；加强对冷凝水主管道的定期清洗和检查，放置药剂。另外，对用户室内的风机盘管每半年检查一次，及时清理堵塞物。

主要概念

空气调节　集中式空调系统　风机盘管系统　局部式空调系统　新风　回风冷冻水　冷却水

基础知识练习

△ 单选题

1.夏季我国舒适性空调的室内温度是（　　）。

A.18℃～22℃　B.23℃～24℃　C.25℃　D.26℃～28℃

2.通风机是空调系统的主要（　　），工程设计中常需采用消声器。

A.动力源　B.噪声源　C.辅助设备　D.主要设备

3.将常温水喷成水雾直接混入空气中，水雾吸收空气中的热量蒸发成水汽来加湿空气的方法叫（　　）。

A.喷蒸汽加湿　B.喷水加湿　C.水汽混合加湿　D.喷雾加湿

4.噪声不仅影响人们的工作、休息和睡眠以及日常社交活动，还能损伤人们的（　　）器官，甚至会引起疾病。

A.视觉　B.听觉　C.嗅觉　D.味觉

△ 多选题

1.空气调节最基本的功能就是（　　）。

A.能够调节空气温度

B.能够调节空气湿度

C.能够使空气具有一定的流动速度

D.能够增加空气的含氧量

E.能够使空气具有一定的洁净程度

2.空气处理过程包括（　　）、净化、消声等要求。

A.加热　B.加氧　C.加湿

D.冷却　E.去湿

3.空气的除湿方法很多，概括起来可分为（　　）。

A.加热通风法减湿　B.冷冻除湿　C.除湿机除湿

D.液体吸湿剂除湿　E.固体吸湿剂除湿

4.压缩式制冷机由（　　）四个主要部件组成。

A.制冷压缩机　B.冷凝器　C.减压器

D.膨胀阀　E.蒸发器

△ 判断题

1.蒸发器的作用是把压缩机排出的高温、高压的气态制冷剂冷却并使其液化。（　　）

2.为了防止冷、热量损失，空调系统的风道需要保温。（　　）

3.表面式冷却器的表面温度高于被处理的空气露点温度时，空气中水蒸气被凝结，可达到冷却去湿的目的。（　　）

△ 思考题

1.空调系统考虑新风的主要目的是什么？

2.空气调节系统按空气处理设备的设置情况分为哪几类？各有什么特点？分别适用于什么场合？

3.蒸汽压缩式制冷系统由哪几种设备组成？请说出每种设备的作用。

4.空调风管为何要保温？

实践操作训练

△ 案例题

某会所采用的是中央空调系统。一天，隔壁住宅小区的刘大伯到会所的物业管理单位投诉，称空调设备噪声大，夏天都不能开窗，尤其是晚上噪声使人无法入眠，使自己患上了失眠症，若再不采取措施他将会向环保部门投诉，让会所关门，并且赔偿他的精神损失。

问题：

1.噪声的标准是多少？

2.如何解决空调系统本身室外部分噪声大的问题？

3.可采取什么办法减小噪声对隔壁住宅小区业主的影响？

△ 实训题

【实训情境设计】

某饭店宴会厅夏季空调很好，室温也不高，但有时送风口处会掉水滴，偶尔滴入食物中，令人很不愉快。

【实训任务要求】

1.分析滴水的原因。

2.提出解决方案。

【实训提示】

1.当送风温度低于室内的露点温度时送风口将会结露，因此要提高送风温度。

2.在送风口内贴保温材料以提高送风口的表面温度。

【实训效果评价表】

填写实训效果评价表，见表6-5。

表6-5 实训效果评价表

评价内容	分值（分）	评分（分）
分析原因	30	
解决方案	30	
实际操作技能	40	
总体评价	100	

第 7 章

供配电系统

本章概要

本章共分 5 节，简单介绍了供电的基本知识和电气照明；讲解了电气设备的接地；重点讲解过电压、防雷和供电系统的运行与维护。

学习目标

通过本章的学习，了解什么是电力网和电力系统，掌握供配电基础知识；掌握电力负荷的分级；了解小区的供电方式；了解照明的种类、常用电光源和常用灯具；了解过电压和防雷的有关概念；了解电气设备的接地要求和装设；掌握插座的安装与接线；能够进行供配电系统的维护和规范操作，具有严谨的工作态度及探究精神。

引例

某小区刚交付不久，业主正在装修，12号楼1单元602室业主打电话报修，称自己家所在的单元没电了。工程部电工到单元供电箱检查发现，停电是供电箱单元开关跳闸所致。电工在检查确认无误后，将电闸合上，单元有电了。电工回到工程部正在说明此事时，业主又打来电话说其所在的单元又没电了。电工又去检修，如此几次合闸、跳闸，弄得电工不知所措。没办法，请电气工程师到现场检修，通过反复检查，确认是本单元302室业主家电路问题造成的跳闸。经认真检测确认是302室业主在装修时将电气线路做了改动，致使电源插座的地线与保护接地线接错，导致只要在该插座上使用电气设备，单元配电箱就跳闸。

7.1 供配电的基本知识

7.1.1 电力系统概述

我们的生产、生活所使用的电能是由发电厂的发电机组产生的。发电厂发出的电能先进入升压变电站，当电压升高后再被送往各用电地区。在用电地区经降压变电站将电压降低为10kV的配电电压，分配到工厂和居民生活区，再由配电变压器将电压降低为380/220V，给用户的低电压设备供电。

微课5

供配电系统

从升压变电站到降压变电站的所有电力线路和电力设备的组合称为电力网。由发电厂、电力网及电能用户所组成的发电、输电、变电、配电和用电的整体称为电力系统。电力系统示意图如图7-1所示。

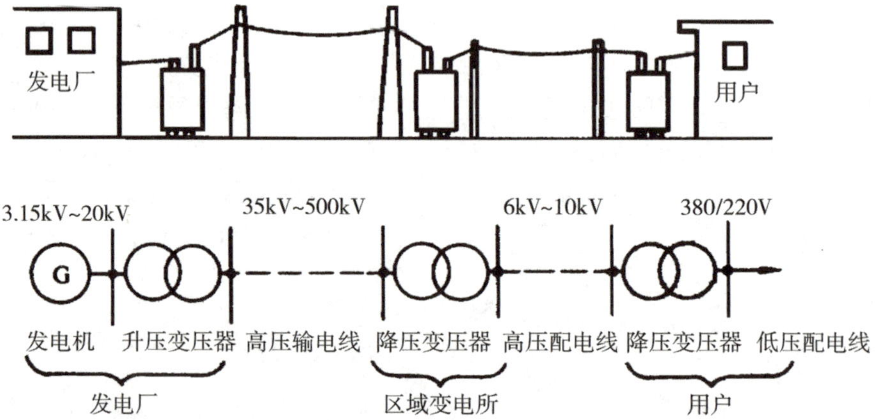

图7-1 电力系统示意图

7.1.2 电力系统的电压

1）额定电压的国家标准

电压是衡量电能质量的重要技术指标。

为了使电气设备的制造实现标准化、系列化，国家规定了各类电力设备及电力网的额定电压等级。

一般用电设备的额定电压与同级电网（供电线路）的额定电压相同。

发电机处于电网的始端。因此，发电机的额定电压比接入它的电网电压要高出5%。

2）电压偏移及其调整

各种电气设备都应该在额定电压下工作，但是在实际运行中，电气设备的端电压往往会因各种原因而偏离其额定值。我们把设备的实际工作电压（即供电线路电压）U与额定电压U_N之差称为电压偏移ΔU，即

$$\Delta U=U-U_N$$

或用额定电压的百分数表示为：

$$\Delta U\%=(U-U_N)/U_N\times100\%$$

式中：ΔU%为电压偏移的百分数值；U为电气设备的端电压；U_N为设备的额定电压。

如果电气设备的工作电压偏离其额定电压，无论是偏高还是偏低，都会对设备的工作性能和使用寿命产生不良影响。例如，若感应电动机端电压比额定电压低10%，则其实际转矩会降低至额定转矩的81%，电流将要增大5%～10%，温升将提高10%～15%，电动机绝缘的老化速度将比正常值增加一倍以上。常用电气设备的电压偏移允许值为：

电动机——±5%；

照明灯——一般场所为±5%，在要求较高的场所为+5%、-2.5%；

其他用电设备——无特殊规定的为±5%。

7.1.3　电力负荷的分级及对供电电源的要求

1）电力负荷的分级

用电设备所需的电功率或电流称为电力负荷。根据各类电力负荷的重要性及对供电可靠性的要求，电力负荷可分为以下三级：

（1）一级负荷，是指中断供电将造成人员的伤亡或在政治、经济上造成重大影响和损失的电力负荷，如机场、通信、交通枢纽、重要军事安全设施、重要医院、重要宾馆以及会议场所等。其中，涉及救生、信息通信、安全报警、消防设施的电力负荷尤为重要。

（2）二级负荷，是指中断供电将在政治、经济上造成较大损失的电力负荷，如造成重要设备损坏、大量产品报废，或连续生产过程秩序被破坏，需要很长时间才能恢复的场所，或严重影响人们的正常生活等。

（3）三级负荷，是指一般负荷。所有不属于一、二级负荷的均为三级负荷。

2）各级负荷对供电电源的要求

（1）一级负荷对供电电源的要求。

一级负荷应由两个独立电源供电，所谓独立电源是指当一个电源发生故障时，另一个电源不致同时损坏，从而保证连续供电。

对于一级负荷中特别的、重要的负荷，除要求有上述两个独立电源外，还要求有另外设置的应急电源，构成应急供电系统，并严禁其他负荷接入该系统。常用的应急电源

有柴油发电机组、蓄电池组等。对于计算机系统还应配备不间断电源装置（简称UPS）。

（2）二级负荷对供电电源的要求。

二级负荷也属于较重要的负荷，与一级负荷相比，中断供电的后果较轻，但它涉及的范围相对较大。对二级负荷要求双回路供电，在其中一个回路出现故障时，由另一回路继续供电。

（3）三级负荷对供电电源的要求。

三级负荷属于一般负荷，对供电电源不作特别要求。应该指出的是，随着物业建设现代化水平的提高，越来越多的自动化设施投入使用，对供电可靠性的要求越来越高，各地电力生产能力也有了很大发展。因此，传统的负荷等级划分也有了不少变化。各类建筑用电设备负荷的等级划分情况见表7-1。

表7-1　各类建筑电力负荷分级表

建筑类别	建筑物名称	用电设备或部位	负荷级别
住宅建筑	高层普通建筑	电梯、照明设备	二级
旅馆建筑	高级旅馆	宴会厅、高级客房、电梯等	一级
	普通旅馆	主要照明设备	二级
办公建筑	省、市、部级办公楼	会议室、总值班室、电梯、档案室、主要照明设备	一级
	银行	主要业务用计算机及外围设备电源、防盗信号电源	一级
教学建筑	教学楼	教室及其他照明设备	二级
	重要实验楼	主要用电设备	一级
科研建筑	科研所重要实验室、计算机中心、气象台	主要用电设备	一级
		电梯	二级
文娱建筑	大型剧院	舞台、电声、贵宾室、广播及电视传播、化妆照明	一级
医疗建筑	县级及以上医院	手术室、分娩室、急诊室、婴儿室、理疗室、细菌培养室、电梯等	一级
商业建筑	省辖市及以上百货大楼	营业厅主要照明设备	一级
		其他附属照明设备	二级
博物馆建筑	省级博物馆、展览馆	珍贵展品室的照明设备、防盗信号电源	一级
		商品展览用电设备	二级
商业仓库建筑	冷库	大型冷库压缩机及附属设备、电梯、库内照明设备	二级
司法建筑	监狱	警卫信号	一级

7.1.4 物业小区的电力负荷与供电方式

1）物业小区用电设备的分类

上述的电力负荷分级是对某些特定性质负荷群的原则划分。在具体的物业小区供用电管理中，一般是按负荷性质和用途将用电设备分为3种类型：

（1）保安型负荷，指保证人身安全及小区自动化设备可靠运行的负荷，包括消防水泵、消防电梯、消防控制系统、应急照明、排烟风机及小区信息监控系统等。

（2）保障型负荷，指保障小区工作、生活基本需要和管理秩序的电力负荷，如主要工作、营业区的公共照明以及电梯、生活用水泵及重要部位的电源插座等。

（3）一般负荷，指一般电气照明、空调设备、锅炉及居民生活用电等。

2）物业小区的基本供电方式

为提高物业小区的供电可靠性，特别是保证重要负荷的供电，一般从备用电源和负荷分组配电两方面采取措施。

（1）双电源供电。

在具备电源条件的地方，物业小区或高层建筑的变电所一般均采用双电源进线供电的方式。常见的有两种方案：

一种方案为“一用一备”，如图7-2a所示。图7-2a中，设用Ⅰ号电源作为正常供电，Ⅱ号电源作为备用电源。当Ⅰ号电源发生故障而中断供电时，由Ⅱ号电源供电。可见，这种方案的两路电源都应保证满负荷供电。

另一种方案为两路电源都处于正常供电的运行状态，即“双电源同时”供电方案。在两路电源进线间设置母线联络柜，如图7-2b所示。当Ⅰ号电源发生故障时，Ⅱ号电源即经联络柜向Ⅰ号回路负荷供电。Ⅰ、Ⅱ号两路电源互为备用电源（也称“热备用”）。

a“一用一备”供电方案　　b“双电源同时”供电方案

图7-2　双高压电源供电方案

在规模较小的物业小区或不具备双电源条件的地方，也可采用所谓“高供低备”的方式，如图7-3所示。它是以一路10kV高压电源作为主电源，另外用380/220V的低压电源（如柴油发电机组）作为备用电源。这一方案特别适用于一般物业小区住宅楼群重要负荷的供电。

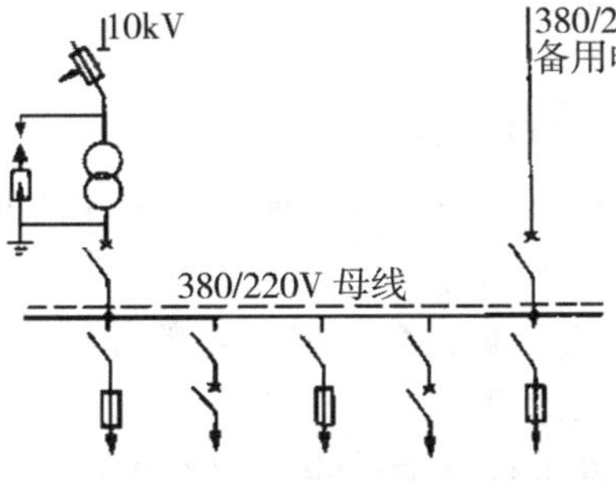

图7-3　高供低备供电方案

（2）用电负荷分组配电。

设置备用电源的目的是保证对重要负荷的连续供电。备用电源不可能也不必要满足物业小区所有电力负荷的需要。因此，可根据物业小区的负荷分类及对供电可靠性的不同要求，采取分组供电的供电方式，即把重要的保证负荷单独分出，在配电室集中由一段母线供电，备用电源仅对此段母线提供临时供电。这样可以减少备用电源的容量，节省投资，并可提高备用回路的可靠性。

7.2 电气照明

7.2.1 电气照明的种类

电气照明的种类是按照明的功能来划分的。

1）正常照明

在正常情况下使用的室内外照明都属于正常照明。所有使用房间和供工作、运输、人行的屋顶、室外庭院和场地，皆应设置正常照明。

2）应急照明

应急照明也称事故照明，是指在正常照明因故障熄灭的情况下，供继续工作或人员疏散用的照明。

（1）应急照明的形式。

应急照明可以分为疏散照明、安全照明和备用照明。

①疏散照明，是指使人员在火灾情况下能安全撤离到安全地区的照明。它包括安全出口标志、疏散指示、疏散照明，主要分布在走道和公共出口。

②安全照明，是指确保处于潜在危险的人员安全的照明，如医院手术室、急救室。

③备用照明，是指使人员在火灾情况下能继续工作的照明，主要包括消防控制室、配电室、计算机房、电信机房、餐厅、公共场所、走道和公共出口。

（2）应急照明的工作状态。

①疏散照明。平时点亮（但是在节假日无人的情况或可以由外来光识别安全出口和方向时也可以例外），火灾或事故时点亮。

②安全照明。按照需要控制。

③备用照明。按照需要控制。

（3）疏散照明的布置。

①在主要出入口上方设置出口标志灯。

②在疏散走廊及转角处设置疏散指示灯，间距不大于20m，高度在1.0m以下。

③高层建筑楼梯间设置楼层标志灯。

④应急照明灯应设玻璃或其他非燃性材料制作的保护罩。安装在1m以下时，灯具外壳应有防止机械损伤和防触电的设施。

⑤安装位置可以在墙上、柱上或地面，也可以在顶棚上，但是要明装。

⑥安装位置应该满足容易找寻消防报警装置、消防通信装置和消防器材的要求。

（4）应急照明灯具。

①照明光源一般使用白炽灯、日光灯、卤钨灯、LED、电致发光灯等。

②应急照明灯应符合有关标准。

③蓄光型疏散标志可以作为电光源标志的辅助标志。

（5）应急照明的电源。

应急照明的电源可以用下列电源：

①两条市电线路双路供电。

②一条市电，另一路由备用发电机供电。

③一条市电，另一路为集中蓄电池的应急电源（EPS）作备用电源，或灯具自带蓄电池作为备用电源。

民用建筑内的下列场所应设置应急照明：高层建筑的疏散楼梯、消防电梯及其前室、配电室、消防控制室、消防水泵房和自备发电机房；建筑高度超过24m的公共建筑内的疏散走道、观众厅、展览厅、餐厅和商业营业厅等人员密集的场所；医院手术室、急救室等。

3）值班照明

供值班用的照明，称为值班照明。值班照明可利用正常照明中能单独控制的一部分，或利用应急照明的一部分甚至全部来作为值班照明。

4）警卫照明

按警戒任务的需要，在厂区、仓库区或其他设施警卫范围内装设的照明，称为警卫照明。

5）障碍照明

在建筑物上装设的作为障碍标志用的照明，称为障碍照明，如在飞机场周围较高的建筑物上或在有船舶通行的航道两侧，应按民航和航运部门的有关规定装设障碍灯。

7.2.2　电气照明的方式

电气照明方式是按照明器的布置特点来区分的。

1）一般照明

一般照明是指使整个房间产生普遍照明效果的照明方式，也是应用最多的照明方式，如居民住宅、会议室、学校教室等处主要采用一般照明作为基本照明。

2）局部照明

局部照明是利用设置于特定部位的灯具（固定的或移动的），来满足局部环境照明需要的照明方式，如办公学习用的台灯、商店橱窗的射灯、检修用的手提灯等。

3）混合照明

混合照明是指在某一场所采用一般照明与局部照明相结合的照明方式。在实际应用中多为混合照明，如在居民家庭、办公场所、饭店宾馆等处，都是在采用一般照明的基础上，根据需要在某些部位装设台灯、壁灯等局部照明灯具。

7.2.3　常用电光源

电光源即电气照明的发光器件。常用的电光源有热辐射光源和气体放电光源两大类。

1）热辐射光源

热辐射光源是利用电流通过物体（灯丝），使之加热到白炽状态而辐射发光的原理制成的，常用的如白炽灯、卤钨灯（包括碘钨灯、溴钨灯）。

（1）白炽灯

白炽灯是一种最常见的电光源，灯丝用高熔点的钨丝制成。小功率的白炽灯玻璃泡被抽成真空，较大功率的白炽灯玻璃泡被抽成真空后再充入惰性气体，以减少灯丝在高温下的蒸发，提高使用寿命。白炽灯构造简单，使用方便，价格低廉，显色性较好，但白炽灯发光效率较低，使用寿命一般较短。

（2）碘钨灯

碘钨灯与白炽灯一样，也是利用电源通过灯丝发热而辐射发光的。碘钨灯用耐高温的石英玻璃制成细长管壳，灯丝固定于管壳两端，如图7-4所示。管壳内抽真空后充入少量的碘。当灯管工作时，高温的灯丝蒸发出钨分子向管壁扩散，钨分子遇碘后化合生成气态的碘化钨。碘化钨接近灯丝的高温区域（可达1 600℃）时，又分解为碘和钨，钨分子就沉积在灯丝上。于是，在灯管工作时，灯管内的碘和钨不断重复着蒸发—化合—扩散—分解—沉积—蒸发的循环过程，从而防止灯丝因长期高温蒸发变细，也可避免蒸发的钨分子沉积在管壁上造成灯管“黑化”，影响发光。

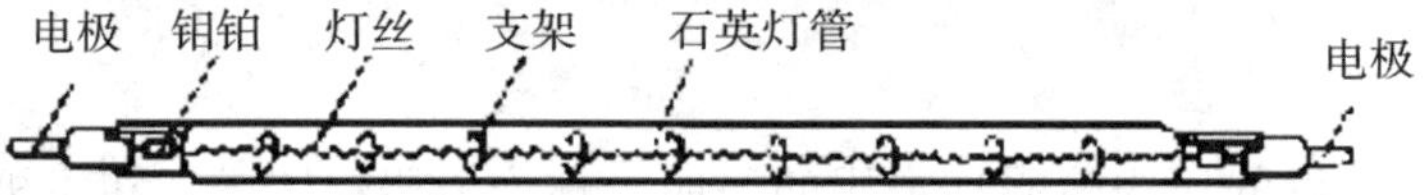

图7-4　碘钨灯的结构

碘钨灯与白炽灯相比，在发光效率和使用寿命等方面均有很大提高，光色也较好，被广泛应用于礼堂、露天文体活动及施工工地等场所的照明。常用的碘钨灯额定电压为220V，额定功率有50W~1kW多种规格可供选用。

碘钨灯在工作时管壁温度很高（可达600℃），因此，碘钨灯禁止在有易燃、易爆等物品的场所使用。碘钨灯在使用时也不得靠近可燃物。此外，为保证灯管内的“碘钨循环”得以顺利进行，碘钨灯必须水平安装。碘钨灯灯丝较长，耐振性差，不宜在剧烈振动场所使用。

2）气体放电光源

气体放电光源主要是利用电流通过气体（蒸气）时，激发气体（蒸气）电离和放电而产生可见光的原理制成的，如荧光灯、高压汞灯、高压钠灯和管形氙灯等。

（1）荧光灯

荧光灯俗称日光灯。荧光灯由灯管、镇流器和启辉器3部分组成，灯管内壁涂覆荧光粉，管内抽真空后再充少量的汞和惰性气体。其主要部件如图7-5所示，电路如图7-6所示。

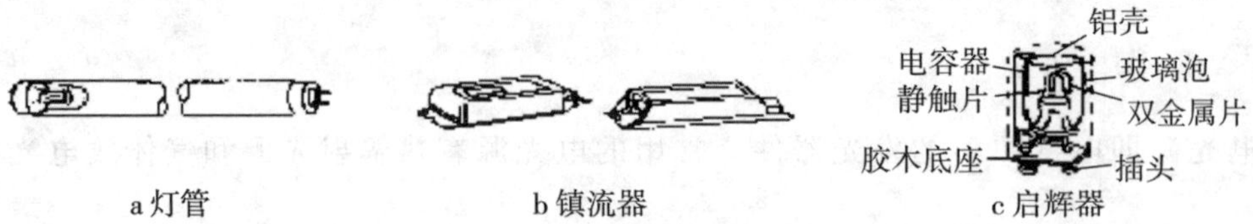

图7-5　荧光灯的主要部件

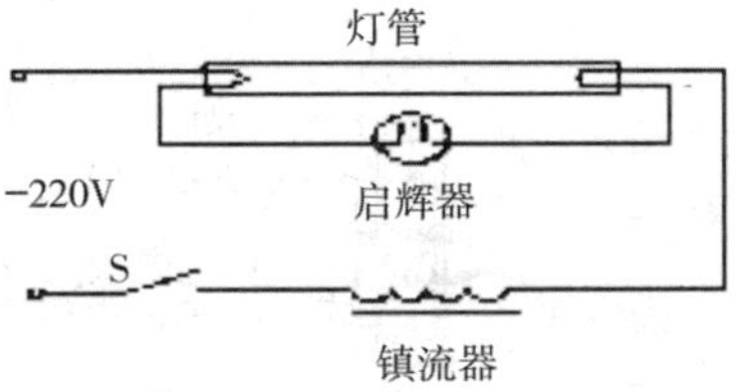

图7-6　荧光灯电路

荧光灯发光效率较高，使用寿命长，光色也较好，因此应用十分广泛。因其频闪效应显著，工作受环境温度和电源电压的影响较大，点燃需经1～3秒的预热，当温度过低或电源电压偏低时，可能会造成荧光灯启动困难，所以荧光灯不宜作应急照明，也不宜频繁启动。

随着技术的发展，目前常采用电子镇流器将交流220V电压经过电子振荡电路转换成数十kHz的高频交流电压来点亮灯管。

（2）高压汞灯

高压汞灯又称高压水银灯，由灯头、石英放电管、玻璃壳、镇流器等组成。它是在上述荧光灯原理的基础上加以改进制成的一种放电光源。

高压汞灯的主要部件是内部的放电管。放电管管壳用石英玻璃制成，两端装有用钨丝制成的主电极 E_1 和 E_2，在主电极 E_1 的近侧装有辅助电极 E_3。放电管内充有高气压的汞气和氩气。在放电管的外部套装着一个玻璃外壳，外壳内壁涂覆荧光粉，外壳与放电管之间抽成真空后充入少量惰性气体。普通高压汞灯的结构及接线如图7-7a所示。自镇流高压汞灯的结构如图7-7b所示。

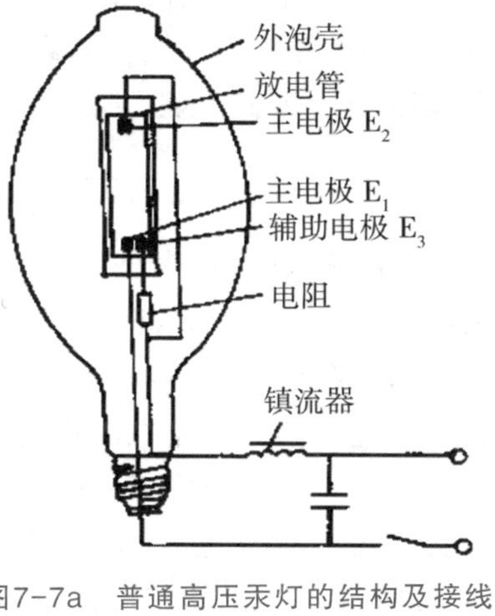

图7-7a　普通高压汞灯的结构及接线

高压汞灯发光效率高、亮度高、寿命长、耐震，但其灯光呈蓝白色，光色不太理想，显色性差，一般用于道路、广场、厂房、车站等处的照明。

（3）高压钠灯

高压钠灯的结构与高压汞灯相似，它的放电管内充有高压的钠蒸气，利用钠气放电发光。其启动过程则与普通荧光灯相似，如图7-8所示。高压钠灯由灯头、陶瓷放电管、玻璃壳、双金属片和加热线圈等组成，放电管抽成真空后充入钠和少量的汞，管内

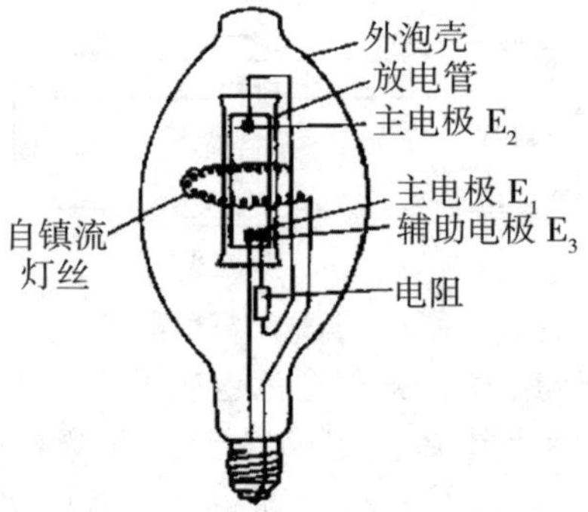

图7-7b　自镇流高压汞灯的结构

装有一对电极 E_1 和 E_2，玻璃外壳抽真空后充入氩气。

a 结构　　b 工作原理

图7-8　高压钠灯的结构及工作原理图

高压钠灯从点燃到稳定工作需要5～8分钟的时间，灯熄灭后也需经冷却一段时间才能重新点燃。

高压钠灯的发光效率比高压汞灯还要高一倍，使用寿命也较长，多用于广场、道路及工厂车间的照明。但高压钠灯发橘黄色光，光色不太理想。

另外，还有金属卤化物灯和管形氙灯等。前者是在高压汞灯的基础上改进光色而制成的一种新型放电光源；后者是一种充有高压氙气的高功率气体放电灯，其功率可达100kW，俗称“人造小太阳”，多用于大型广场的照明。

3）LED点光源

LED点光源是一种新型的装饰灯，是线形光源及泛光照明的一个补充。

LED即发光二极管，是利用半导体同质PN结、异质PN结、金属-半导体（MS）结、金属-绝缘体-半导体（MIS）结制成的发光器件。其工作原理以及某些电学特性与一般晶体二极管相同，但是，使用的晶体材料不同。LED包括可见光、不可见光、激光等不同类型，生活中常见的为可见光LED。发光二极管的发光颜色决定于所用材料，目前有黄、绿、红、橙、蓝、紫、青蓝、白、全彩等多种颜色，可以制成长方形、圆形等各种形状。LED具有寿命长、体小量轻、耗电量小（节能）、成本低等优点，且工作电压低、发光效率高、发光响应时间极短、工作温度范围宽、光色纯、结构牢固（抗冲击、耐振动）、性能稳定可靠等一系列特性，备受人们的青睐。

由于LED的发光体接近“点”光源，灯具设计较为方便，但是，当大面积使用时，其电流和功耗较大。LED一般可用于电子设备的指示灯、数码管、显示板等显示器件和光电耦合器件，也常用于光通信等，以及建筑物轮廓，游乐园，广告牌，街道，舞台等场所的装饰。

7.2.4　常用灯具

灯具的作用是固定光源器件（灯泡、灯管等），使光源器件免受外力损伤，消除或减弱眩光，使光源发出的光线向需要的方向照射，装饰、美化建筑物等。按下面不同的分类方法，常用的灯具可分为：

1）按灯具配光特性分类

（1）直射照明型：能使90%的光通量向下投射，如常用的探照灯，一般悬挂较高。

（2）半直射照明型：可使60%以上的光通量向下投射。这种灯具配光可增加顶棚墙壁的扩散光，使整个空间较明亮，阴影变淡，如家庭用的玻璃或塑料碗形灯。

（3）均匀漫射型：向上向下投射的光通量大致相当，如乳白色玻璃圆球灯。

（4）间接照明型：灯具的全部光线由上半部射出，经顶棚反射到被照面上，光线柔和，阴影基本被消除。但由于是经反射后的照明，所以光通量的损失较大，且对顶棚或墙壁（反射面）有较高的要求，如各种反射式吊灯、反射式壁灯等。

（5）半间接照明型：灯具上半部由透明材料制成，下半部用漫射透光材料制成。由于增加了反射光的比例，光线更柔和均匀，但在使用过程中，灯具上部的积尘会影响灯具的照明效果。

2）按灯具安装方式分类

（1）吸顶灯：直接固定在顶棚上的灯具被称为吸顶灯。吸顶灯的形式有很多。为防止眩光，吸顶灯多采用乳白色的玻璃罩或有晶体花格的玻璃罩，在楼道、走廊、居民住宅应用较多。

（2）嵌入顶棚式：有聚光型和散光型两种。其特点是灯具嵌入顶棚内，使顶棚简洁美观，视线开阔。其在大厅、娱乐场所应用较多。

（3）悬挂式：用导线、金属链或钢管将灯具悬挂在顶棚上，一般还要配用各种灯罩。这是一种应用最多的安装方式。

（4）壁灯：用托架将灯具直接安装在墙壁上，一般作局部照明用，亦用于房间装饰。

（5）台灯和立灯（落地灯）：用于局部照明的灯具，使用时可移动，也具有很好的装饰性。

3）按结构特点分类

（1）开启型：其光源与外界环境直接相通，如普通荧光灯。

（2）闭合型：透明灯罩是闭合的，将光源包围起来，但灯具内外空气仍能自由流通，如乳白玻璃球形灯和半圆罩天棚灯。

（3）密闭型：透明灯罩固定处有严密封口，将灯具内外环境加以隔绝和封闭，如防水防尘灯。

（4）防爆型：适用于有爆炸危险性介质的场所。其防护严密，透光灯罩将灯具内外空气完全隔绝，且灯具内外均能承受一定的压力，一般不会因灯具引起爆炸。

部分常用照明灯具如图7-9所示。

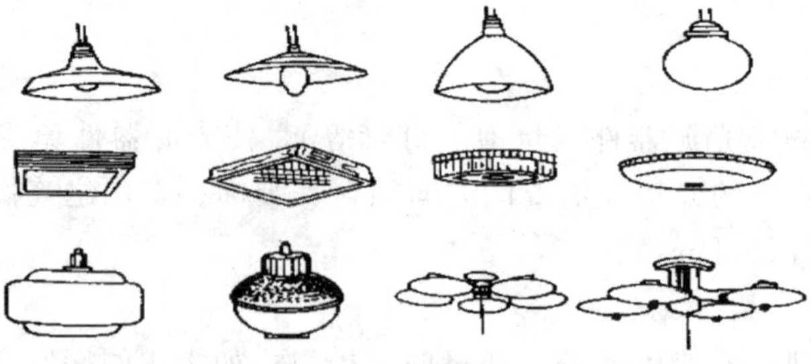

图7-9 部分常用照明灯具

7.2.5 常用建筑化照明

建筑化照明是将光源隐藏在建筑结构或装饰内，与建筑物的结构和装饰有机配合起来，成为具有照明功能的室内建筑或装饰体。其通常可分为两类：一类是透光的，如发光顶棚、光梁、光带、光柱头等；另一类是反光的，如光檐、光龛等。

1）发光顶棚

发光顶棚是将照明器或光源装在透光的顶棚内，其照明效果是使光源的光通量通过大面积的透光面而取得的。顶棚的透光面采用乳白玻璃、磨砂玻璃、晶体玻璃、有机玻璃、遮光栅格等半透明材料制成。其通常有两种形式：

（1）将光源装在有散光玻璃或遮光栅格的光盒内。照明器或光源至透光面的最小距离为0.1m。

（2）将照明器悬挂在顶棚内。照明器或光源至透光面的最小距离为0.8m～1.5m。

2）光梁和光带

将发光顶棚的宽度缩小就构成光梁或光带。发光表面与顶棚表面平齐者被称为光带，发光表面凸出顶棚的被称为光梁。

在布置时，光带的轴线宜与外墙平行，并且边行的光带应尽量靠近窗户，使人工照明与天然光线一致，减少阴影和眩光。

3）光檐

光檐是将光源隐蔽在灯槽内，通过反射表面来产生必要照度的照明装置。

光檐具有间接型照明器的特点，属于大面积光源，光的扩散性极好，可完全消除眩光，阴影极淡且照度均匀。但它的光效低，安装容量和费用较高。关于光源间的距离，白炽灯一般为0.25m～0.3m，荧光灯两管间距为0.1m。

7.2.6 照明节能

照明节能是一项系统工程，除了从建筑、设备方面采取措施外，还可以采取以下措施：

（1）采用高效节能的照明光源，如采用高效节能照明灯具，采用高效节能的灯用电器附件，采用传输效率高、使用寿命长、电能损耗低、安全的配线器材，采用各种照明节能的控制设备或器件，采用高效节能的电光源等。例如用卤钨灯取代普通照明白炽灯（节电50%～60%），用自镇流单端荧光灯取代白炽灯（节电70%～80%），用直管型荧光灯取代白炽灯和直管型荧光灯（细管荧光灯节电70%～90%），大力推广发光二极管（LED）的应用。

（2）采用高效节能照明灯具。

（3）采用高效节能的灯用电器附件，如用节能电感镇流器和电子镇流器取代传统的高能耗电感镇流器。电子镇流器具有通过高频化提高灯效率、可以瞬间点灯、无频闪、无噪声、自身功耗小、体积小、重量轻、可以调光等优点。

（4）照明配电及节能控制。常用的方法有光传感器、热辐射传感器、超声传感器、时间程序控制、直接或遥控调光等。

（5）供电电源的电压控制。

（6）提高功率因数，如用电容补偿。

（7）集中控制、分区分组控制。

（8）利用太阳能，如太阳能路灯。

【案例精析7-1】

龚老太太住在某花园的7楼，据她说：某天晚上，她到天台上去收被单，当从天台下至8楼时，楼道里的灯怎么也不亮，眼前一片漆黑，她只好摸索着下楼，结果不慎从楼梯上摔下，造成两只小臂骨折，其中右臂粉碎性骨折，左眼挫伤并伴有脑震荡。龚老太太认为，自己之所以严重摔伤，是由楼道灯不亮造成的，而该小区的物业公司对小区的公共设施没有进行及时的管理和维护，最终导致自己身体严重受伤，身心受到巨大伤害，物业公司理应承担赔偿责任，遂一纸诉状将物业公司告上法庭要求赔偿。

精析：本案中的物业公司没有及时对小区楼道的电灯进行修复，未尽到相应的管理和维护义务，最终导致龚老太太身体严重受伤，依据《中华人民共和国物业管理条例》的规定，物业公司负有保证小区楼道内的灯处于正常使用状态的法定义务，法院判决被告未履行管理义务，致使原告摔伤，应依法承担龚老太太相应的损害赔偿。

7.3 过电压与防雷

7.3.1 过电压和防雷的有关概念

过电压是指在电气设备或线路上出现的超过正常工作要求并威胁其电气绝缘的电压。

过电压按其发生的原因可分为两大类，即内部过电压和雷电过电压。

1）内部过电压

内部过电压是由于电力系统内部电磁能量的转化或传递所引起的电压升高。

内部过电压又分为操作过电压和谐振过电压等形式。操作过电压是由于系统中的开关操作、负荷骤变或由于故障出现断续性电弧而引起的过电压。谐振过电压是由于系统中的电路参数（R、L、C）在特定组合时发生谐振而引起的过电压。内部过电压的能量来源于电网本身。

运行经验证明，内部过电压一般不会超过系统正常运行时额定电压的3～3.5倍。内部过电压的问题一般可以依靠绝缘配合而得到解决。

2）雷电过电压

雷电过电压又称为大气过电压，它是由于电力系统内的设备或建筑物遭受直接雷击或雷电感应而产生的过电压。由于引起这种过电压的能量来源于外界，故又称为外部过电压。雷电过电压产生的雷电冲击波，其电压幅值可高达1亿伏，其电流幅值可高达几十万安，因此对电力系统危害极大，必须采取有效措施加以防护。

雷电过电压的表现形式有：

（1）直击雷。雷电流通过放电流过建筑物或设备，其峰值为几十至几百千安，峰值时间只有几微秒到十几微秒。雷电流能量巨大，可损坏建筑物、中断通信、伤及人畜。

（2）感应雷。这是指直击雷放电后，由于电磁感应在电线或电气设备上形成过电压，从而造成设备的损害。感应雷的主要危害有：

①产生强大的感应电流或高电压，使附近线路和导电设备出现闪电的特征。

②使地电位上升，会对周围电子信息设备造成干扰，甚至被过电压损坏。

③静电场增加，使空气放电产生火花，形成电磁脉冲，对电子设备造成干扰。

7.3.2 防雷装置

防雷装置是指接闪器、引下线、接地装置、过电压保护器及其他连接导体的总和。

国际电工委员会标准IEC1024—1：1900文件把建筑物的防雷装置分为两大类：外部防雷装置和内部防雷装置。外部防雷装置由接闪器、引下线和接地装置组成，即传统的避雷装置。内部防雷装置主要用来减小建筑物内部的雷电流及其电磁效应。

1）外部防雷装置

接闪器就是专门用来接受雷闪的金属物体。接闪的金属杆被称为避雷针，接闪的金属线称为避雷线或架空地线，接闪的金属带、金属网称为避雷带、避雷网。特殊情况下也可直接用金属面和金属构件作为接闪器，所有接闪器都必须经过引下线与接地装置相连。

（1）避雷针

避雷针一般用镀锌圆钢或镀锌焊接钢管制成。它通常安装在构架、支柱或建筑物上，其下端经引下线与接地装置焊接。

由于避雷针高出被保护物，又和大地直接相连，当雷云先导接近时，其与雷云之间电场强度最大，因而可将雷云放电的通路吸引到避雷针本身，并经引下线和接地装置将雷电流安全地泄放到大地中去，使被保护物体免受雷击。所以，避雷针实质上是引雷针，它把雷电波引入地下，从而保护了附近的线路、设备及建筑物等。

（2）避雷线

避雷线架设在架空线路的上边，用以保护架空线路或其他物体（包括建筑物）免遭直接雷击。由于避雷线既架空又接地，因此，它又称为架空地线。避雷线的原理和功能与避雷针基本相同。

（3）避雷带和避雷网

避雷带和避雷网普遍用来保护较高的建筑物免受雷击。避雷带一般沿屋顶周围装设，高出屋面100 mm ~ 150mm，支持卡间距离1 m ~ 1.5m。装在烟囱、水塔顶部的环状避雷带一般又叫避雷环。避雷网除沿屋顶的周围装设外，需要时屋上面还可用圆钢或扁钢纵横连接成网。避雷带、避雷网必须经引下线与接地装置可靠地连接。

2）内部防雷装置

（1）避雷器

避雷器是一种过电压保护设备，用来防止雷电所产生的大气过电压沿架空线路侵入变电所或其他建筑物内，以免危及被保护设备的绝缘。避雷器也可用来限制内过电压。避雷器与被保护设备并联且位于电源侧，其放电电压低于被保护设备的绝缘耐压值，如图7-10所示。沿线路侵入的过电压，将首先使避雷器击穿并对地放电，从而保护了它后面的设备绝缘。

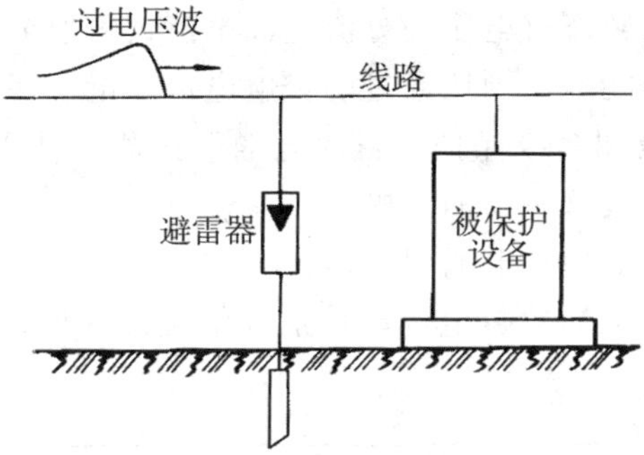

图7-10　避雷器的连接

（2）防雷等电位连接

等电位连接是将建筑物中各电气装置和其他装置外露的可导电部分、人工或自然接地体用导体连接起来，使整个建筑物的正常非带电导体处于电气连通状态。为了彻底消除雷电引起的毁坏性的电位差，需将电源线、信号线、金属管道等通过过电压保护器进行等电位连接，各个内层保护区的界面同样要依此进行局部等电位连接，各个局部等电位连接棒互相连接，并最后与主等电位连接棒相连。常用的等电位连接包括总等电位连接和辅助等电位连接两种。

等电位连接不需要增设保护电器，只要在施工时增加一些连接导线，就可以均衡电位而降低接触电压，消除因电位差而引起的电击危险。这是一种经济而有效的防电击措施。

（3）电涌保护器

电涌保护器又称为电源防雷器、电源避雷器、电源浪涌保护器，是一种防止雷击电磁脉冲的设备。雷击电磁脉冲是指在建筑物遭受雷击情况下引起的效应。电涌保护器的作用是把窜入电力线、信号传输线的瞬时过电压限制在设备或系统所能承受的电压范围内，或将强大的雷电流泄流入地，保护被保护的设备或系统不受冲击而损坏。

电涌保护器电压参数主要有最大钳压、残压、电压保护水平、最大持续电压和最大电涌电压；电流参数为放电电流、冲击电流。

电涌保护器分为电源保护和信号保护两种。图7-11为一种电源电涌保护器。

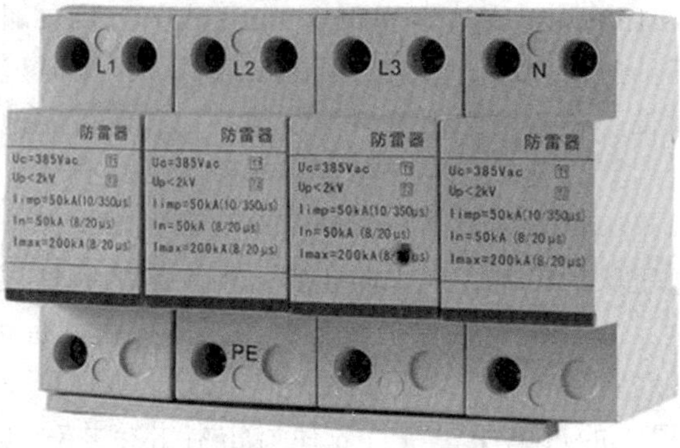

图7-11 电源电涌保护器

电涌保护器用于限制暂态过电压和分流电涌电流，可以分别设置在电源、天线和信号线路。电涌保护器必须能承受预期通过的雷电电流。电涌保护器的工作原理主要是泄流和限压，可以采取单级和多级保护。目前电涌保护器的常用保护元件有气体放电管、氧化锌压敏电阻和齐纳二极管和雪崩二极管。

在下列设备上可加入适当的电涌保护器：

①在电源进户处、总电源、分电源等处加入电源浪涌保护器。图7-12为TN系统三相电源浪涌保护器的接法。

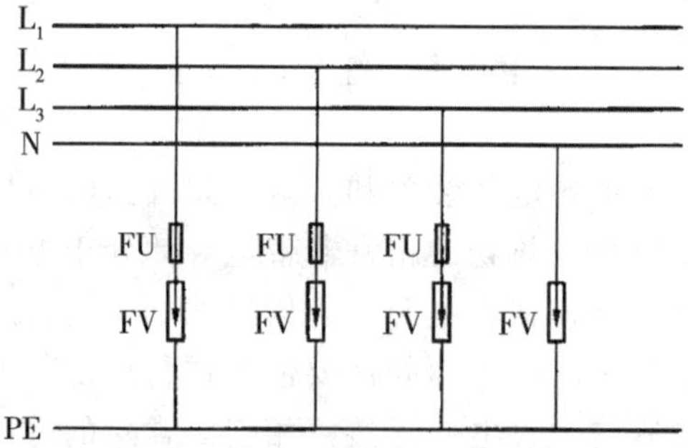

图7-12 TN系统三相电源浪涌保护器接法

②在计算机网络引入线路处加入计算机信号电涌保护器。

③在各种通信天线，如微波、电视、卫星通信、电视摄像机等处加入电涌保护器。

④在通信设备、调制解调器、程控交换机、用户电话处加入电话信号电涌保护器。

7.3.3 防雷措施

1）架空线路的防雷措施

架空线路的防雷可以从以下几个方面设置，即通常所说的四道防线：

（1）装设避雷线

可装设避雷线，以防线路遭受直接雷击。为保护线路导线不受直接雷击而装设避雷线，这是第一道防线。

（2）加强线路绝缘或装设避雷器

可加强线路绝缘或装设避雷器，以防线路绝缘闪络。为使杆塔或避雷线遭受雷击后线路绝缘不致发生闪络，应设法改善避雷接地，或适当加强线路绝缘，或在绝缘薄弱点装设避雷器，这是第二道防线。

（3）在线路遭受雷击并发生闪络时也要使它不发展为短路故障而导致线路跳闸

这是第三道防线。例如，对于3kV～10kV的线路，可利用三角形排列的顶线兼作防雷保护线，如图7-13所示，在顶线绝缘子上加装保护间隙，当雷击时，顶线承受雷击，击穿保护间隙，对地泄放雷电流，从而保护了下面两相导线。

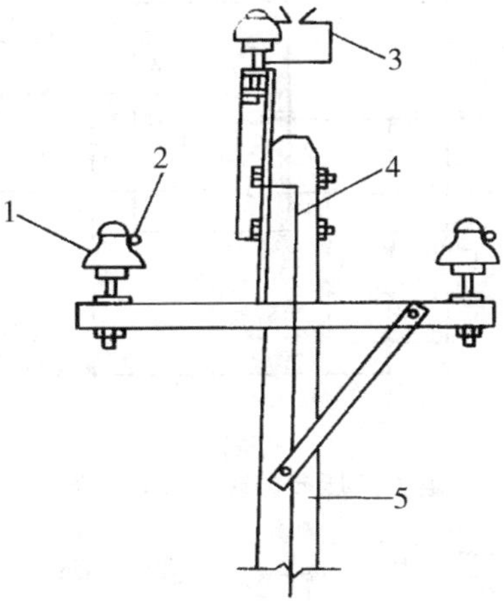

1——绝缘子；2——架空导线；3——保护间隙；
4——接地引下线；5——支柱（电杆）
图7-13 顶线绝缘子附加保护间隙

（4）装设自动重合闸装置，迅速恢复供电

为使架空线路在因雷击而跳闸时也能迅速恢复供电，可装设自动重合闸装置，或采用双回路及环形结线，这是第四道防线。

必须说明的是，并不是所有架空线路都必须具备以上四道防线。在确定架空线路的防雷措施时，要全面考虑线路的重要程度，沿线地带的雷电活动情况、地形、地貌特点、土壤电阻率高低等条件，进行经济、技术上的比较，因地制宜，采取合理的防雷保护措施。

为了防止雷击低压架空线路时雷电波侵入建筑物，对低压架空进出线应在进出处装设避雷器并与绝缘子铁脚、金具连在一起接到电气设备的接地装置上。当有多回路进出线时，可仅在母线或总配电箱处装设一组避雷器或其他类型的过电压保护设备，但绝缘子铁脚、金具仍应接到接地装置上。进出建筑物的架空金属管道，在进出处应就近接到接地装置上或者单独接地，其冲击接地电阻不宜大于30Ω。以上规定是对第二类防雷建筑物而言的。对第一类防雷建筑物另有更严格的规定。

2）变配电所的防雷措施

（1）装设避雷针或避雷线

应装设避雷针或避雷线以防护整个变配电所，使之免遭直接雷击。当雷击于避雷针时，强大的电流通过引下线和接地装置泄入大地，在避雷针和引下线上形成的高电位可能对附近的配电设备发生反击闪络。为防止反击闪络，则必须设法降低接地电阻和保证防雷设备与配电设备之间有足够的安全距离。

（2）装设避雷器

装设避雷器主要用来保护主变压器，以免雷电冲击波沿高压线路侵入变电所。阀式避雷器与变压器及其他被保护设备的电气距离应尽量缩短，其接地线应与变压器低压侧金属外壳连在一起接地，如图7-14所示。6kV～10kV的配电装置对雷电波侵入的防护接线示意图如图7-15所示。

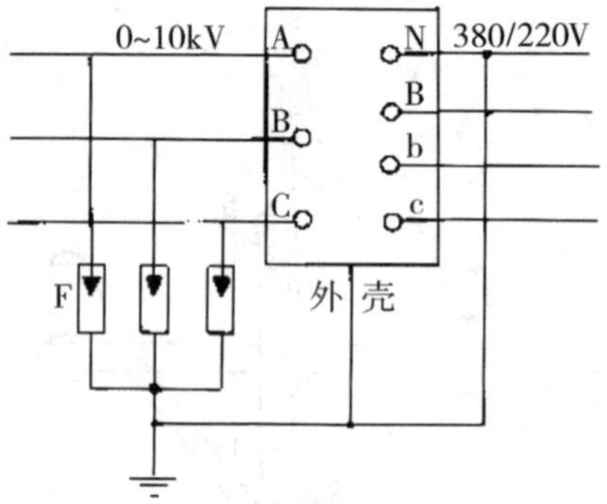

图7-14 电力变压器的防雷保护及其接地系统

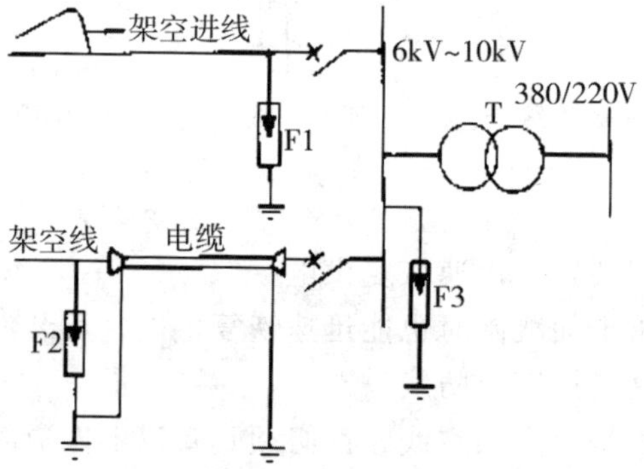

F1、F2——排气式或阀式避雷器；F3——阀式避雷器

图7-15 高压配电装置对雷电波侵入的防护接线示意图

在多雷区，为防止雷电波沿低电压线路侵入而击穿变压器的绝缘，还应在低压侧装设阀式避雷器或保护间隙。

3）建筑物的防雷措施

根据GB50057—2010《建筑物防雷设计规范》的规定，建筑物（含构筑物，下同）按其重要性、使用性质、发生雷击事故的可能性及其后果，可分为第一类防雷建筑物、第二类防雷建筑物和第三类防雷建筑物。

按GB50057—2010《建筑物防雷设计规范》的规定，第一类防雷建筑物和第二类防雷建筑物中有爆炸危险的场所，应有防直击雷、防感应雷和防雷电波侵入的措施。第二类防雷建筑物（有爆炸危险者除外）及第三类防雷建筑物，应有防直击雷和防雷电波侵入的措施。

7.4　电气设备接地

7.4.1　接地的种类

接地是指电力系统或电气设备的某一部分与大地进行良好的电气连接。接地的形式有工作接地、保护接地和重复接地，此外还有保护接零等。

1）工作接地

在电力系统中，为了保证电气设备在正常和事故情况下可靠地工作进行的接地称为工作接地，如电源中性点的直接接地或经消弧线圈的接地以及防雷设备的接地等。其作用是减轻一相接地的危险，维持相线对地的电压不变，能减轻高压串入低压的危险。

2）保护接地

为保障人身安全、防止间接触电而将设备的外露可导电部分进行接地，称为保护接地。

保护接地的形式有两种：一种是设备的外露可导电部分经各自的接地保护线分别直接接地；另一种是设备的外露可导电部分经公共的保护线接地。低压配电系统按保护接地的形式不同分为IT系统、TT系统和TN系统。

（1）IT系统

IT系统的电源中性点不接地或经阻抗（约1 000Ω）接地，且通常不引出零线（N），因此一般为三相三线制系统，其中电气设备的外露可导电部分均经各自的保护线（PE）分别直接接地，如图7-16所示。

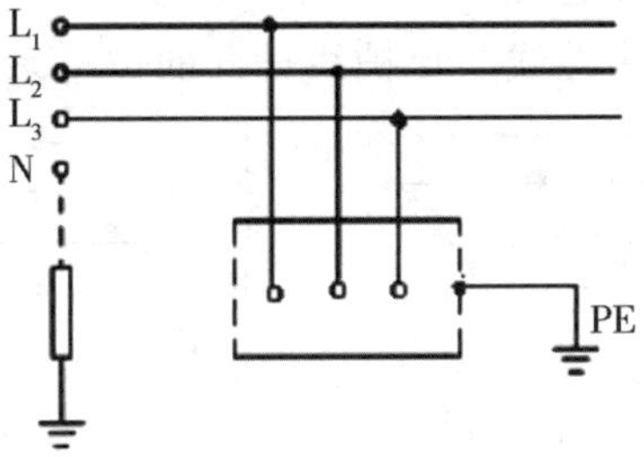

图7-16　IT系统

这种IT系统属于小接地电流系统。在发生一相故障时，其三个线电压仍维持不变，因此三相用电设备仍可继续正常运行，但应装设绝缘监察装置或单相接地保护。在IT系统发生接地故障时，由绝缘监察装置或单相接地保护发出音响或灯光信号，以提醒值班人员及时排除接地故障，否则当另一相再发生接地故障时，将发展为两相接地短路，导致供电中断。

IT系统多用于10kV及35kV的高压系统和矿山、井下的某些低压供电系统。

（2）TT系统

TT系统的电源中性点直接接地，并引出N线，属于三相四线制，而设备外露可导电部分则经各自的PE线分别直接接地，如图7-17所示。

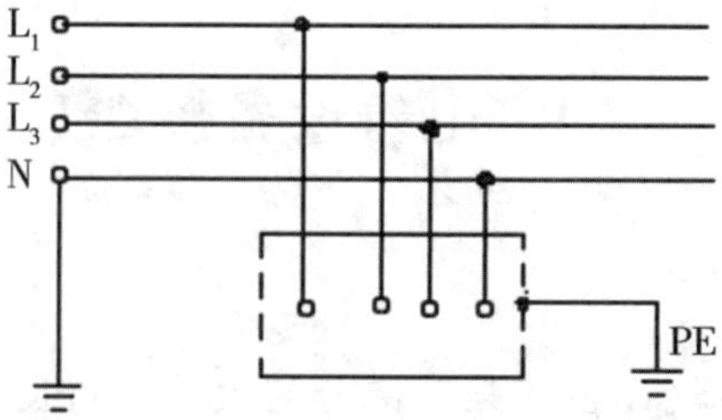

图7-17 TT系统

当发生单相碰壳故障时，接地电流经保护接地的接地装置和电源的工作接地装置所构成的回路流过。此时如有人触摸带电的外壳，则由于保护接地装置的电阻远小于人体的电阻，大部分的接地电流被接地装置分流，从而对人身起保护作用。但是，如果这种TT系统中的设备只是因绝缘不良引起漏电，则由于漏电电流较小而可能使电路中的过电流保护装置不动作，从而使漏电设备的外露可导电部分长期带电，这就增加了人体触电的危险。因此，为保障人身安全，这种系统应考虑装设灵敏的触电保护装置（如漏电断路器）。

TT系统由于所有设备的外露可导电部分都是经各自的PE线分别直接接地的，各自的PE线间无电磁联系，因此适于对数据处理、精密检测装置等供电。

（3）TN系统

TN系统指电力系统中性点直接接地，电气装置的外露可导电部分通过保护线与电源中性点连接。当其设备发生一相接地故障时，就形成单相短路，产生较大的短路电流，使过电流保护装置动作，迅速切除故障部分。它又可分为TN-C系统、TN-S系统和TN-C-S系统。

TN-C系统：整个系统的中性线与保护线合一的供电系统，如图7-18a所示。

TN-S系统：整个系统的中性线与保护线分开的供电系统，如图7-18b所示。

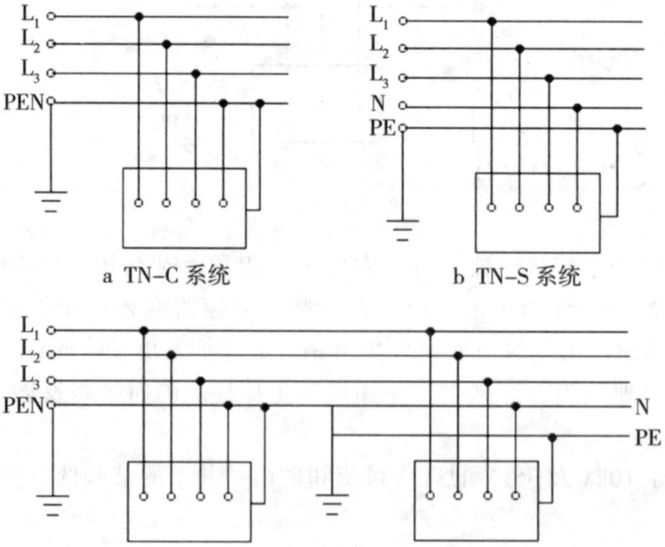

a TN-C 系统 b TN-S 系统

c TN-C-S 系统

图7-18 TN系统

TN-C-S系统：整个系统中有一部分线路的中性线与保护线是合一的，另一部分线路的中性线与保护线是分开的供电系统。采用此系统时，当保护线与中性线从某点（一般为进户处）分开后就不能再合并，且中性线绝缘水平应与相线相同，如图7-18c所示。

注意：由同一台发电机、配电变压器或同一母线供电的低压电力网，不宜采用两种系统接地形式。

3）重复接地

在中性点直接接地系统中，为确保保护线安全可靠，除在变压器或发电机中性点处进行工作接地外，还在保护线其他地方进行必要的接地，称为重复接地。一般在下面几处进行重复接地：

①在架空线路的干线和分支线的终端及沿线每间隔1千米处。

②电缆和架空线在引入车间或大型建筑物处。否则，在PE线或PEN线发生断线并有设备发生一相接地故障时，接在断线后面的所有设备外露可导电部分都将呈现接近于相电压的对地电压，即 $U_E \approx U_\varphi$，如图7-19所示，因此PE线和PEN线上一般不允许装设开关或熔断器。

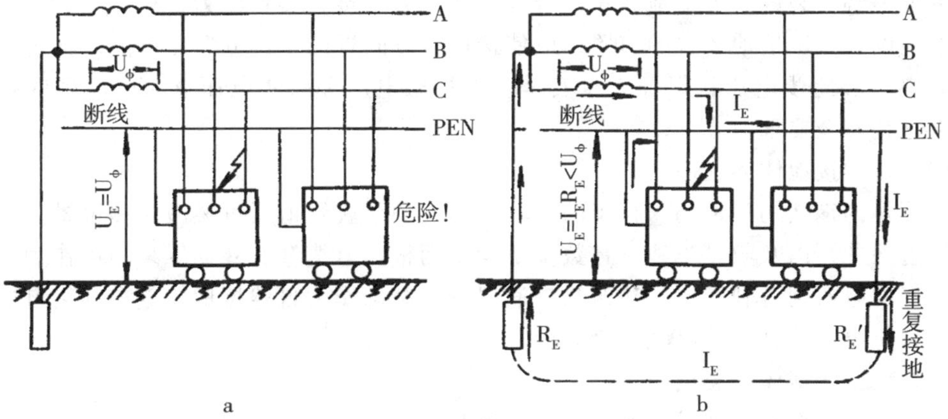

a：没能重复接地的系统中，PE线或PEN线断线时

b：采取重复接地的系统中，PE线或PEN线断线时

图7-19 重复接地功能说明示意图

4）保护接零

为防止因电气设备绝缘损坏或带电体碰壳使人身遭受触电危险，将电气设备在正常情况下不带电的金属线与保护零线相连接，称为保护接零。在保护接零的情况下，能够保证工作人员的安全。

【实战演练7-1】

某宾馆采用的供电方式是TN-S系统。一天晚上，突然有的房间灯昏暗，而有的房间灯明亮，不一会儿的工夫，明亮的灯被烧坏，同时有的房间使用的电脑、电视机等电器也被烧坏。试分析这种电路故障产生的原因。

提示：1）供电电源是三相交流电，应采用三相负载理论解释。

2）宾馆一般所用的电气设备均为电阻性负载。

3）宾馆内的电气设备不会都同时使用。

4）用欧姆定律分析。

5）该内容超出本章所讲解内容、范围，请教师协助解答。

7.4.2 接地的要求和装设

1）接地电阻及其要求

接地电阻是接地体的流散电阻与接地线和接地体电阻的总和。由于接地线和接地体的电阻相对很小，可略去不计，因此可认为接地电阻就是指接地体的流散电阻。工频接地电流流经接地装置所呈现的接地电阻，称为工频接地电阻。一般取$R_E \leqslant 100\Omega$，以确保安全。

2）接地装置的装设

（1）一般要求

在设计和装设接地装置时，首先应充分利用自然接地体，以节约投资，节约钢材。如果实地测量所利用的自然接地体电阻已能满足接地电阻值的要求而且又能满足热稳定条件，可不必再装设人工接地装置，否则应装设人工接地装置作为补充。

电气设备人工接地装置的布置，应使接地装置附近的电位分布尽可能地均匀，以降低接触电压和跨步电压，保证人身安全。如接触电压和跨步电压过大，应采取相似措施，以达到安全要求。

（2）自然接地体的利用

建筑物的钢结构和钢筋、行车的钢轨、埋地的金属管道（可燃液体和可燃、可爆气体的管道除外）以及敷设于地下且数量不少于两根的电缆金属外皮等，均可作为自然接地体。变配电所则可利用它的建筑物钢筋混凝土基础作为自然接地体。在利用自然接地体时，一定要保证良好的电气连接。

（3）人工接地体的装设

人工接地体有垂直埋设和水平埋设两种基本结构形式，如图7-20所示。

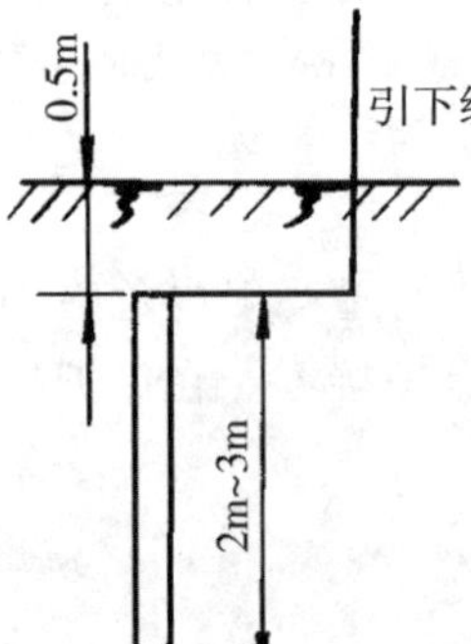

a 垂直埋设的棒形接地体

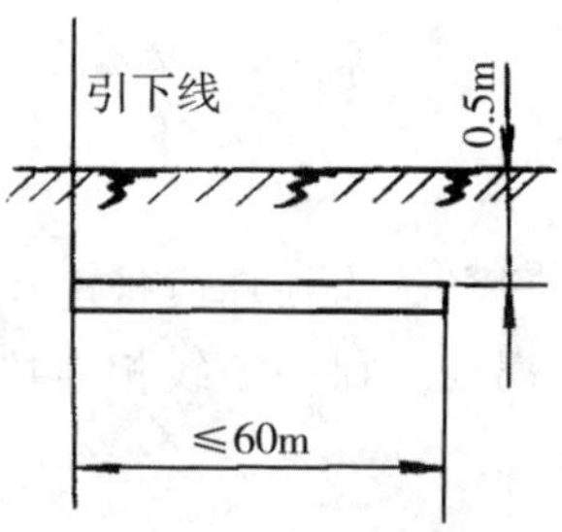

b 水平埋设的带形接地体

图7-20 人工接地体

最常用的垂直接地体为直径50mm、长2.5m的钢管或50mm×50mm×5mm的角钢。如果采用直径小于50mm的钢管，则机械强度较小，易弯曲，不适于采用机械方法打入土中；如果采用直径大于50mm的钢管，例如，直径由50mm增大到125mm，流散电阻仅减少15%，而钢材消耗则大大增加，经济上不划算。当采用的钢管长度小于2.5m时，流散电阻会增加很多；当钢管长度大于2.5m时，则难以打入土中，而且流散电阻减少也不显著。由此可见，采用上述直径为50mm、长度为2.5m的钢管是最为经济合理的。为了减小外界温度变化对流散电阻的影响，埋入地下的垂直接地体上端距离地面的距离不应小于0.5m。

当土壤电阻率偏高时，例如，当土壤电阻率为$\rho \geqslant 300\Omega \cdot m$时，为降低接地装置的接地电阻，可采取以下措施：

①采用多支线外引接地装置，其外引线长度不应大于$2\sqrt{\rho}$，这里ρ为埋设外引线处的土壤电阻率，单位为$\Omega \cdot m$；

②如地下较深处土壤的ρ值较低，可采用深埋式接地体；

③局部地进行土壤置换处理，可以换以ρ值较低的黏土或黑土（如图7-21所示）或者进行土壤化学处理，填充以降阻剂（如图7-22所示）。

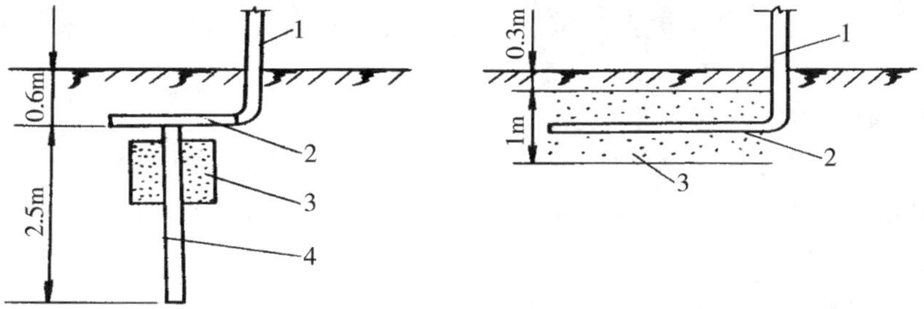

a 垂直接地体　　　　b 水平接地体

1——引下线；2——扁钢或连接扁钢；3——黏土；4——钢管

图7-21　土壤置换处理

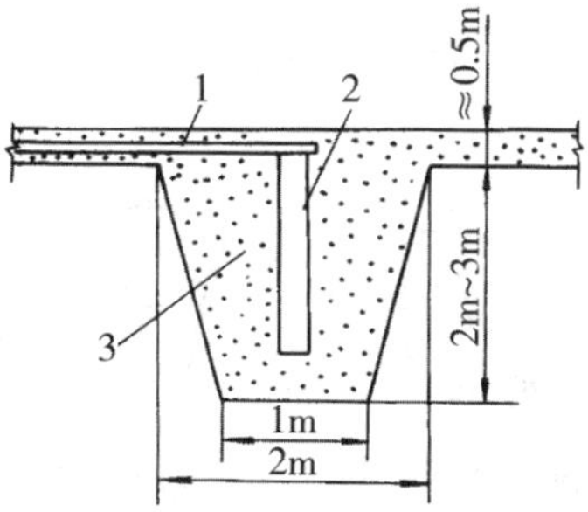

1——扁钢；2——钢管；3——炉渣、木炭、石灰、食盐、废电池等

图7-22　土壤化学处理

对于敷设在腐蚀性较强的场所的接地装置，应根据腐蚀的性质，采用热镀锡、热镀锌等防腐措施，或适当加大截面面积。

（4）防雷装置的接地要求

避雷针宜装设独立的接地装置，而且避雷针及其接地装置与被保护的建筑物和配电装置及其接地装置之间应按《建筑物防雷设计规范》（GB50057—2010）的有关规定保持足够的安全距离，以免雷击时发生反击闪络事故，如图7-23所示。安全距离的要求与建筑物的防雷等级有关，但最小距离一般不应小于3m。

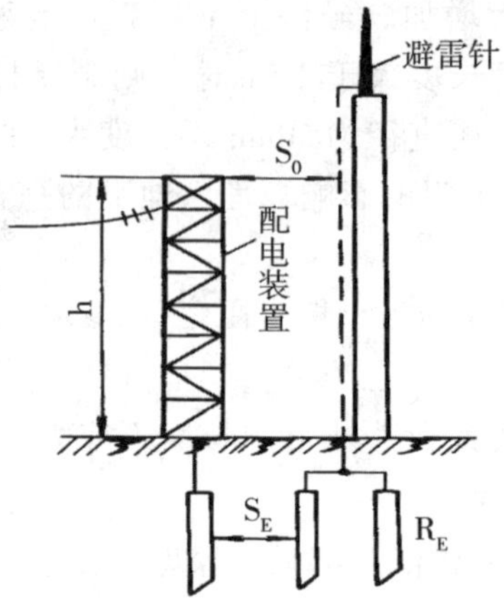

S_0——空气中的间距；S_E——地中的间距

图7-23　避雷针对配电装置的安全距离

为了降低跨步电压，防护直击雷的接地装置距离建筑物出入口及人行道应不小于3m。当距离小于3m时，应采取下列措施之一：

①水平接地体局部埋深不小于1m；

②水平接地体局部包以绝缘体，例如，涂厚50mm～80mm的沥青层；

③采用沥青碎石路面，或在接地装置上面敷设厚50mm～80mm的沥青层，其宽度超过接地装置2m；

④采用"帽檐式"或其他形式的均压带。

7.4.3　插座的安装与接线

1）插座的种类

插座有圆扁双孔插座、扁式单相插座、圆扁暗装插座、三相四孔插座等，其外形结构如图7-24所示。

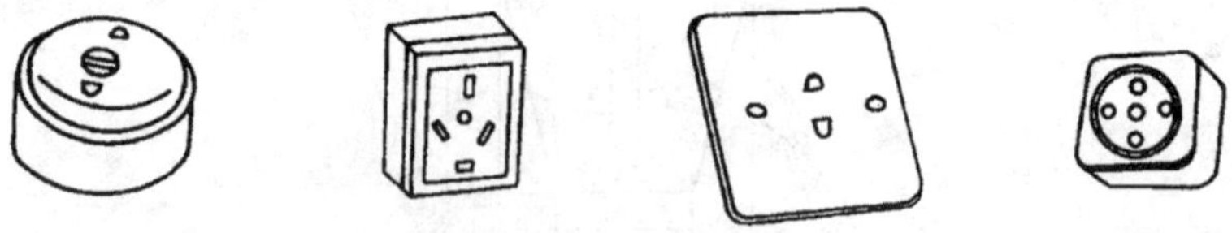

a 圆扁双孔插座　b 扁式单相插座　c 圆扁暗装插座　d 三相四孔插座

图7-24　插座的外形

2）插座的接线

插座接线时，应正确连接导线与插座：单相双孔插座面对插座的左孔接零线，右孔接相线；单相三孔插座和三相四孔插座的上孔保护接地线或保护零线均应在上方，如图7-25所示。

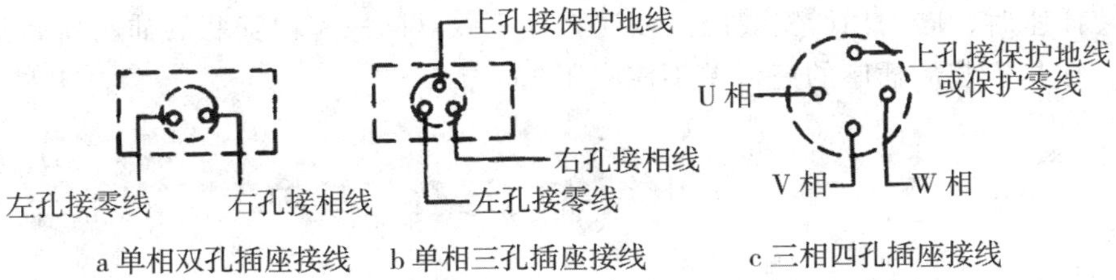

图7-25　插座的接线

3）插座的安装

（1）插座明装

插座的明装方法是先将木台固定在墙上，固定木台用的螺丝长度为木台厚度的2倍至2.5倍，然后再在木台上安装插座，如图7-26所示。

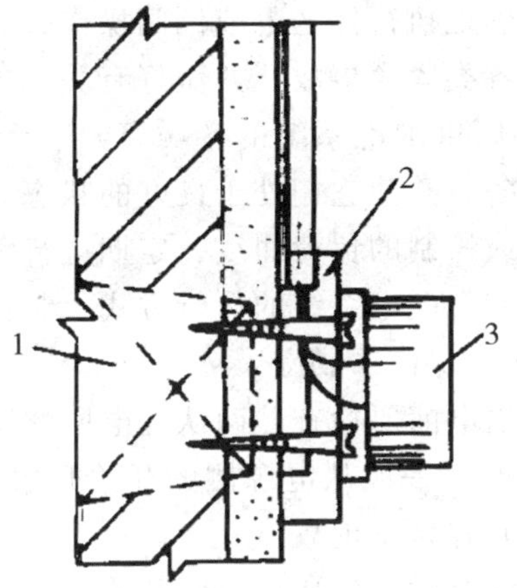

1——木砖；2——木台；3——插座

图7-26　插座明装

（2）插座暗装

插座的暗装方法如图7-27所示。先将插座盒（接线盒）按要求的位置埋在墙内。埋设时，可用水泥砂浆填充，但应注意埋设平正，铁盒口面应与墙的粉刷平面一致。待穿完导线后，即可将插座用螺栓固定在铁盒内，接好导线，盖上盖板。

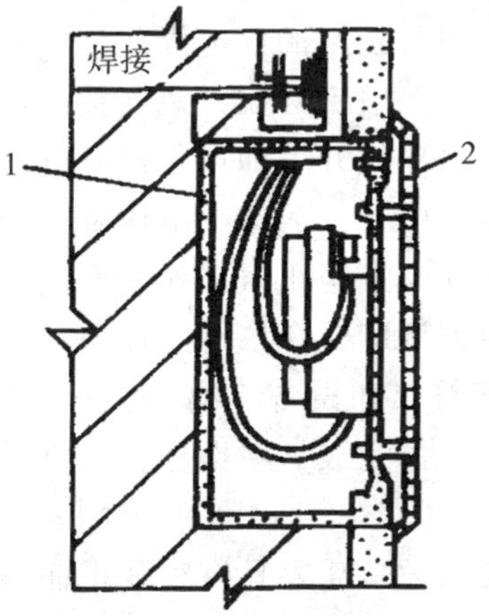

1——接线盒（插座盒）；2——插座

图7-27　插座暗装

安装插座时，同一场所安装的高度应大体一致。同一室内安装的插座高低差不应大于5mm，成排安装的插座的高低差不应大于2mm。

7.5 供电系统的运行与维护

7.5.1 变电所的运行与维护

1）变电所运行与维护的主要内容

（1）对变电所内电气设备的运行情况、技术状态进行定期巡视、检查，按照规定抄报各种运行数据，发现不正常现象应及时处理，并做好记录。

（2）按照调度命令，正确地执行停送电或倒闸操作，并做好记录。

（3）及时、正确地处理各类紧急事故，并做好有关记录的上报工作。

（4）保管好变电所及小区供配电系统的各类资料、图表；保管好变电所的工具仪表、消防器材及备用电气设备，并使它们处于良好的状态。

（5）根据运行记录资料或绘制的负荷曲线，定期进行负荷分析，掌握配电系统的运行情况及负荷变动规律，为调整配电系统的运行方式、制订电气的整改方案提供依据。

2）变电所的送电、停电操作及操作票制度

（1）送电操作。变电所送电前要检查并确认变电所的所有电气装置、线路上无人工作后，方可开始操作。送电时，一般从电源侧的开关开始合起，依次合到负荷侧开关。这样的操作顺序较为安全，并容易发现故障。

（2）停电操作。变电所停电时，应从负荷侧开关拉起，依次拉到电源侧开关，其过程恰与送电操作相反。

线路或设备停电后，要在主开关的操作手柄上悬挂“有人工作，禁止合闸”的警示牌。在线路或设备上进行检修作业时，应在工作位置的电源侧安装临时接地线，以确保安全。

有时变电所会因事故意外停电，如配电线路短路引起断路器跳闸或熔断器熔断。此时，为了检修安全，一般也应履行正常的停电操作程序，待故障消除后，再恢复供电。

遇有外部电网暂时停电时，一般不必拉开总开关，但要拉开各路出线开关。当电网恢复供电后，只要依次合上各路出线开关即可。这样可简化恢复供电的操作，也可避免用总开关恢复送电时由于负荷集中投入而造成电压骤降的情况。

（3）操作票制度。为确保安全、防止误操作，变电所的倒闸操作一般应实行操作票制度和监护制度。操作人员根据调度命令填写操作票，执行操作前，应认真核对操作票所列顺序与模拟电路图是否相符（如设备、编号、开关分合状态等）。倒闸操作应由两人进行，一人操作，一人监护，每完成一项操作，应打“√”记录。

3）变电所运行与维护的基本制度

物业小区变电所的运行与维护是需要具有很强责任心、技术性的重要工作。从事运行与维护的工作人员必须具备足够的变配电知识和技能，一般应在电业部门的指导下，结合本小区变电所的实际情况，建立一套完善的工作制度和技术规程，主要有：①变

(配）电所值班制度；②电气运行操作规程；③电气安全工作规程；④电气事故处理规程；⑤电气设备巡视检查制度；⑥电气设备维护检修制度。

7.5.2 配电线路的维护

1）架空线路的维护

架空线路由于露天设置，常年经受风、雨、雷、电的侵袭和自身机械荷载，还经常遭受其他外力因素的影响，如电杆和拉线被攀登、碰撞等，诸如此类的问题容易造成线路的故障，甚至停电。因此，必须对架空线路进行经常的维护。其基本措施是巡视检查，发现问题及时处理。

（1）巡视检查的一般要求

物业小区的架空线路一般要求每月进行一次巡视检查。如遇恶劣天气及发生故障时，应临时增加检查次数。

（2）巡视的项目内容

①检查电杆有无倾斜、变形或损坏的情况，查看电杆基础是否完好；

②检查电杆拉线有无松弛、破损的现象，拉线金具及拉线桩是否完好；

③线路是否与树枝或其他物体相接触，导线上是否悬挂有树枝、风筝等杂物；

④导线的接头是否完好，有无过热发红、氧化或断脱的现象；

⑤绝缘子有无破损、放电或严重污染等现象；

⑥沿线的地面有无易燃、易爆或强腐蚀性物体堆放；

⑦沿线附近有无可能影响线路安全运行的危险建筑物或新建的违章建筑物；

⑧检查接地装置是否完好，特别是在雨季前应对避雷器的接地装置进行重点检查；

⑨其他可能危及线路安全的异常情况。

巡视人员应将检查中发现的问题在专用的运行维护记录中做好记载。对能当场处理的问题应当立即进行处理；对重大的异常现象应及时报告主管部门，尽快处理。

2）电缆线路的维护

（1）巡视检查的一般要求

电缆线路大多埋设于地下，维护人员应首先全面、细致地了解电缆的走线方向、敷设方式及电缆头的位置等基本情况。一般每季度进行一次巡视检查，如遇大雨、洪水等特殊情况，则应临时增加巡视次数。

（2）巡视的项目内容

①对于明敷的电缆，应检查其外表有无损伤，沿线的挂钩、支架是否完好；

②对于暗敷的电缆，应检查有关的盖板或其他覆盖物是否完好，有无挖掘、破坏的痕迹，线路标桩是否完好；

③电缆沟有无积水、渗水的现象，是否堆有易燃、易爆物品或其他杂物；

④电缆头（中间接头及终端接头）是否完好，有无破损、放电的痕迹，有无开裂或绝缘填充物溢出等现象；

⑤其他可能危及电缆线路安全运行的问题。

巡视检查中发现的问题也应进行记录并及时处理。

【案例精析7-2】

某居民小区原是××集团在20世纪80年代自建的家属楼，1999年经企业房改将全部住房出售给个人。业主王某是××集团的员工，购买了该小区的房改房。王某父亲原是教师，退休后一直住在王某家。2009年8月3日下午3时许，天降大雨并伴有狂风。王某父亲参加完学校组织的“老年之家”活动后急忙往家赶，在经过小区花坛时，大风将花坛边上的一棵枯死的杨树刮倒，将一根低压线砸断，电线落在王某父亲的身上，王某的父亲当即触电身亡。事故发生后，王某向人民法院提起诉讼，要求××集团及小区物业服务公司赔偿经济损失共计人民币20万元。

精析：现在小区的管理权一般被委托给物业服务公司，因此物业服务公司即为小区的管理者负有对低压线路的管理义务。本案原告之父触电死亡，其直接原因是被电击，但此电击事故是由小区内的一棵枯树砸断电线所致。本案有损害后果发生，行为人之行为与损害事实之间有因果关系，行为人之行为有过错，小区物业服务公司作为独立承担民事责任的法人，因其过错应承担本案的赔偿责任。

本案小区的全体业主是小区内枯树和低压线路的真正所有人和管理者，应由小区全体业主承担最终的赔偿责任。当然全体业主可以按物业服务合同要求物业服务公司承担违约责任。

【实战演练7-2】

居住在某小区26栋5单元209室的张老师找到物业公司，说正在看的电视突然什么图像都没有了，经自己用台灯检查是插座没电，而自家别的插座有电，自动空气开关又没有跳闸，于是请求物业公司帮助解决。

提示：1）别的插座有电，自动空气开关又没有跳闸，说明供电电源没有问题。

2）经检查，电视用的插座是张老师在装修时自己重新改动设置的。

3）根据插座电线的走向，找到了向该电视插座供电的前面插座位置，将其打开，检查接头没有问题，前面插座供电正常，因此断定电视插座到前面插座间的供电线有问题。

4）经进一步检查是这段供电线的相线断开，才使得该插座没电。

5）由于是电视用插座，可不必接地保护，将相线拆开，把原来的接地保护线改为相线使用，便能解决这个问题。

6）相线的断开是由于张老师在装修时往墙上用射钉固定装潢材料将电线打断了，当时有钉相连或没有完全打断而使电线正常连通，随着时间的推移，断处发热，才使其断开。

7.5.3 物业小区自备电源

自备电源或发电机有柴油发电机组、燃气发电机组、应急电源装置、不间断电源装置（UPS）。在物业设备中常用的是柴油发电机组和应急电源装置。

1）柴油发电机组

柴油发电机组是一种小型发电设备，是指以柴油等为燃料，以柴油机为原动机带动发电机的动力机械。

整套柴油发电机组一般由柴油机、发电机、控制箱、燃油箱、启动和控制用蓄电池、保护装置、应急柜等部件组成。整体可以固定处使用，亦可装在拖车上移动使用。

尽管柴油发电机组的功率较低，但由于其体积小、灵活、轻便、配套齐全、便于操作和维护，所以广泛应用于住宅、企业、医院等部门，作为备用电源或临时电源。

柴油发电机组的外形如图7-28所示。

图7-28　柴油发电机组的外形

2）应急电源装置

应急电源装置（EPS）是一种采用蓄电池蓄能的装置。它是为满足消防设施、应急照明、事故照明等一级负荷供电设备需要而设计生产的。应急电源为一级负荷和特别重要负荷用电设备及消防设施、消防应急照明等提供第二或第三电源。

应急电源由互投装置、自动充电机、逆变电源及蓄电池组等组成。在交流电网正常供电时，经过互投装置给重要负荷供电；当交流电网断电后，互投装置会立即投切至逆变电源供电；当电网电压恢复时，应急电源又将恢复为电网供电。

应急电源在停电时，能在不同场合为各种用电设备供电。它适用范围广、负载适应性强、安装方便、效率高。采用集中供电的应急电源可克服其他供电方式的诸多缺点，减少不必要的电能浪费。目前应急电源的容量在2.2kW～800kW之间，备用时间为90min～120min。应急电源的输出可以是交流电，也可以是直流电。

应急电源的外形如图7-29所示。

图7-29　应急电源外形

主要概念

电力网　电力负荷　接地　防雷　应急电源

基础知识练习

△ 单选题

1.居民用户所用电源电压为（　　）。

A.380/220V　B.110V　C.10kV　D.24V

2.中断供电将在政治、经济上造成较大损失的电力负荷为（　　）级负荷。

A.一　B.二　C.三　D.特

3.属于热辐射光源的有（　　）。

A.荧光灯　B.高压钠灯　C.白炽灯　D.高压汞灯

4.电涌保护器用于限制（　　）和分流电涌电流。

A.常态过电压　B.暂态过电压　C.过电流　D.暂态过电流

△ 多选题

1.照明节能采取的措施有（　　）。

A.高效节能的照明光源　B.高效节能的照明灯具

C.高效节能的灯用电器附件　D.采用管理人员手动控制方式

E.照明配电及节能控制

2.下列属于三相四线制接地系统的是（　　）。

A.IT系统　B.TT系统　C.TN系统　D.TN-S系统

3.感应雷的主要危害有（　　）。

A.产生强大的感应电流或高电压　B.地电位上升

C.静电场增加　D.建筑物受到损坏

E.伤及人畜

4.外部防雷装置由（ ）组成。

A.接闪器　　B.引下线　　C.接地线　　D.避雷器

△ **判断题**

1.插座安装的高度根据实际需要确定。（ ）

2.变电所送电一般从电源侧开关开始合起，依次合到负荷侧开关。（ ）

3.物业小区的基本供电方式有双电源供电和用电负荷分组配电。（ ）

△ **思考题**

1.各级电力负荷对供电电源有哪些要求?

2.小区物业为保证重要负荷的供电主要采取哪些措施?

3.常用灯具按安装方式不同分为哪几类?

实践操作训练

△ **案例题**

某物业公司接管了刚建成的宏伟住宅小区，该小区由多幢16层以上高层楼宇组成，不少业主提出楼梯灯用电收费问题，要求物业公司负责人做出解答。

问题:

1.关于公共照明收费是怎样规定的?

2.物业公司负责人怎样做出解答?

△ **实训题**

【实训情境设计】

某住宅小区一业主家采用荧光灯照明，装修施工后，荧光灯能正常工作，夜晚主人发现荧光灯关闭后，仍间断性闪亮，很影响休息。

【实训任务要求】

1.绘出荧光灯供电线路图，按照线路图检查荧光灯线路的接法，找出荧光灯线路故障。

2.分析故障原因。

3.分析是否还有其他原因。

【实训提示】

1.荧光灯属于感性负载。

2.荧光灯间断性闪亮，说明线路未完全断电。

【实训效果评价表】

填写实训效果评价表，见表7-2。

表7-2　实训效果评价表

评价内容	分值（分）	评分（分）
故障分析	30	
维修方案	30	
安装操作技能	40	
总体评价	100	

第 8 章

安全防范系统

本章概要

本章共分 7 节，较为详细地介绍了目前建筑物中常用的视频监控系统、入侵报警系统、出入口控制系统、访客对讲系统、电子巡查系统和停车场管理系统。

学习目标

通过本章的学习，掌握物业管理区域中所采用的安全防范系统的构成和使用方法，能够分析和处理简单的故障，学会安全防范系统的维护和保养，培养爱岗敬业、吃苦耐劳的精神。

引例

某天中午，居住在园区的业主蒋女士到物业公司前台，称其停放在离园区大门口不远的奥迪A6轿车车胎没气了，怀疑是附近的商家因车辆停放影响其经营给扎漏的。蒋女士要求调看安全防范系统的监控录像。前台服务人员马上将此事向负责安全管理的副经理汇报。副经理接待了蒋女士，他解释说："大门口24小时有保安值班，而你所停放车的位置又不完全影响其商户经营，不会是人为将车胎扎漏的，可能是车在行驶过程中扎到什么东西了，慢撒气导致的。"蒋女士不认同其解释，坚持要调看监控录像，最后报总经理批准，由安保部负责将监控录像调看一遍后，又同蒋女士一起看了监控录像，之后蒋女士承认其车胎没气是车子自身的原因，而不是人为破坏造成的。

此案例说明了安全防范系统的重要性，同时管理人员也应该知道：

（1）监控录像不能随意调取，须经总经理批准方可调看（公安人员除外）。

（2）一般为业主调看前，应由安保部负责人先调看一遍后，再由业主看，如果真有问题，这样会避免矛盾被立即激化。由安保部负责人先看一遍发现问题后事先做一些解释工作以疏导矛盾，有利于问题的解决。

8.1 安全防范系统概述

8.1.1 安全防范系统的概念

安全防范系统或安全技术防范系统（简称安防系统）又称为保安系统或公共安全系统，其作用是防止没有授权的非法入侵、自然灾害、重大安全事故和公共卫生事故，避免人员伤害和财产损失。这是智能建筑中的一个重要功能。

8.1.2 安防系统的应用

安防系统用于重要的建筑物和有安防要求的场所，主要指下列场所：

（1）金融大厦中的金库，财务、金融档案房，现金、黄金及珠宝等暂时存放的保险柜放置房间，银行营业柜台、出纳、财务等现金存放、支付部位；

（2）博物馆、展览馆的展览大厅和贵重文物库房；

（3）档案馆内的库房、陈列室等；

（4）图书馆，规模较大图书馆的珍藏书籍室、陈列室等；

（5）钞票、黄金、金银首饰、珠宝等制造或存放的房间；

（6）办公建筑内的机要档案库房；

（7）自选商场或大型百货商场的营业大厅等；

（8）广播电视演播室、开放式演播室、播出中心机房、导控室、主控机房、传输机房等候播区等；

（9）体育建筑的周界、重要机房、国旗和奖牌存放室、枪械等设备仓库的重点部位；

（10）医院计算机机房、实验室、财务室、现金结算处、药库、医疗纠纷会议室、同位素室、同位素物料区等贵重物品存放处及其他重要场所；

（11）其他根据需要应设置安防系统的房间或场所，如计算机机房、监控中心、安防机关、重要科研机关、重要仓库、高级旅馆、办公大楼、机场、车站、码头、监狱安防部门、军事部门。

8.1.3　安防系统的构成

1）安防系统的子系统

按照其作用的范围，安防系统可以分为外部入侵的保护、区域保护和特定目标保护。外部入侵的保护主要是防止非法进入建筑物。区域保护是对建筑物内部某些重要区域进行保护。特定目标保护是指对区域内的某些特定目标的保护，如保险箱、某些文物等。

目前一般应用多技术手段来设置安防系统，除了在建筑和结构方面采取一定的措施外，主要有下面九种子系统：

（1）视频监控系统或音频视频监控装置。采用视频监控系统（CCTV）的电视摄像机、监听微音器等来监测被保护对象。用可视电话或对讲电话来辨别访客身份。

（2）入侵报警系统。安装运用红外线或微波工作的人员探测器、振动探测器、玻璃破碎报警器等，自动或手动报警。自动报警是防盗报警装置在监测到非法入侵后自动发出报警；手动报警是用手动按钮或脚踏开关报警。

（3）出入口控制系统。用卡片、按键、电子门锁和其他电子装置代替机械门锁和钥匙控制出入口门的开关。

（4）访客对讲系统。通过室外门口主机、层间分配器、室内分机等设备实现住宅小区住户与来访者的音像通信联络系统。

（5）电子巡查系统。在安防人员巡逻路线上设置读卡器或发信器，以便确认安防人员的巡视时间。

（6）停车场管理系统。采用读卡器等技术管理车辆出入，具有防盗和收费功能。

（7）周界报警。采用红外线探测器或电子感应技术，在有人通过周界时发出警报。

（8）报警通信系统。应用有线或无线通信手段，自动或手动向安防中心发出报警或求助信号。

（9）钥匙保管箱。这是管理出租户的钥匙的一种方式，可用卡片控制钥匙管理箱，取出钥匙。

2）安防系统的集成

在安防系统的各个子系统中，有的是各自独立的子系统，这样的系统目前正趋向淘汰。现在计算机的综合安防系统受到重视，这种系统能进行相互通信、相互协调运作，共享一些软件和硬件。例如，防盗报警系统、出入口控制系统和闭路电视系统可以集成为一个系统，由计算机协调管理。大部分安防系统和火灾自动报警系统会集成为防灾系统，作为建筑物自动化系统的一个子系统。

8.2 视频监控系统

8.2.1 视频监控系统简介

视频监控系统又称为视频安防监控系统（VSCS）或闭路视频监控系统（CCTV、CCVE或ITV），能实时、直观、方便、内容翔实地反映现场情况，广泛应用于安防、生产管理等场合。

视频监控系统是在一些重要的场所安放一个或若干个摄像机拍摄监控现场，然后将视频信号通过一定的传输网络（无线或有线网络）传到指定的监控中心，用存储设备将图像存储到存储介质上。同时，还可以根据不同需要和途径在现场安装其他的探测装置，作为监控系统的辅助设备。

视频监控系统在智能建筑中有广泛的应用，可以和其他安防设备配合应用，构成严密的安防系统。

（1）视频监控系统的构成。视频监控系统一般由三个最基本的部分构成，即前端设备、信号传输设备和中心控制设备。其中，前端设备的摄像机是系统的核心部分。

（2）视频监控系统信号类型。视频监控系统按照其传输的信号，可以分为：

①模拟视频监控系统，是模拟视频信号的传输、显示、记录的视频系统；

②数字视频监控系统，是用数字视频信号进行传输、显示、记录的视频系统；

③模拟和数字视频混合监控系统。

8.2.2 前端设备

前端设备是指摄像机。摄像机按照外形不同可分为枪式摄像机、半球摄像机和快球摄像机；按照其输出信号不同可分为模拟摄像机和数字网络摄像机。图8-1是一种枪式摄像机。

图8-1 枪式摄像机

摄像机是安装在现场的重要设备，其任务是将监控对象的图像转换为电信号。摄像机有黑白和彩色两种。

摄像机由摄像机镜头、摄像机机体、摄像机支架、摄像机防护罩、云台及云台控制器组成。

（1）摄像机镜头。摄像机镜头大小有1/2″、1/3″等数种。其重要参数有焦距、光圈、水平视角。摄像机镜头对焦方式有手动对焦和变焦两种。其光圈有自动光圈和手动光圈两种。

（2）摄像机机体。摄像机机体上有电子元件、电子快门光圈控制系统（AES）、白平衡控制系统、逆光补偿（BLC）装置等。光传感元件有电荷耦合器件（CCD）或金属氧化物（MOS），元件大小有1／3″、1／4″等规格。图像分辨率有130万像素、300万像素等。

（3）摄像机支架。摄像机支架有Z形、圆形、方形二维、圆形全向等形状，可适应不同场合。图8-2为常用摄像机支架。

（4）摄像机防护罩。摄像机防护罩的作用是保护摄像机，可分为室内防护罩和室外防护罩，还有轻型防护罩和重型防护罩之分，可以内装冷却或加热单元。图8-3是一种摄像机防护罩。

图8-2 常用摄像机支架

图8-3 摄像机防护罩

（5）云台及云台控制器。在云台上装置摄像机，可以扩大摄像机的视察范围。按照其位置可分为室内云台及云台控制器、室外云台及云台控制器。按照其运动方式，还可分为水平云台和俯仰云台，还有水平和上下都能运动的全方位云台。其安装方式有墙式和吸顶式两种。图8-4是一种带云台的摄像机。

1）球形摄像机

球形摄像机具有美观、隐蔽、快速、方便、实用、经济等优点。球形摄像机在机体中装置了摄像机、云台、变焦镜头和解码器。摄像机可以360°旋转。球形摄像机有半球和全球两种。

（1）半球摄像机。其形状像半个球，如图8-5所示。

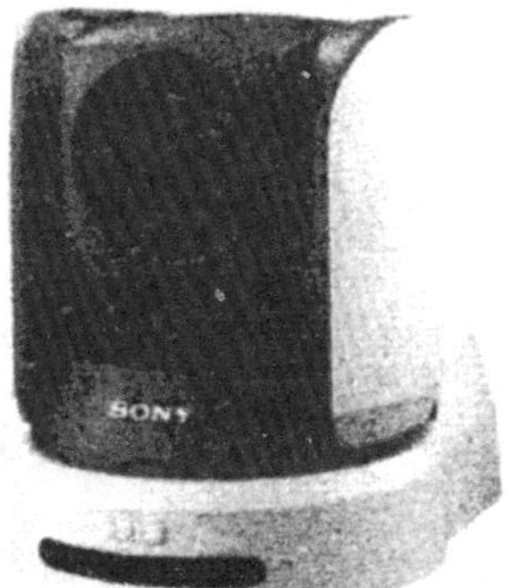

图8-4 带云台的摄像机

图8-5 半球摄像机

（2）全球摄像机，又称一体化摄像机或快球摄像机。其配有防护外罩，内置一体化云台和光学变焦镜头，可以360°旋转。全球摄像机如图8-6所示。

2）红外摄像机

红外摄像机（如图8-7所示）配置有发光管（LED），可应用于亮度低或照明不良的场合。

图8-6　全球摄像机

图8-7　红外摄像机

3）网络摄像机

网络摄像机是一种结合传统摄像机与网络技术所产生的新一代摄像机，它可以将影像通过网络传至地球的另一端，且远端的浏览者不需用任何专业软件，只要标准的网络浏览器即可监视其影像。网络摄像机内置一个嵌入式芯片，采用嵌入式实时操作系统。摄像机传送来的视频信号数字化后由高效压缩芯片压缩，通过网络总线传送到网络服务器。网络用户可以直接用浏览器观看网络服务器上的摄像机图像，授权用户还可以控制摄像机云台镜头的转动或对系统配置进行操作。

网络摄像机视频编码的方式有MPEG-4（视频信号及多媒体信号的压缩与解压缩技术标准）、H.264（视频编码标准，此标准优于MPEG-4）、M-JPEG（视频编码标准，采用的是运动静止压缩技术）等。

网络传输协议支持TCP／IP（网络传输协议是指计算机通信的共同语言，TCP／IP为传输控制协议／互联网络协议）等。

摄像机可以通过POE（网络线供电技术）供电。

4）模拟解码器

解码器或接收器是模拟图像监控系统中的各监控点的功能执行机构，它接收来自中心控制器的各种操作指令，使云台、电动三可变镜头、摄像机电源、全天候防护罩的雨刮、除霜等相应地运作协调。解码器如图8-8所示。它可以带一个报警接口，具有联动功能，并具有自检和自动复位功能。

解码器的特点与性能如下：

（1）对电动云台的上、下、左、右、上左、上右、下左、下右进行任意操作或预置操作；

（2）自动线扫、自动面扫及扫描角度设定；

（3）对电动三可变镜头的光圈大小、焦距长短、聚焦远近可进行任意操作；

（4）报警输入、输出；

图8-8　解码器

（5）摄像机供电电源有多种，可任意选择。

5）终端控制器

终端控制器是图像监控系统中用于固定摄像监控点的控制器。它有独立的地址码，有一个报警接口和一路灯光控制，有报警联动功能。其特点与性能如下：

（1）可实现对摄像机的电源开、关控制；

（2）有独立的地址码；

（3）可实现灯光控制，可控制灯光的开、关；

（4）可实现布防、撤防、报警联动，自动打开摄像机，自动打开灯光。

6）数字编码器

数字编码器又称为视频服务器，用来将模拟摄像机输出的模拟信号转换为数字信号，在数字网络上传输。其可以同时接入32台摄像机。其图像压缩方式为H.264／M-JPEG，输出图像格式为VGA／DVi（显卡上输出模拟信号的接口／数字视频接口）。网络传输协议支持TCP／IP等。

视频服务器如图8-9所示。

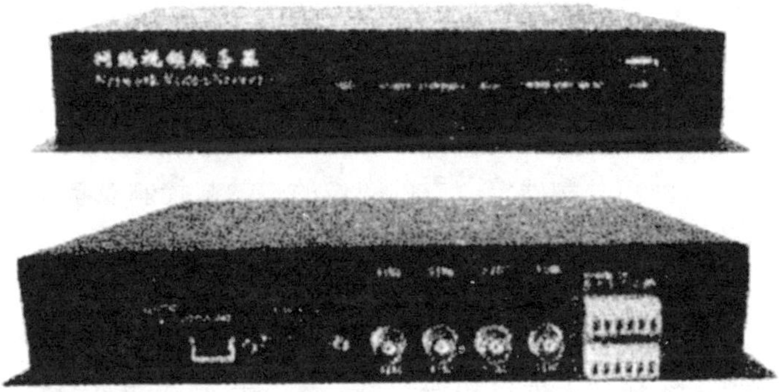

图8-9　视频服务器

7）摄像机技术规格

摄像机的技术规格主要有：

（1）摄像机镜头的焦距、光圈、快门。

（2）水平清晰度，如可以有720电视线（TVL）等。

（3）图像传感器的有效面积。由传感器等效直径来标称，有12″、1/3″、2/3″等数种。摄像机镜头尺寸要比靶面大才能用，否则光束会受到阻挡。

（4）视频信号系统，目前有PAL和NTSC等制式。

（5）摄像机的灵敏度，用被摄物体的照度来表示。摄像机要求的最低照度是0.001LX。当被摄物体的照度是摄像机要求最低照度的10倍时，就可以得到清晰的图像。

（6）摄像机电源有DC12、24 V，AC220V等数种。有的附设电源变换器，如AC220V、DC12 V。

（7）白平衡功能，就是起自动调整作用。彩色摄像机只有在白平衡正确时，才能真实还原被摄物体的颜色。

（8）逆光补偿功能，主要是在逆光情况下能得到被摄物体的清晰图像。

（9）根据摄像机环境条件，有普通型、防水型、抗寒型、防爆型、全天候型等。

（10）摄像机镜头安装方式，有C方式（安装座从基准面到焦点的距离为17.625mm）和CS方式（安装座从基准面到焦点的距离为12.5mm）两种。

（11）其他功能有：

①图像处理技术，如超级动态技术（SD）、自动暗区补偿技术（ABS）等；

②机械处理装置，如自动后焦调整（ABF）功能、除湿装置和自动图像稳定功能；

③智能技术，如自动跟踪、场景变化检测功能、智能移动检测（AVMD）技术、脸部智能检测、丢包和放包检测报警、分区画质设定技术（VRS）等；

④数字信号处理，如数字降噪（DNR）；

⑤激光夜视功能；

⑥雨刷自动清洗功能；

⑦中英文字符发生器；

⑧电子快门；

⑨同步锁相接口；

⑩广播疏导功能。

8.2.3 中心控制设备

中心控制设备有中央控制器、终端控制器操作键盘、报警扩展打印器、字符发生器、同步信号发生器、画面分割器等。有的图像的传输与控制设备中，将一些部件进行了组合。在系统中传输的信号有视频图像信号和控制信号两种。

1）中央控制器

一般情况下摄像机的数量要大于监视器的数量，所以要通过中央控制器（图像切换控制器或视频矩阵）、视频开关进行切换控制。中央控制器是大容量图像切换控制器。如以大视频专用芯片为视频切换矩阵电路的多路多通道小型视频矩阵切换器，可以接收来自系统操作键盘的控制数据并按其指令进行工作，同时把状态信息回送给系统主控制器。图像切换器也可单独作为通用视频矩阵在其他系统中应用。信号选切开关可以只选切视频信号，也可以在选切视频信号的同时同步地选通相应的音频通话信道。

数字矩阵可以接入数字摄像机和模拟摄像机。

用多台视频切换器并联，可以组合成一套较大规模的视频切换矩阵，具有系统简洁、性价比高的优点。

一种典型的微型中顺控制器的性能如下：单机容量输入64路（可扩展到80路），组合容量128路或256路；单机输出通道16路，组合输出通道可扩展到32路或64路。每一个输出的图像上均叠加有相应汉字地址和年、月、日、时、分、秒字符。它与操作键盘构成完整的微机控制系统，可将所有输入图像分配在各输出通道上显示和录像，可以任意固定和任意编程切换。它具有报警联动功能，可以在报警后自动打开灯光、自动打开摄像机、自动进行图像切换、自动录像、自动打印，任意报警探测器可与任意几个摄像机联动。每次的切换程序和报警联动组合及时间码具有断电存储功能。可以控制8个分控制器，相互间设置优选级别。整个系统用一根双绞线连接，双向通信，使用可靠，操作灵活。

2）系统控制器

微机图像控制系统中的系统控制器也称操作键盘，对整个系统中的图像、切换编程、功能实现、时间设定、定时布防或撤防、报警驱动、报警显示均由键盘发出相应的指令。程序编制选单由监视器显示。每个功能键均标有汉字。操作键盘功能如下：

（1）具有全面的控制操作功能，并能对系统的每个单机进行操作指令；

（2）控制摄像机电源的单开、单关、总开、总关；

（3）控制电动云台的上、下、左、右、上左、上右、下左、下右由摇杆操作，作电动云台的自动线扫，自动面扫及扫描角度设定；

（4）控制电动三可变镜头的光圈大小、焦距长短、聚集远近；

（5）控制全天候防护罩雨刮器的开关、除霜、加热、风冷；

（6）实现图像声音同步切换，任意编程，时间可调，可实现选择、跳过、暂停、锁定的随意操作；

（7）实现年、月、日、时、分、秒时间的设定；

（8）实现报警控制，单个布防、撤防，总布防、撤防，并且有报警联动。

图8-10为一种控制键盘。

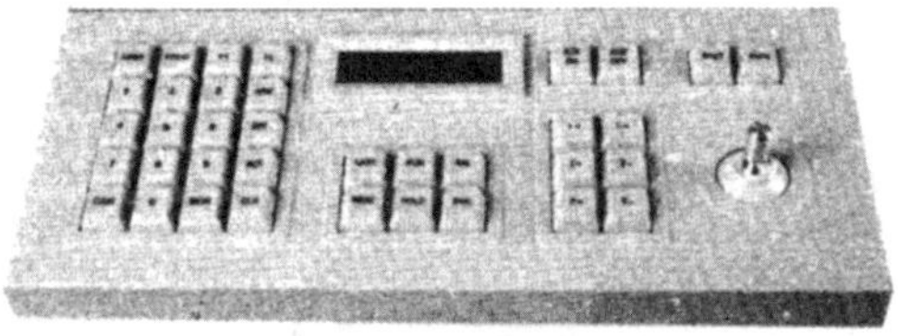

图8-10　控制键盘

3）画面处理器

模拟视频信号通过画面处理器可以在一个屏幕上同时显示多个摄像机的画面，常见的是画面4分割器，它可使一个监视器同时显示4个摄像机的画面，还有画面9分割器和画面16分割器。画面处理器的另一个作用是可以用一台录像机同时录取多个画面信号。

8.2.4　图像的显示、记录设备

图像的显示、记录设备有监视器、录像设备投影电视、长时间录像机、画面分割器等。

1）监视器

监视器的类型有阴极射线管（CRT）显示器、液晶显示器（LCD）或等离子显示器（PDP）等。

监视器有黑白和彩色两种。监视器大小按照屏幕对角线长度不同分为9″、12″、14″、15″、21″、30″、40″、50″、60″、67″、72″、84″、150″等数种。

投影显示器可以扩大监视屏幕，尺寸从50″到300″都可以。它可以在空中悬挂、落地安装、正面投影或背面投影。

监视器的显示特性有清晰度和分辨率。垂直清晰度按照中心水平线的条数（TVL）来区别，它由信号格式来确定。

2）录像设备

录像设备按照其采用的介质可分为磁带录像机和硬盘录像机。磁带录像机目前基本已被淘汰。

数字视频录像设备（DVR）将图像信号用多媒体方式进行压缩，可以将图像录制在硬盘或光盘上。视频录像系统因采用了高新科技成果，使录像时间可长达半年之久，并具有定时录像、网上监控、防盗报警、微机兼用等先进的辅助功能，已成为传统录像监控系统的换代产品。目前，网络硬盘录像机（NVR）也已出现。

目前数字录像存储设备大致可分为三类：

（1）以微机或工业微机为基础的硬盘录像机，即PC机装置一个可以接多个（一般4个）摄像机的板卡，图像用软件压缩，存储在硬盘上。

（2）微机改装的硬盘录像机，即摄像机的板卡装在特制机箱内部。

（3）专业硬盘录像机，也称为嵌入式录像机。其采用硬件进行图像压缩，采用专业软件不易死机，存储速度和分辨率较高。

图8-11为一种数字录像监控系统。

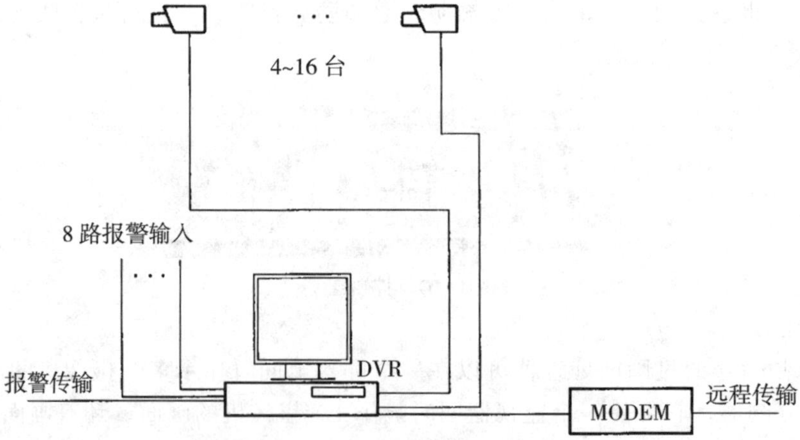

图8-11　数字录像监控系统

数字视频录像设备的关键技术为：

（1）图像压缩技术，即图像压缩及解压缩的方法。

（2）存储介质的容量。

（3）图像处理质量及软件功能。

数字录像监控系统有以下特点：

（1）数字化、全自动、无人值守。用一台微机取代了原来模拟式视频监控系统的视频切换器、控制器、录像机、监视器等多种设备。

（2）图像质量高。采用数字信号处理器（DSP），分辨率高于磁带录像机系统的图像。

（3）存储量大。每个硬盘容量大，且可以扩充到多个，检索图像方便快速。

（4）可相信报警信号前后的画面。

（5）具有图像压缩功能。采用不同压缩格式，图像压缩比大，占用存储空间较小。目前，网络摄像机的图像压缩编码标准主要有MPEG4、H.263、H.264、M-JPEG等。

（6）所有画面可以通过网络传输，实现系统共享。

（7）操作简单方便。

（8）数字化图像的抗干扰性能强。

（9）可以同步录取多路摄像机的图像。

（10）有多个窗口可以同时监视，有两个窗口可以同时重放。

（11）重放图像质量高，画面不会闪烁。

（12）当系统受到意外中断时，可以自动恢复。

（13）可进行远距离参数设定。组成网络后，可以按照授权在各处控制系统。

数字视频监控系统还可以根据系统工程的总体要求方便地与其他报警系统、消防系统等联网，建立一个立体安防系统。

8.2.5 图像的传输

1）视频监控传输方式

网络视频监控技术根据传输方式不同可以分为模拟传输和网络数字传输两种。在网络数字传输方式中又分为铜线、光纤、无线、卫星线路等。在各种网络中可能会采用不同的连接方式，甚至在同一网络中都可能存在几种不同的传输方式。

2）模拟视频的传输

模拟视频信号传输采用同轴电缆或光纤传输。同轴电缆传输模拟视频信号距离有限，一般1km内用同轴电缆传输，1km以上用光缆传输。

光纤有多模光纤和单模光纤两种。用光纤传输视频信号传输距离较远（3~100km），传输品质高，但视频信号要通过光电转换器或光端机进行转换。它将电信号转换为光信号（E/O），再在另外一端将光信号转换为电信号（O/E）。其传输方式有点对点单频传输和点对点多频传输两种。

3）数字视频的传输

数字摄像机或模拟摄像机通过视频服务器或硬盘录像机输出数字视频信号，就可以通过双绞线或光纤传输。

数字视频传输采用有线或无线网络。网络和图像的格式对传输速度有影响。

（1）数字视频通过有线计算机网络传输。采用非屏蔽或屏蔽双绞线或光纤组成的数字网络，数字网络摄像机可以直接接入网络。模拟摄像机视频信号可以通过视频服务器转换成数字视频信号接入计算机网络。网络有以太网、快速以太网等，传输速度各不同，通过IP地址可以取得有关图像。

（2）视频信号可利用用户现有的电话网络（PSTN）进行拨接（Line UP）方式传输。可以采用调制解调器（MODEM）接入、非对称数字电路（XDSL）接入、数字数据网络（DDN）方式、综合业务数字网（ISDN）方式、光纤信道方式等。

（3）无线网络传输。可以采用数传电台和无线扩频传输、3G、GPRS、地面数字电视系统（DTMB）、移动多媒体广播系统（CMMB）、卫星线路建立视频连接。

如图8-12所示为一种数字视频网络系统。

4）视频光纤传输系统

视频光纤传输系统就是把一路或多路模拟视频信号通过各种编码转换成光信号，通过光纤介质来传输的系统。视频信号转换成光信号有模拟转换和数字转换两种。

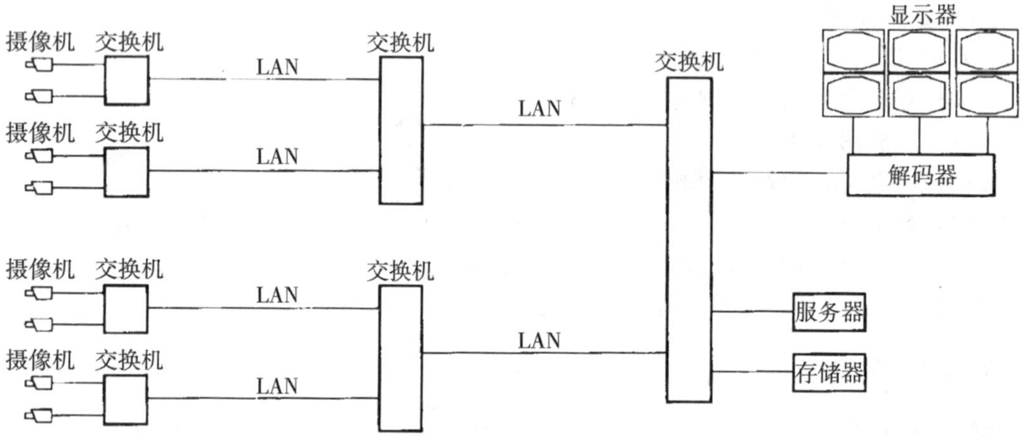

图8-12 数字视频网络系统

（1）模拟光传输系统采用了模拟光端机调制技术实时传输图像信号，是目前使用较多的一种。发射端将模拟视频信号先进行调制，再进行电-光转换，光信号传到接收端后，进行光-电转换，然后进行调制，恢复视频信号。其传输距离能够很容易地达到30km，有些产品的传输距离可以达到80千米，甚至上百千米。

（2）数字光传输系统。目前，数字图像光传输系统主要有两种，一种是图像压缩数字视频光传输系统，另一种是非压缩数字视频系统。非压缩数字视频系统可以提供高质量、高稳定性、无损耗的视频信号。而采用图像压缩数字视频光传输系统能大大降低信号传输带宽。数字光传输系统采用级联方式，每两个级联点间距离可达80千米，总级联传输距离可达3 000千米以上。

8.2.6 视频监控系统的技术性能及视频存储设备的发展趋势

1）视频监控系统的技术性能

视频监控系统的技术性能主要有：

（1）图像清晰度。垂直方向的清晰度受到电视制式的限制，PAL制的为400行。图像清晰度可调节。

（2）传输带宽。视频信号带宽为5MHz。视频传输系统能满足传输这一带宽的信号即可。

（3）信噪比（S/N）。摄像机的视频信噪比一般要求在37dB左右，显示设备为45dB左右，传输设备达到45dB以上即可满足要求。

（4）摄像机的功能。摄像机普遍带有AGC（自动增益控制）功能，少数彩色摄像机带有自动白平衡、外同步等功能。

（5）环境适应性。为了适应各种复杂的环境条件，摄像机不仅需要各种各样的防护装置，其本身也要有较强的环境适应性。目前，新型工业用CCD摄像机可工作的最低温度为-30℃，最高温度为60℃。

（6）摄像机重量和功率。摄像机绝大部分已集成化，重量多在1kg以下，有的只有几十克，功率均在10W以内。

（7）录像速度。有的设备采用图像位移检测方式，可以大幅度提高录像速度。

（8）存储容量。存储容量要求大，还要有外部存储设备，以便进行图像备份。

（9）操作。操作应该简便。

2）视频存储设备的发展趋势

数字视频存储设备的发展趋势如下：

（1）数字存储取代普通录像机和压缩处理器。

（2）网络和远程传输功能。

（3）可与其他安防设备集成。

（4）产品多功能化，简化操作。

（5）提供高清晰度画面。

（6）记录速度每秒60幅，可显示实时画面。

（7）大容量硬盘或磁盘阵列，可以长时间录像。

（8）可以同步录音。

（9）硬件图像压缩。

【实战演练8-1】

安全防范监控中心的安保人员发现园区7号楼所有的监控显示器突然全部黑屏。安保人员马上用对讲机向前台报告，前台立即通知弱电技师去维修。

弱电技师接到维修任务后分析认为，几部摄像探头的显示器都黑屏，应该是供电线路出了问题，经检查确认是配电箱中为7号楼弱电系统供电的空气开关跳闸所致。弱电技师立即对系统的供电部分进行检查，查找空气开关跳闸的原因，没有查出问题，合闸，系统工作正常。

弱电技师将此情况向工程部经理做了汇报，工程部经理进行了认真的询问。通过调取监控录像和现场勘察，最后确认是二单元203室的业主张某家中新买了一台大功率的双开门冰箱，朋友劝其应将用户自家的空气开关换成大容量的，为此张某自行到一楼将配电箱打开（注：配电箱未锁），让供电空气开关断开，造成该楼弱电系统断电。

提示：1）配电箱没有上锁，管理有漏洞吗？

2）配电箱中各空气开关控制的区域标明了吗？

3）业主为何会自己动手呢？是我们的服务有问题，还是在《业主手册》中，我们为业主所提供的服务内容没有说清楚。

8.3 入侵报警系统

8.3.1 入侵报警系统

入侵报警系统（IAS）又称为防盗报警系统，能根据建筑物安全防范技术的要求，在建筑物内某些地点设置探测器并进行布防，在探测到有非法入侵时，对非法入侵、盗窃、破坏和抢劫进行报警，并有报警复核功能。

1）入侵报警系统的组成

（1）探测器。目前作为探测器的有运用被动红外线、超声、微波、声波、振动原理的探测器，红外对射探测器、门触开关等。

（2）中央控制器，一般是用微处理器组成的控制器，有键盘和显示器装置，有的还配备有打印机。

（3）报警装置，有与监控中心联络的数字通信线路、电话热线、直线电话。

（4）现场报警器，有外部发声器及闪光灯、内部发声器等。

2）入侵报警系统的功能

除了监测报警功能外，入侵报警系统还应具有以下功能：

（1）布防和撤防功能，可以设置某些时间、某些地点的探测器工作或不工作。

（2）防破坏，防备探测器线路被切断或短路。系统能对运行状态和信号线路进行监测，在线路受到破坏时报警装置会发出信号。

（3）与其他计算机系统联网功能，便于进行远程通信和综合控制。

8.3.2 入侵报警系统的探测器

入侵报警系统探测器有以下八种：

1）磁控探测器

磁控探测器又称门探测器或门磁开关。它采用微动开关或磁性干簧开关，安装在门窗或卷帘门上，在门窗或卷帘门被打开或遭破坏时立即反应，显示有人闯入。

2）被动式红外线探测器（PIR）

被动式红外线探测器如图8-13所示。它可以感应人体热辐射，显示有人闯入。其有立体型和平面型两种。

3）双鉴和三鉴探测器

（1）双鉴探测器将红外探头与微波探头组装在一起，两个探头取得的信号通过电路处理，使其在报警区域内对树叶的飘动、小动物的干扰不会产生误报现象。该报警器只

图8-13 被动式红外线探测器

有在同时感到人体体温和人体移动时才会报警，有防小虫作用。

（2）三鉴探测器是应用微波、红外线和主动红外线或反射的探测器。它可以有效地改善监测性能，不会误报。

4）动态分析红外线探测器

它是内部装有微处理机的红外线探测器，能对信号进行动态分析。其可以自检，对强热和强光不会报警。

5）振动探测器

它一般采用磁性干簧开关或者惯性原理工作，安装在保险库、保险柜、提款机或者门窗上，可以探测任何不寻常的振动、钻洞、开关或人体接近。如果本身遭遇破坏或有外来物体接触，也会启动保险柜振动探测器。

全面型振动探测器可以探测到现在所有破坏方式带来的振动并且报警。系统内置微处理器具备智能分析能力，可以对破坏信号的频率、周期、振动强度等进行综合分析，从而决定是否报警。这样无论是如爆炸这样周期短、强度大的信号，还是如激光切割这样频率高、周期长但强度弱的信号，它都可以探测到并且在智能分析后报警。由于是探测固体传导的振动信号，所以口哨声或者其他音频信号无法使其误报。对重型卡车驶过造成的振动，因为强度不够而不会造成误报。

6）玻璃破碎探测器

压电式拾音器，一般安装在玻璃门窗上或吸顶。当玻璃破碎时，其监测玻璃发出的高频声音，从而发出报警信号。

7）报警按钮

这是一种紧急报警装置，在启动时会将紧急信号传送至控制器。在感到人身安全受到威胁时，可即时按动。它有按钮和脚踏板两种形式，报警后不会自动复位。

8）其他入侵报警系统探测器

其他还有微波动体探测器、超声动体探测器、视觉动体探测器、光纤传感器、驻极体传感器、接近探测器等。目前，各种新型动体探测器也在不断涌现。

用户可根据防范要求安装适当型号的探测器。

8.3.3 周界防越报警系统

为了对小区的周界进行安全防范，防止围墙或栅栏受到破坏及非法翻越，提高周边安全防范的可靠性，缩短发现非法入侵的时间，保证小区内各住户的财产及人身安全，可在小区的周边安装主动红外线报警装置。物业服务中心可及时发现非法越界者，并显示报警路段和报警时间，自动记录保存。有需要的小区，可以增设闭路视频进行实时监控，还可联网使用。

周界防越报警系统由安装在设防周界上的探测器（或传感线缆）、报警接收/通信主机及传输电缆组成。报警接收/通信主机安装在物业服务中心，它接收探测器报警信号，显示发生警情的路段、时间，对周界进行分区布撤防。常用的周界防越报警探测器有以下四种：

1）主动红外线探测器

其固定安装在小区周边的围墙或铁栅栏的适当位置上，利用光线编码技术和红外对射的原理，在小区周边形成一道看不见的红外墙。当有人企图非法穿越小区周界时，在信号处理装置上就会有信号输出。探测器有室内和室外两种。室外探测器工作射程为0~200m，常用于周界防范，如门窗、入口、楼梯、玻璃墙、天窗及仓库围墙等。

2）传感电缆周界报警系统

这个智能防越系统是被动式全隐蔽型的，用特殊电缆（如泄漏电缆屏蔽层有可以泄漏电磁波的孔）作为传感电缆。传感电缆是安装在地下的。传感电缆周界报警系统的主要电子设备是一个收/发单元（TRU）和一个探测单元（DU），这两个单元连在传感电缆的两端。传感电缆被固定在围栏或是其他类似的保护屏障上，任何想要穿过保护屏障的企图，都会在传感电缆上产生力学应力、振动或磁场异常。这个力学应力、振动或磁场异常会被转化为电信号，其频率、幅度等信号参数由系统的微处理器分析仪来进行处理，以确定信号来源处是否真有入侵企图。不同压力和磁场通过传感电缆探测后，得到的电信号幅值、频率、时序等特征不同，由环境引起的干扰信号及其他可能产生误报的信号有别于人的入侵信号。被动式探测系统探测的信号频率范围为几赫兹到几十赫兹，而人的入侵信号频率范围恰好在此频率范围之内，能够避免由频率干扰而引起的误报。

3）电子围栏

电子围栏由金属导线和脉冲发生器组成。导线用支架和绝缘子架设，形成物理屏障。脉冲发生器发出高压脉冲，检测报警状态。线缆被人为剪断或有人畜攀爬时，可以发出报警信号，同时高压脉冲起到阻吓作用，但对人身是安全的。

图 8-14 所示为电子围栏。

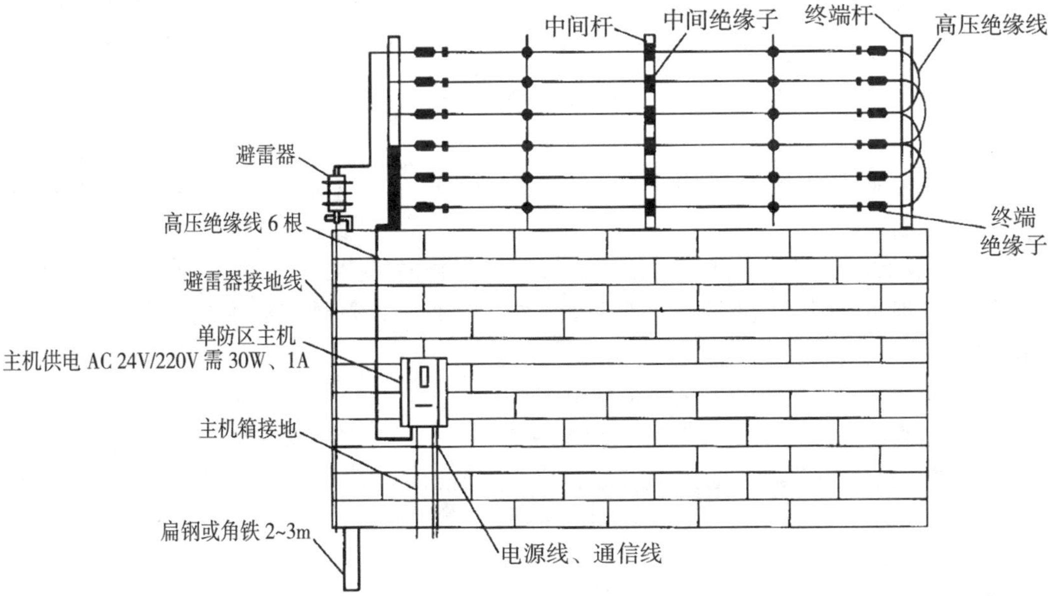

图8-14　电子围栏

4）光纤微振动传感报警系统

该系统采用光纤传感技术，在不需要任何户外有源器件（不需供电）的情况下能够提供长达 100km 的安防监控。其特别适用于长距离、大范围的区域防卫。

该系统能够瞬间有效地提供实时、可靠的入侵报警信息。当有入侵行为产生时，通过攀爬、踩踏、触碰、摇晃、挤压等方式使光缆发生微小振动时，系统立刻报警，并准确定位报警位置。

8.3.4　报警装置

报警装置可以在有危险的情况下发出声光报警和无声报警，主要有三种：

（1）声响报警器，如电铃、电笛、警号等。

（2）光报警器，如闪光灯、频闪灯。

（3）无声报警，指报警器自动拨通预定的电话号码，通过专线或公共电话网向保安机构或家庭发出报警及求助信号，信息可以是语音或数字。

8.3.5　报警控制器

报警控制器内部一般有中央处理器，它能对探测器进行寻址并具有联网功能。可以将报警控制器、火灾报警控制器联网组成完整的建筑自动化系统。报警控制器一般采用图形显示系统网络，提供建筑物内全部仿真平面图及各种操作图形及菜单，便于用户进行操作。它可以显示管理点的平面图，用不同的图形和颜色表示探测器的安装地点、种类、入口和紧急出口位置等。当有报警时，报警探测器触发报警控制器向用户发出声响报警，并且直观显示图形，能对报警区域准确定位。系统同时可提供报警等级与报警类型及一些辅助信息。系统能记录报警数据及提供联动控制信号，用户可按轻重缓急处理报警信息，可以实行远程监控和远程诊断。

某种报警控制器的性能如下：

（1）16个完全可编程防区，可编程为出/入口，内部、即时、旁路或24小时防区（火警、个人受袭和防拆）。

（2）最多能带4个键盘，每个键盘上均有专门的个人受袭键和火警键，所有编程功能均在键盘上完成。

（3）3级操作权限，分别是工程师、管理员、普通用户。

（4）多种布防模式。1种整体布防，3种部分布防，每种布防模式均能独立进行步行测试。

（5）具有通信功能，可设置4个电话号码。

（6）可通过个人电脑进行遥控编程，具有上传和下载程序功能。

（7）2个独立的可编程输出，可编程为：远程红外探测LED，锁定存储器，5s开关输出，布、撤防开关输出，下载激活开关输出。

（8）具有系统测试功能。

（9）独立的警铃和闪灯输出。

（10）进出时间可分别编程。

某种报警控制器的系统如图8-15所示。

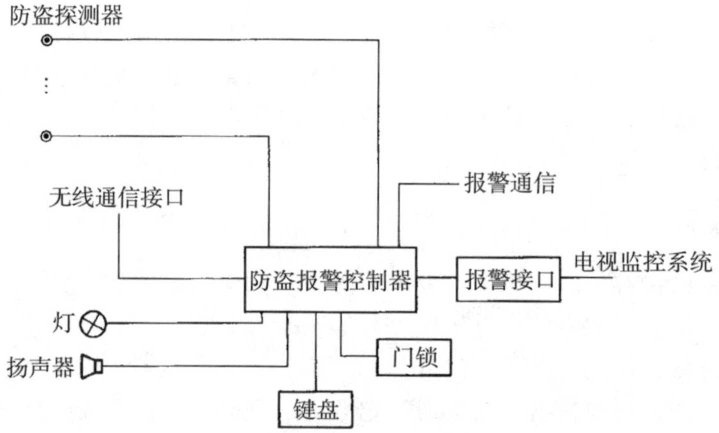

图8-15　某种报警控制器系统

8.3.6　无线入侵报警系统

无线入侵报警系统的工作原理与有线系统相同，只是其报警探测器有发射功能，发射功率在10MW~100MW之间，系统内部装干电池，探测器与控制器之间不需敷设线路。

【实战演练8–2】

一天，安防监控中心保安人员从监控画面上发现，在1号楼两侧的围栏处，有人从院外向里面递送装潢材料。监控保安立即将此事通报给了巡逻保安。巡逻保安到现场发现是1号楼804室业主李先生家定制的大理石的送货人员为方便从此处向院内送货。经过保安人员进一步检查，围栏上面的铁艺枪头脱落了6个，并已丢失，保安人员将此事报告给了保安队长。保安队长分析认为，从此处往园区内送货不是一次两次了，为何周界报警系统没有报警呢？随后将此事报给了工程部维修人员。经维修人员检查，周界报警系统的红外线探测器的连接线被人为剪断，致使周界报警系统失灵。

提示：1）设施设备的维修养护、检查责任制度落实了吗？

2）保安的巡逻、巡更点设置安排合理吗？

3）负责人检查、督导到位吗？

8.4 出入口控制系统

8.4.1 出入口控制系统概述

出入口控制系统（ACS）是指对进出门的人员进行识别和选择的系统。该系统也称为卡片开关自动门或电子门，又称门禁控制系统。它可与视频监控系统、火灾报警系统、电子巡查系统等连接起来形成综合安全管理系统，是现代化智能建筑的一个组成部分。

1）出入口控制系统的作用

出入口控制系统是一个微机控制系统，它允许在一定时间内让人进入指定的地点，而不许非授权人员进入。也就是说，所有人员的出入都将得到监控。系统首先识别人员的身份，然后根据系统所存储的数据决定是否允许其出入。每一次人员的出入授权，通过键盘和显示器就可以很容易实现。另外，根据不同的系统配置，也可通过更方便的用户界面（如大的监视器）进行操作。这种编程操作在几秒钟内就可以完成。智能单元可以在授权更改后立即收到所需的数据，这样新的授权立即生效以确保安全。

2）出入口控制系统的组成

出入口控制系统在门上装设电子门锁，按照装在门口的读卡器或其他身份辨别装置所读得的信号工作，控制人员出入。出入口需使用智能卡或其他身份识别方法方可出入。出入口控制系统的性能取决于其硬件及软件。

出入口控制系统由下列6个部分组成：

（1）编码的卡、标牌、钥匙；

（2）读卡器或身份识别装置；

（3）控制分站及接口；

（4）中央控制器及外围设备；

（5）软件包；

（6）相关硬件，如门锁、门传感器、退出装置等。

3）出入口控制系统的特点

与常见的机械锁钥匙系统相比较，出入口控制系统有4个显著优点：

（1）它可以清楚地计数，可以知道是谁、在何时、到何地，而使用机械锁是不可能实现的。

（2）如果有遗失，机械锁需要配钥匙，而电子门锁系统的主人可以注销遗失的编码卡片。任何用已被注销的编码卡、标牌、钥匙的人都会被拒绝出入。

（3）用出入口控制系统可以方便地按门到门方式编程，比机械锁方便。

（4）出入口控制系统也可以用来监视其他设备，并可以与安防、消防系统联动。

8.4.2 出入口控制系统的功能

1）基本功能

出入口控制系统有一个报警监视区，可作闯入报警，还有数个定时器，可以控制机电设备，如照明、空调、加热系统等。系统是全软件控制的，应用灵活。如系统可改变安防方式，也可一天内数次将门开放，以便进行清理。当检测到有人闯入后，系统将发出声光报警信号。系统有多个功能，如结合布防、撤防及可编程程序的出入口控制功能。

2）其他功能

（1）防重复使用。此功能可用于高级安防地区，以避免一卡重复使用，持卡者需离开后才能重新进入。

（2）黑名单。可设定无效卡黑名单，过期或遗失的卡将被列入黑名单，如果有人使用此卡，卡中资料将被封闭。

（3）钥匙管理箱。其 用于管理钥匙，只有合法人员才可以取得。钥匙保存在钥匙箱时，房间空调、照明用电自动切断，房间同时进入布防状态。

（4）巡查管理。警卫可利用设定巡查点的方式完成巡查任务。系统可提供几十个巡查路径，而每个路径可设置几十个巡查站。巡查站可能是读卡机，也可以是巡查开关。

（5）汇总报告功能。无论是设备探测器报警，还是因非法用卡报警，系统都会分别将事件发生的地点与姓名按日期与时间顺序排列并打印出来。系统还可提供类似持卡人名单、持卡人读卡记录等信息。

（6）员工考勤。读卡机可以将员工上下班的进出时间记录下来，并汇总出员工考勤情况，还可以据此计算出应发工资等。

（7）电梯控制。电梯内也可以安装读卡机，使用电梯者只可抵达指定的楼层。

（8）网络通信。系统可利用远程通信控制器联至多个网络，同时监控多个远程系统。

（9）帮助功能。操作窗口的帮助功能可提供详细的文字和仿真操作提示，使用户更好地进行操作。

8.4.3　出入口控制系统部件

出入口控制系统部件应按照建筑物的安防级别要求来设置。

1）人员识别装置

人员识别装置可以采用各种读卡器、键盘、生物识别装置，或几种装置的组合。

2）门锁

出入口控制系统的通用闭锁件是电子门锁、电插销及电磁锁，常用的是电子门锁。为决定控制门的状态，需要一个门触头，常用的是磁性接触器（报警触头）、接近开关、微动开关、干簧开关、机械触头锁等。闭锁装置可明装、暗装或采用滚珠式。磁性接触器（门磁）和电子门锁的外形如图8-16和图8-17所示。

图8-16　门磁

图8-17　电子门锁

（1）电子门锁。电子门锁采用了精密机械制造技术和先进的微电子技术，克服了易受破坏和电流消耗大的缺点。电子门锁与控制器依靠一条带有防破坏功能的电缆连接。开门信号是一个经编码的数字信号。电子门锁中的集成电路芯片将该信号解码，确认有效后发出一个电流短脉冲（大约0.1秒）将开门器释放（开门）。电子门锁的自锁功能使得电子门锁保持释放状态，而不需消耗更多的电流。内置的返回探测触点和两个直接连在开门器上的门释放按钮触点和外部门返回触点的状态随时通过双向数据线传送到控制器。任何对连接线的破坏都会立即被发现，并马上报警。在设立的门释放时间结束后，控制器发出一个锁门指令，这时开门器上的芯片发送一个电流脉冲给第二个电磁线圈，使开门器的状态改变（把门锁上）。用推出装置可以防止在内部打开门。在高度安防的情况下使用时，为防止跟踪，可配合采用转动围栏、陷阱、闭路电视及其他闯入报警技术。

（2）智能卡门锁。它是有微处理器的带读卡器的门锁，脉冲电磁铁门锁开启机构、内部时钟和存储器，可以记录开锁信息。

开锁时，将卡片钥匙插入锁中，若钥匙正确，则黄灯亮，同时蜂鸣器响一声，此时抽出卡片钥匙，绿灯亮，表示门锁已打开，3秒内旋转门锁外执手即可打开房间，3秒后绿灯灭，门锁自动闭锁；若钥匙不正确，则黄灯闪光，同时蜂鸣器发出报警声，抽出卡片钥匙则报警停止，门锁不能打开。

3）控制器

现代的出入口控制系统是根据标准设计制造的。按照这个标准，这种系统应有分布智能。分控制器可根据现存的数据决定是否允许进入。多个分控制器可通过数据线连接起来，并由一个中央控制机控制。中央控制机可以对用户数据进行管理和调整输入/输出媒体，如打印机、显示器等。门控制器如图8-18所示。

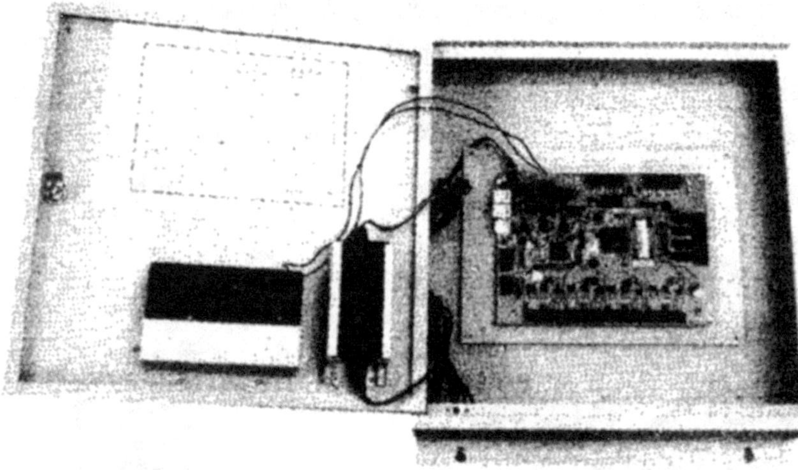

图8-18 门控制器

某些出入控制系统中，读出器对某些卡、标牌、钥匙进行解码处理并与中央处理器通信，可与检测卡、标牌、钥匙等有效地整合在一起。

为了安全起见，大部分系统的分控制器与读卡器是分开安装的。分控制器可以安装在建筑物内部。大部分分控制器与1~4个读卡器相通。这些分控制器有输入/输出设备，与其他安防及智能建筑管理系统相连，能进行联动控制。一般输入/输出数目可以是8~48点，并可进一步扩展。在智能建筑内，这些输入/输出点对一系列操作极为重要。输入/输出点可应用在与视频监控、广播、电梯、停车场控制系统、火灾报警系统等的联动控制中。

8.4.4 身份识别技术

身份识别技术是信息系统中识别人的方法。目前已经有许多不同的身份识别技术，常用的有磁（带）卡、（嵌）磁线卡、接近卡、水印磁卡、智能卡（IC卡）、MT卡，其他还有红外线条纹码、钡铁氧体、全息技术、电容、生物识别等身份识别技术。近来电子标签（RFID）的应用发展也很快。同时，生物识别技术，如指纹、掌形、脸谱、声音的识别技术近几年也得到很大的发展，还有手机、身份证、短信等开锁方式。

1）常用的身份识别技术

目前主要用卡和生物识别技术进行身份识别。

（1）卡主要分为条码卡、磁带卡、智能卡（IC）、电子标签或射频识别（RFID）和蓝牙卡。

（2）生物识别技术。生物特征识别是一种计算机识别技术，主要有指纹识别、掌纹识别、语音识别、虹膜识别、人脸识别、步态识别、全方位生物特征识别等。它将一个人的面貌、声音以及嘴唇运动三种生物特征相结合，可在1秒内快速完成识别。

2）智能卡技术

智能卡又称为集成电路卡，即IC卡。它将一个集成电路芯片镶嵌于塑料基片中，封装成卡的形式，其外形与覆盖磁条的磁卡相似。智能卡可进行如下分类：

（1）按集成电路类型分类。根据卡中所镶嵌的集成电路的不同，其可以分为以下三类：

①存储器卡。卡中的集成电路为EEPROM（可用电擦除的可编程只读存储器）。

②逻辑加密卡。卡中的集成电路具有加密逻辑和EEPROM。

③CPU卡。卡中的集成电路包括中央处理器CPU、EEPROM、随机存储器RAM及固化在只读存储器ROM中的片内操作系统（COS）。

（2）按读取信息的方式分类。读取信息的方式有接触式和非接触式（感应式）两类。

①接触式。接触式IC卡与磁卡相比，更加安全可靠，除了存储容量大，还可一卡多用，同时可靠性比磁卡高，寿命长，读写结构比磁卡读写结构简单可靠，造价便宜，维护方便，容易推广。

②非接触式。非接触式IC卡与传统的接触式IC卡相比，在继承了接触式IC卡的优点的同时（如大容量、高安全性等），又克服了接触式IC卡所无法避免的缺点，如读写故障率高，由于触点外露而导致的污染、损伤、磨损、静电等。非接触式IC卡完全密封的形式及无接触的工作方式，使之不受外界不良因素的影响，从而使用寿命完全接近IC芯片的自然寿命，因而卡本身的使用频率和期限及操作的便利性都大大高于接触式IC卡。

射频识别技术（RFID）是20世纪90年代开始兴起的一种自动识别技术，是一项利用射频信号通过空间耦合（交变磁场或电磁场）实现无接触信息传递并通过所传递的信息达到识别目的的技术。这种技术促进了互联网的发展。图8-19为各种射频标签。

图8-19　各种射频标签

3）读卡器

读卡器读出卡片上的信号供处理器处理用，不同的卡需要配置不同的读卡器。

一般智能卡读卡器有插入式和划拉式两种。其他读卡器有转动围栏读卡器、键式读卡器和感应式读卡器。安装方式有暗装式和明装式两种。

（1）插入式读卡器。它是一种推拉式读卡器，面板较小，用于不适合安装表面式读卡器的地方。

（2）划拉式读卡器。划拉式读卡器是一种明装的读卡器，有一槽及有角度的卡片进口。它适用于除接近式读卡器之外的其他磁性编码技术。

智能卡和磁带卡兼用的划拉式读卡器如图8-20所示。

（3）非接触式（感应）读卡器。非接触式读卡器可安装在任何出入口，甚至在墙壁内或玻璃瓶后。用一个远距离感应卡及自动门可免去用手操作。非接触式读卡器如图8-21所示。

图8-20　划拉式读卡器

图8-21　非接触式读卡器

4）身份识别技术在智能建筑中的应用

在智能建筑中，身份识别技术可以用于：

（1）出入口控制。通过持卡人授权，实现通道、电梯的出入安全管理。

（2）电子巡查管理。通过智能卡记录巡逻安防人员的巡逻路线、巡逻时间、巡逻到位的信息，实施巡逻安全管理。

（3）停车场管理。实现临时停车无现金付费与长租停车位管理，智能卡与安防系统联动实现车辆安全管理。

（4）物业管理。可用于建筑物内的水、电、气、风的计量、记录和付费等一系列物业管理。

（5）商业收费。建立持卡人资料、信用等级，实现电子购物与电子转账付费。

（6）人事考勤管理。使用智能卡建立员工人事档案资料，记录员工出勤时间。

5）中央控制器及软件

中央控制器的硬件大多采用微机，其配置与建筑物自动化系统所使用的类似，有的就是建筑物自动化系统的一个子系统。

中央控制器的软件是出入口控制系统的核心。出入口控制系统的软件必须便于使用。软件可以对系统设备和卡片进行注册管理、卡片级别设置、时区管理、数据库管理、事件记录、报表生成，一般有图形操作指示。必须有足够大的存储器，以便开发软件及保留历史资料、数据。通过存储器数据保护作用，可将历史资料、卡数据库及系统参数保存数年。智能建筑的中央计算机软件功能应强一些，它不仅要支持大量读卡器及用户，而且要与终端通信，还要足够灵活，以实现其他安防功能，如分级授权、返回传、查更、电梯控制、停车场控制。多种读卡技术应能综合在一个系统中。高级出入口控制系统的软件应有操作员接口、信息通道、报警确认、优先报警、劫持报警、多用户、多任务、报告、查错等功能。

8.5　访客对讲系统

8.5.1　访客对讲系统的功能

随着居民住宅的不断增加，小区的物业管理显得日趋重要。旧的访客登记及值班看门的管理方法已不适应现代管理快捷、方便、安全的需求，因此访客对讲系统开始发展。随着电子技术、通信技术、影像处理技术、数字技术和传输技术的发展，可视对讲系统在对讲系统的基础上发展起来。对讲/可视对讲是住宅小区住户与来访者的音像通信联络系统。它是住宅小区住户的第一道非法入侵安全防线。

微课6

访客对讲系统

在小区的出入口、住宅单元门口处装有访客对讲系统，当来访者来到小区的出入口时，由物业保安人员呼叫被访用户，确认有人在家并由住户确认访客身份后访客方能进入小区。进入小区后，来访者在单元门口按被访者的户室号后，通过与主人对讲确认，主人通过遥控方式开启底层电控防盗门，让来访者进入。该对讲装置还与小区监控中心联网，随时可与其取得联系。同时，若住户在家突发疾病等，可通过该系统的紧急呼叫系统通知保安人员，以得到及时的支援和处理。

有的系统还具有安全防范，家电控制，电、水、燃气、热量数据采集、显示及传输等功能。

典型的访客对讲系统的功能如下：

（1）通信。小区出入口围墙机与户内终端进行呼叫通话。中心管理机与户内智能终端相互呼叫通话。家庭智能终端可接听和拨打外线电话。

（2）安全防范。智能终端可在接收公用门厅机/围墙机呼叫和视频确认后开门。中心管理机及小区出入口围墙机、门厅室外机相互呼叫和视频确认后开门。住户之间可实现相互呼叫并相互视频通话。智能终端可主动监视单户门口机视频状况、图像可主动/被动存储。

智能终端提供至少16路入侵报警防盗防区，并可根据具体需要进行扩展（公寓的底层和顶层配置门磁、红外探测器，安装紧急报警按钮，可支持燃气泄漏报警；排屋配置门磁和红外探测器；全装修公寓除上述控制线预留外，增加燃气泄漏自动关闭控制功能）；支持安防设备防拆报警；支持外出防盗及在家防盗模式设定；支持智能终端密码撤布防功能。智能终端具有电话远程报警功能，在向管理员及中心软件报警的同时发送报警信息至用户手机，可实现一键式布防。智能终端可支持防盗防区状态查看，安防、报警手机发送通知；可支持手机确认大门、窗口、煤气阀门状态。

（3）家电智能控制。其可对所有可控灯光、窗帘进行控制，并可进行多种场景设置（如回家模式、外出模式、起床模式、就餐模式等），且可一键关闭所有灯光开关、窗帘开关。每户可通过智能控制终端对室内空调主机进行模拟量控制，可通过智能控制终端对室内热水器、新风机进行控制。

（4）信息服务。智能终端可提供公共物业信息服务。通过室内智能终端，住户可接收各种物业信息，如小区通知、停水停电通知等信息。

智能终端显示屏可进行画面亮度、音量大小、个性铃声等个性化的调节。

显示屏可根据户型建二维图形，并在图形上显示每个房间可控制的设备及设备状态（灯光、窗帘、网络家电等）。住户报警有中文语音状态提示功能；单发/群发文字信息接收功能；删除信息或通过网络把信息传送至外接存储设备的功能。

8.5.2 访客对讲系统的分类和组成

1）访客对讲系统的分类

访客对讲系统一般分为直通型、联网型、智能联网型三类。

直通型访客对讲系统由室内机、门口机、电控锁、电源组成，在门外采用设定密码、IC卡通过门口机开启防盗门电控锁，在室内由室内机通过门口机开启防盗门电控锁。

联网型访客对讲系统由室内机、门口机、电控锁、管理员机、监视屏及电源组成，其除具有直通型访客对讲系统的功能外，通过安装在居住区主要出入口或智能化控制机房的管理员机实现联网控制。

智能联网型访客对讲系统集小区物业管理、“三表”集抄、“一卡通”、五防区报警、可视对讲、电子巡更、动态监控、静态图像存储于一体，做到一机多用，有很高的性价比。

这个系统可分为模拟系统和数字系统两大类。模拟系统多用于多层住宅楼，而数字系统更适合高层住宅楼。

2）访客对讲系统的组成

如图8-22所示，访客对讲系统由住户分机/住户可视分机（室内机）、译码分配器、单元门口主机、管理中心主机及电源设备等组成。访客对讲系统是在各单元门口安装防盗门，小区总控中心的管理员总机、住宅出入口的对讲主机、电控锁、闭门器及用户家中的可视对讲分机通过专用网络实现访客对讲功能。它要求产品具有连线少、户户隔离不怕短路、户内不用供电、待机状态不耗电、不用专用视频线、稳定性高、性能可靠、维护方便等特点。

（1）住户分机。住户与来访者或管理中心人员可通过住户分机通话并观看来访者的影像。它由装有黑白或彩色影像管、电子铃、电路板的机座及座上功能键和手机组成。分机具有双工对讲通话功能，一般安装在住户起居室的墙壁上，或住户房门门后的侧墙上。分机采用15V～18V直流电，由本系统的电源设备供电。

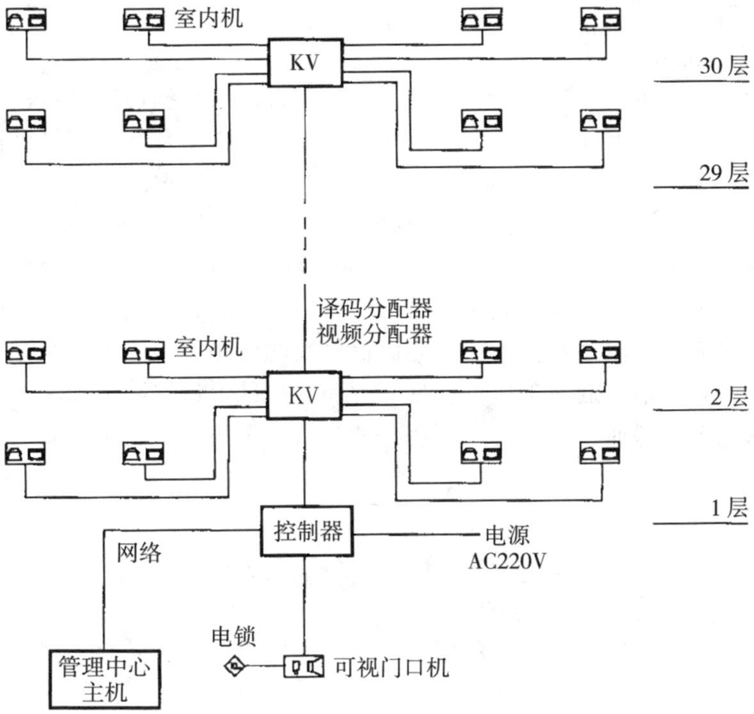

图8-22　访客对讲系统

（2）门口机或主机。门口机、梯口机或主机用来安装在各单元出入口、单元楼门外的左侧墙上或特制的防护门上，主要完成与本单元楼上分机的通信和控制单元门锁的开启。其与门口主机控制器连接使用，通过主机控制器实现联网，同时在分机与管理机、分机与分机的通信过程中又起到中转的作用。门口机或主机采用编码方式，操作方便，功能扩充容易，可内置读卡器，方便实现刷卡开锁和小区一卡通的功能。

（3）译码分配器。译码分配器用于语音编码信号和影像编码信号解码，然后送至对应的住户分机，在系统中串行连接使用，一进一出，4分配。每个译码分配器可供4个住户使用。译码分配器采用15V ~ 18V直流电，由本系统电源设备供电。该设备安装在楼内的信息竖井内。

（4）电源。电源是系统的供电设备，采用220V交流供电，18V/2A直流输出，安装在楼内的信息竖井内。

（5）电锁。电锁是指安装在单元楼门上的电控锁，受控于住户和物业管理保安值班人员，平时锁闭，当确认来访者可进入后，通过对设定键的操作，打开电锁，来访者便可进入，之后门上的电锁自动锁闭。

（6）管理中心主机。它是住宅小区保安系统的核心设备，可协调、督察该系统的工作。主机装有电路板、电子铃、功能键和手机（有的管理主机内附荧幕和扬声器），并可外接摄像机和监视器。物业管理中心的保安人员可同住户及来访者进行通话，并可以看到来访者影像；可接收用户分机的报警，识别报警区域及记忆用户号码，监视来访者情况，并具有呼叫和开锁的功能。管理中心主机安装在住宅小区物业管理保安人员值班室内的工作台面上。

3）访客对讲系统的发展

在现有的可视对讲系统基础上，利用已有的宽带网络数据传输平台，以语音、视频完全数字传输为手段，以实现信息存储、转发、共享为应用目标，通过可视终端，向每个用户分配一个基于IP地址的可视通话号码，向用户提供网络可视电话、VOIP、视频监控、小区内/楼宇内对讲、小区公共信息发布、视频点播、可视远程教育、IPTV等多种个性化多媒体服务，并可以实现与“3G”“4G”网络的互联互通。网络化的可视对讲产品已经实现了音、视频信号的数字化采集、传输、压缩，布线也可直接用一根网线和一根电源线来完成。采用总线技术，一方面信号线的使用大大减少，全方位提高了施工模式的标准化，有效地降低了工作量；另一方面分户线上设有隔离和保护装置，在总线未被破坏的状况下，即使系统中有一个用户的分机出了故障，也不会影响整个系统的正常使用。

8.6 电子巡查系统

电子巡查系统又称巡更系统，是根据安全防范管理的需要，在巡更路线上设置读卡器或采用其他方式，以便对巡查人员的工作状态进行监督、记录，并能对意外情况进行报警。

巡更点设置在各主要出入口及主要通道、各紧急出入口和主要部门等。

巡更系统目前有无线式和有线式两种。

8.6.1 感应式巡查系统

感应式巡查系统为无线式。在各巡查点预埋信息钮或感应卡，由巡查人员手持巡查器到各巡查点读卡。巡查完成后，巡查人员将巡查器和计算机接口相连，将巡查记录输入计算机系统。感应卡可以采用射频感应监测技术或红外线条形码监测技术。图8-23为感应式巡查器。

图8-23 感应式巡查器

8.6.2 网络式巡查系统

网络式巡查系统为有线式。它可以组成独立系统，也可以与出入口控制系统或入侵报警系统联合设置。独立设置的巡查系统应能与中央监控室联网。巡查点可以设读卡器，采用ID卡或感应卡，也可采用接触式记忆钮。巡查点读卡器连到前端控制器，各前端控制器联成网络，通过网络收发器与计算机相连，记录巡查信息，并可以随时打印各种巡查记录。

巡查点读卡器也可以与建筑物自动控制系统连接，由建筑物自动控制系统进行管理。巡查点读卡器可用出入口控制系统的读卡器或建筑物自动控制系统的读卡器，也可以利用现有的入侵报警装置在巡查点设置微波红外线双鉴探测器，使防盗报警器起到巡查系统的作用。图8-24为网络式巡查系统。

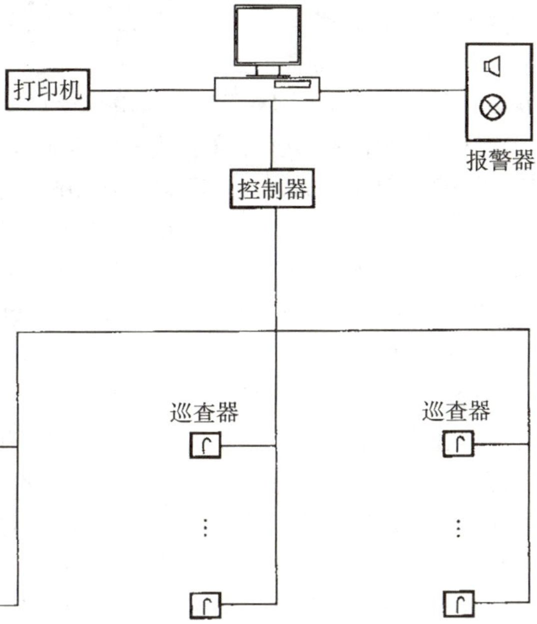

图8-24 网络式巡查系统

8.7 停车场管理系统

8.7.1 停车场管理系统概述

现代化的建筑物通常都设有停车场，需要有效的停车管理。一般在车位超过50个时，需设停车场管理系统。因此，停车场管理系统作为建筑物内的一个新型子系统被纳入综合管理系统。停车场管理系统是安全防范系统或建筑自动化系统的一个子系统，也是办公自动化系统的一个子系统。

1）停车场管理系统的基本功能

停车场的管理功能一般为管理车辆出入。收费停车场系统具有自动/半自动收费及打印报表等功能。它适用于短时间（计时）停车用户，也适用于月（季）票用户以及有储值卡的用户。持有储值卡的用户，无须每次交费，只需车辆离场时刷卡，系统计算机将自动计算停车时间，并在储值卡中扣除相应的金额。

系统能自动记录车辆的出入时间、自动计费和打印各种报表；自动防止砸车事故等。当系统要求较高时，可使进出小区的车辆受计算机的实时监控，包括使用图像对比、车辆识别、车位显示、车辆引导、问询对讲、与安防/消防监控系统联动受控及多出入口联网控制等功能。

停车场收费系统能与办公自动化系统联网，也能通过无线/有线通信方式与其他系统联络。该系统最高层为中央计算机，可利用计算机网络联网。

停车场管理系统有遥控方式或车辆自动识别、车辆识别等方式。

（1）遥控停车管理系统。该系统的优点是不受停车位置及方向限制，只要在遥控距离内即可控制开门及抬杆。遥控器携带方便，可以悬挂在汽车钥匙串上，也可以粘贴在汽车仪表板上。这是一种常用的简易管理方式。

（2）车辆自动识别。在要求高的小区，可以采用车辆自动识别技术。一般采用各种卡，如磁卡、条码卡、IC卡、ID卡、感应（非接触）卡或非接触电子标签。目前常用感应卡，感应距离有近距离（3~10cm）、中距离（10~40cm）、长距离（1~10m）、远距离（10~20m）之分。感应（非接触）卡有近距离射频识别卡和远距离射频识别卡两种。目前比较先进的是远距离射频识别卡技术，分为有源卡和无源卡。如一种远距离射频识别卡，可以在0.3~6m范围内有效识别。其识别速度快，可以识别时速达200km/h的汽车。安装天线后，其与读卡机之间的距离最长可延长至120m。有的采用红外线装置，标准读取距离为8m；有的采用蓝牙技术，感应距离为6~10m。

（3）车牌识别技术。这种技术对汽车防盗也可起到一定的作用。当车辆进入车场用户取票或使用月票、储值票时，电脑会通过摄像机自动抓拍车辆的车牌，利用车牌定位技术、光学字符识别技术（OCR）读取图像中的车牌号码并保存。当用户离场、付费或验票时，电脑会自动将该编号票证持有者拥有的车型及号码等在入场时留下的影像与离场时车辆的车型、车牌编号等同时显示在电脑显示器上和闭路视频监控器上，待工作人员确认后，才能开闸门。同时，这些图像可以存放在电脑硬盘或光盘中，也可以复制到软盘上。

（4）车辆图像识别技术。这种技术是在车辆入口和出口分别设置摄像机，自动摄取汽车图像。在出口处可以进行对比。管理人员可以随时监视出口的状况，有效防止车辆被盗。各种常驻车、月票车、临时车的进、出场图像均有保存，可以提供日后查询。

（5）防盗措施。采用防范车卡重入技术，保证一卡一车，防止一卡多用。对于高级系统，采用卡加密码的方式。

（6）车位引导和显示，如设置车位显示和车道方向标识装置，便于用户很快找到车位。

2）停车场管理系统的组成

（1）大型停车场管理系统。它由三个部分组成，即出入口控制系统、中央数据采集系统和监控系统。

（2）一般停车场管理系统。它由中央收费系统、入口管理站、出口管理站、自动车辆闸门、车辆管制系统、车牌自动识别系统等组成。

①入口管理站，主要设备包括卡读写器/解码器、发卡机、入口站控制器、车辆探

测器和电源。

②出口管理站，主要设备包括收费计算机/控制单元、卡读写器/解码器、费用显示器、车辆探测器和电源。

③自动车辆闸门，主要设备包括闸杆和电源。图8-25为停车场管理系统示意图。

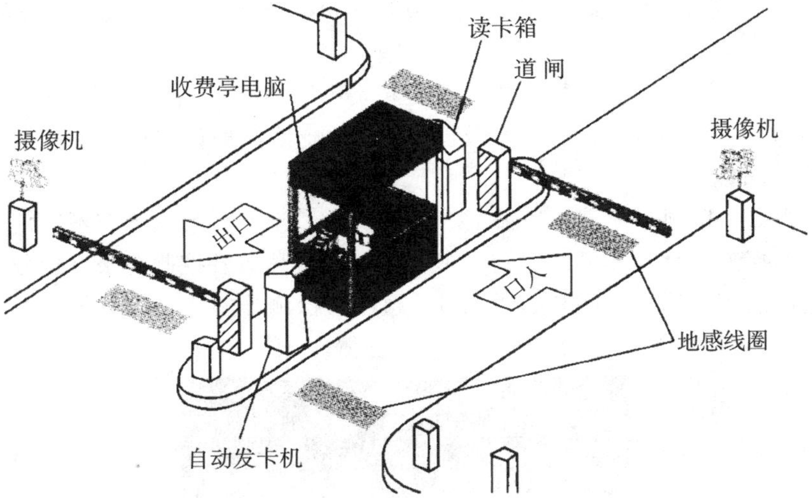

图8-25　停车场管理系统示意图

④车辆管制系统，主要设备包括入口指示灯（安装在入口，表示车位情况），综合车位指示灯（安装在入口，指示各层车位情况），电磁车辆探测器（埋在地下，探测车辆通过），光电式车辆探测器（安装在通道，车辆通过时发出信号），二维信号灯（用于交叉路口），视频摄像机（观察库内情况），回转警报灯（引起注意），超声波探测器（探测停车位是否空置）和出车注意灯（引起步行人注意）。

⑤车牌自动识别系统，由计算机、摄像机、视频捕捉卡、聚光灯、车辆检测器和系统软件模块组成。

3）停车场管理系统的设备

一般停车场系统设备包括：

（1）停车票发行器（如图8-26所示），自动发出停车票卡。

（2）收费计算器（如图8-27所示）。通过读卡及键盘手动输入，显示费用，自动打印票据。

图8-26　停车票发行器

图8-27　收费计算器

（3）费用显示器。费用显示器显示应该收取的费用。显示器外壳为树脂，门为钢板涂漆，室内为台式。

（4）终端箱。终端箱控制费用计算器输入/输出及闸杆开闭。

（5）闸杆。一般闸杆由1.5mm厚的钢板制成，直径50mm，杆长大于4m的为铝合金；平时消耗电功率5W，运行时消耗电功率150W；上升角度为80°；开闭时间各2s（相对80°）。

（6）地感线圈。地感线圈材料为软质树脂架，线圈周长6m（1.5m×1.5m矩形或0.7m×2.3m矩形），圈数6圈，引出线最长10m。地感线圈埋设在周围无钢筋或导线的车路上，深500mm以上。

（7）监视盘。监视盘显示入库总数、出库总数、当前台数、当前不同部位台数等。

（8）车辆探测器盘。其可以感知汽车，进行台数计数及控制警报灯信号。

（9）超声波探测器（如图8-28所示）。超声波探测器安装在天花板上，天花板高度为2.2m~3.5m，可以探测速度为2.5m/s的移动物体。

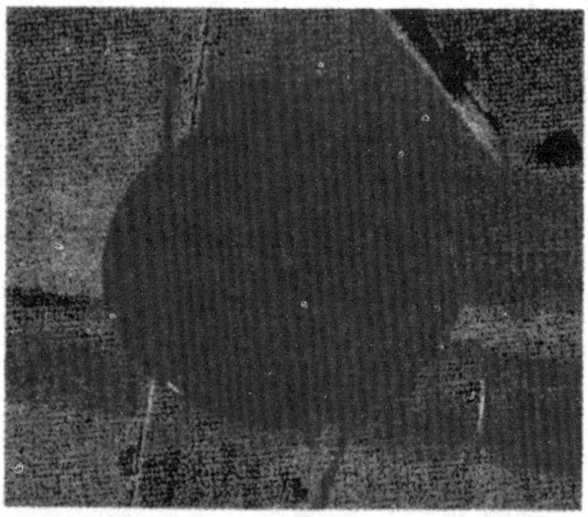

图8-28　超声波探测器

（10）超声波探测器控制盘。

（11）入口指示灯。平时显示“P”“入口”，满车、空车时显示“满车”（白底红字）、“空车”（青底白字），可实现满车/空车切换显示，光源为日光灯或LED。

（12）出库注意灯。平时显示“禁止进入”“出口”（青底白字）。车辆出库时显示“出库注意”，带有蜂鸣器，光源为日光灯或LED。

（13）引导灯（如图8-29所示）。引导灯一般为室内天花板下吊式，平时亮灯，光源为日光灯或LED。

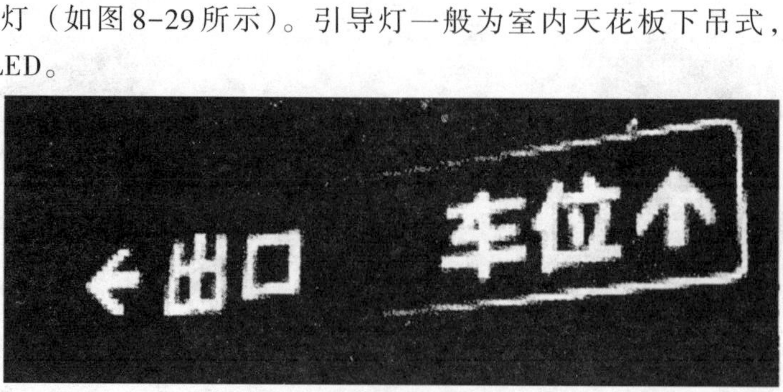

图8-29　引导灯

（14）满车显示灯。平常时显示“P”，满车时显示“满车”，红字闪光。

（15）诱导显示灯。平常时亮灯。

（16）旋转报警灯。开关为室外立式，带有蜂鸣器。

（17）反射镜。镜面为不锈钢制。

（18）场地满车灯。其为室内墙装式回转灯。

8.7.2 停车场管理系统工作方式

1）车辆入场

当车辆接近各入口时，先看停车场指示标志及剩余车位。当车位未停满时，允许车辆进场停车；当车位全部停满时，入口车道前的车位已停满灯被点亮，指示车辆不要再进入。最多可停车数量可由操作人员通过中央计算机加以调整。

车辆驶入停车场入口车道，驾驶人员可选择使用月票或计时停车方式，当车辆经过埋设于地面下的自动发票机车辆探测器感应线圈时，自动发出“请取票，谢谢”的声音，此时，印有入场序号（5位）、入场时间（年、月、日、时、分）的票券自动或经按钮发放，并将信号传至中央计算机。驾驶员取下票券，自动闸门将开启，车辆通过后，闸门车辆探测器感应线圈再启动闸门关闭功能，以阻止下一辆车进入。各入口设备不需人员操作。

2）车辆出场

除依照离场的行车路线驶离外，其付费方式依据不同票种可分为多种方式。

（1）短期票，有人工收费和自动交纳两种。

①人工收费。计时车辆离场时，遵循场内标志，将车开至收费亭前，拿出停车票，交给收费员，收费员直接将票券插入自动读卡的计算机内，计算机即自动计算停车时间、停车金额，并将金额传至显示器。驾驶员交费并拿到收据后驶离停车场，经过闸杆后，闸杆自动关闭，总停车数及每一层楼停车数自动减1。

②自动交纳。车辆离场时，将停车票插入自动收费机，自动收费机自动计算停车费用，并在卡上扣除收费金额，自动抬起出口闸杆并计数。

（2）月票或储值票，有购票和自动计费两种。

①购票。驾驶员若要取得月票卡，可至指定地点向管理员申请购买或通过自动售票机购买。管理员按照驾驶员的需求，将空白月票卡置入编卡机的读写器中，输入个人代号及停车时段和期限等资料。输入完毕后，编卡机会将所设定的个人代号、停车时段和期限等资料写入月票卡，所有键入的资料经由计算机传输至月票卡管理系统的数据库中，或通过拨接数据网络或数据专线传送到停车场中央计算机系统，作为验收及打印管理报表的依据。办完以上手续后，制作完成的月票卡即可供驾驶员使用。

②自动计费。当验票机感应到车辆时，验票机开始工作。若验票机判定月票卡无效，将会亮起无效灯，并以语音提示：“请到收费员处交费。”驾驶员交费后，验票机亮起有效灯，并用语音提示“谢谢光临”，之后闸门自动开放。

3）车辆图像识别

在车辆入口和出口都安装有摄像机，用于车辆图像识别。车辆经过出入口时自动摄取汽车图像，通过计算机进行对比核实后放行。如图 8-30 所示为有图像识别的停车场管理系统。

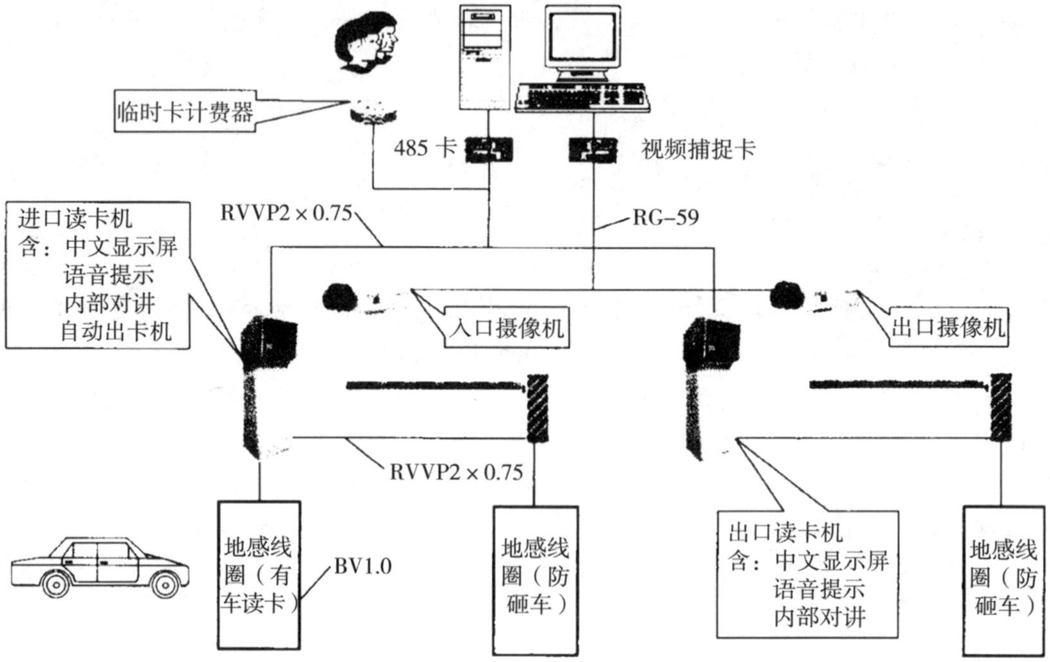

图8-30 有图像识别的停车场管理系统

【案例精析 8-1】

某日，王先生预约的搬家公司车辆行至小区入口时突发故障，在自动道闸开启的时间内未能驶离道口，车辆重新启动后又将下落的道闸横杆刮坏。请问小区门岗的保安人员应如何处理此事？

精析：(1) 本案中搬家公司的车辆行至小区入口时突发故障，将下落的道闸横杆刮坏，应承担赔偿责任。

(2) 停车场管理人员在发现车辆碰撞、碰毁设备、设施造成损失时，应记下肇事车辆号码，暂不放其驶出车场，并联系物业部负责人就设备、设施损害程度与肇事车主协商解决。

(3) 小区保安人员应该掌握道闸口的使用性能，发现车辆在开启的时间内未能驶离道口，应立即采取应急措施，将设备由“自动”使用状态转换为“手动”状态，就会避免此次事故的发生。

【案例精析 8-2】

2009 年 7 月，广东省某市三防办的水文遥测专业频率不断受到不明信号的干扰，当时正是防汛期，北江水情要随时上报，不能耽搁。2009 年 7 月 23 日，某市无线电管理处接报后立即派出无线电信号检测车巡查，很快查明了信号干扰源就在三防办办公楼附近的一处商品房建筑工地及一家酒店。工地管理人员和酒店保安手中的无线对讲机正是“元凶”。

原来，这两家单位在未经申报批准的情况下就擅自购买了一批对讲机使用，发出的无线电信号恰好接近三防办的通信频率，严重影响了三防办的正常工作。

精析：目前，几乎每一个物业服务公司都会使用对讲机用于安全保卫工作，但大多数公司的负责人都不知道对讲机要在国家无线电管理机构申报并登记注册后方可使用。

本案中，工地及酒店的负责人对此事感到意外。据了解，工地使用的对讲机是从广州购买的，酒店的则是在当地一家商场购买的，两家单位的有关负责人均表示并不知道占用了三防办的专用频道，更不知道购买和使用普通对讲机需要向当地无线电管理处申报及登记注册，并将器材送检。

我国物业管理区域大部分集中在城市，这些城市或者处在飞机航线之下，或者是火车铁路必经之地，甚至可能是江、河航运之要道，是典型的交通枢纽，也是国家无线电监测的重要门户。为保障民航、三防、公安、森林防火等重要部门的通信畅通，依法查处无线电有害干扰是物业服务公司的一项主要工作。所以，作为物业服务公司的负责人一定要高度重视关于使用民用无线电通信器材的宣传和引导，遵循国家相关法律法规，避免出现本案中的类似情况。

主要概念

视频监控　入侵报警　出入口控制　停车场管理　信号传输

基础知识练习

△ 单选题

1.电视监控系统中将图像信号转换为电信号的设备是（　　）。

A.显示器　　B.摄像机　　C.切换器　　D.视频分配器

2.电视监控系统中，（　　）可以将一路视频信号送到多个显示器和记录设备上。

A.显示器　　B.切换器　　C.画面分割器　　D.视频分配器

3.（　　）传输具有传输距离长、传输容量大、传输质量高、保密性好、敷设方便等优点。

A.同轴电缆　　B.光纤　　C.双绞线　　D.电话线

△ 多选题

1.停车场管理系统主要由智能IC卡、感应式IC卡读卡机、自动发卡机、管理计算机、图像对比及（　　）组成。

A.全自动道闸　　B.控制器　　C.防砸车检测系统　　D.摄像设备系统

2.联网型访客对讲系统由（　　）、监视屏及电源组成。

A.室内机　　B.门口机　　C.电控锁　　D.管理员机

E.无线遥控

△ 判断题

1.监视器的画面上出现一条黑杠或白杠并且向上或向下慢慢滚动是由于环路或电源性能不良引起的。（　　）

2.传输部分是监控系统的信号通路。（　　）

△ 思考题

1.视频监控系统由几大部分组成？

2.出入口中身份的识别方法都有哪几种？目前常采用的是什么方法？

3.停车场管理系统由哪几部分组成？

实践操作训练

△ 案例题

某家公司办公室安装了电子监控系统，目的是使管理者可以更好地直接进行管理和监控，安装之后，有一定的成效，但是并没有激发起员工更大的工作热情。有些员工认为，系统固有的电子报告只是不必要的例行公事。他们还认为，自己工作中的隐私被曝光，管理者对员工不信任，“电子警察”所反映的只是表面现象，员工的内心世界并不能表现出来等，并且管理者得到的信息只是表面的，这些信息会给管理者决策起到误导作用。好的管理者通常是那些在员工和他们自己之间创造信任的人，电子监控系统破坏了这种信任关系。

问题：

1.电子监控系统能起到激发员工工作积极性的作用吗？

2.管理者是否有权监管员工的工作细节？

3.若要安装电子监控系统，装在办公室的什么位置合适？

△ 实训题

【实训情境设计】

以学校附近已装备停车场管理系统的物业小区为实训现场，学生通过实际操作，熟悉停车场管理系统的设备、功能，并正确处理突发事件，提高设备维护及管理能力。

【实训任务要求】

1.分析停车场管理的难点和解决办法。

2.制定停车场管理的规章制度。

3.对停车场管理系统进行日常维护。

【实训提示】

1.熟悉停车场管理的主要内容及工作职责。

2.了解停车场管理系统的组成。

3.熟悉停车场管理系统日常维护的内容。

【实训效果评价表】

填写实训效果评价表，见表8-1。

表8-1　　实训效果评价表

评价内容	分值（分）	评分（分）
停车场管理工作职责	10	
突发事件处理	30	
日常维护	30	
规章制度	10	
设备操纵方法	20	
总体评价	100	

第9章

广播系统

本章概要

本章共分2节，简单介绍了广播系统的组成、种类和常用的广播系统。

学习目标

了解广播系统的组成和种类，掌握广播系统的主要技术指标和设备。培养学生大国工匠精神，增强劳动光荣意识。

引例

融新物业公司为庆祝中华人民共和国成立70周年，在所管理的融合小区中午播放歌唱祖国的一系列歌曲和音乐。业主曲女士打电话投诉，称广播声影响了其午休，要求物业公司停止播放，并声称园区广播是用来说事的，不是用来骚扰业主的。管理人员马上向经理请示，经理决定把播放时间改为14：00—15：00，音量调小一些，尽量不影响业主的休息和生活。

9.1 广播系统概述

广播在建筑物内一般为有线广播，指有线传输的声音广播，通常设置在公共场馆、建筑物、住宅小区内部。

9.1.1 广播系统的功能

广播系统又称为广播音响系统，它设于公共场所，按照功能可分为公共广播、背景音乐和应急广播。

针对不同的建筑物，广播系统的功能也有所不同：

居住小区的广播系统主要是在小区公共部分或绿化地带、小区内道路的两侧等处进行一些音乐广播，播放一些小区公告信息。为了满足公共广播、背景音乐播放、控制区域广播及紧急事故、消防广播的要求，并且考虑到语音清晰、均匀适度、整个音响系统的灵活性及小区居民生活的实际情况，在设计时可采用多分区功放设备，可根据需要，在指定的区域（如广场、花园等处）进行广播，也可在全区同时广播。

旅游建筑中的广播系统用于酒店的信息发布及休息时间的背景音乐播放，公共区域主要以轻音乐为主，创造一种轻松愉快的气氛。客房设节目选择器，客房内的床头广播内容由住客自由选取，并可随意调节音量、开启或关闭，可插播或定时播放各种音频，如网络广播、CD播放等。

酒店的广播系统同时实行集中式或分散式控制，担负背景音乐及消防广播任务，设多个分控室、消防广播室、广播服务台，可实现对全楼、各楼层分区或对客房进行客户服务通知广播。紧急情况下，不论系统处于任何状态，均可根据预先设定马上进入全区报警或局部报警，自动识别并切入消防紧急广播信号。

工厂的广播要求平时自动播放上下班铃声，对各个厂区车间发布通知，对所需要广播的区域进行业务广播。可对每个车间及办公区划分区域，内部可单独控制或调节音量大小；可用于各个车间及公共区的分区、全区广播、寻呼；可设多个广播寻呼点，进行多点统一广播寻呼；可实现工厂无人值守的编程自动运行的广播功能。

9.1.2 广播系统的组成

广播系统通常由节目源设备（电子语音盘、录／放音、话筒等设备）、信号放大和处理设备（功率放大器）、传输线路和扬声器四大部分组成。需要时可增加音频处理设备、计算机管理系统等。

公共广播、背景音乐或应急广播这三个功能可以用一套设备实现，平时用于播放业务广播或背景音乐，发生火灾或紧急状态下自动切入紧急广播，并能实现分区输出指挥疏散。需要时，系统可与安防、消防系统联动。

1）节目源

节目源通常有无线电广播（调频、调幅）、普通唱片、激光唱片（CD）和盒式磁带等，相应的节目源设备有FM/AM调谐器（接收机）、电唱机、激光唱机和录音卡座等。此外，还有传声器（话筒）、电视伴音（包括影碟机、录像机、激光唱机和卫星电视的伴音）、电子乐器等。其通常可提供3~5套背景音乐节目。

2）信号放大和处理设备

信号放大和处理设备包括调音台、前置放大器、功率放大器和各种控制器及音响加工设备等。这部分设备的主要任务是信号的放大（包括电压放大和功率放大）和信号的选择（即通过选择开关选择所需要的节目源信号）。调音台与前置放大器的作用或地位相似（调音台的功能和性能指标更高），它们的基本功能是完成信号的选择和前置放大，此外还担负对重放声音的音色、音量和音响效果进行各种调整和控制任务。有时为了更好地进行频率均衡和音色美化，还另外单独接入均衡器。总之，这部分是整个音响系统的控制中心。功率放大器则将前置放大器或调音台送来的信号进行功率放大，通过传输线路去推动扬声器放声。

3）传输线路

对于礼堂、剧院、歌舞厅、卡拉OK厅等，由于功率放大器距离播放的位置距离较近，一般采用低阻大电流的直接传输方式。传输线即所谓的喇叭线，要求采用截面较大的粗线。由于这类系统对重放音质要求较高，故常用专用的喇叭线。

对于公共广播系统及客房广播系统，由于服务区域广、距离长，为了减少传输线路引起的损耗，常要求采用高压传输方式。这种方式由于传输电流较小，故对传输线要求不高。此方式通常也称为定压式传输。

另外，在客房广播系统中，有一种与宾馆CATV（共用天线电视系统）共用的载波传输系统，这时的传输线就使用CATV的视频电缆，而不用一般的音频传输线。

对于整个居住区域或建筑群的广播，目前可采用网络方式，采用光纤和对绞线电缆传输。

4）扬声器

扬声器系统也称音响或扬声器箱，其作用是将音频电能转换成相应的声能。由于从音响发出的声音是直接放送到人耳中，所以其性能指标将影响到整个放声系统的质量。音箱通常由扬声器、分频器、箱体等组成。

9.1.3 广播系统的种类

在各类现代建筑中，广播系统已成为一套必需的设备。广播系统的技术指标应根据建筑物用途类别、质量标准、服务对象等因素确定。根据建筑规模、使用性质和功能要求的不同，广播系统可划分为多种类型。

（1）根据使用要求，视听场所的广播系统可划分为语言扩声系统、音乐扩声系统、语言和音乐兼用的扩声系统三种。其中，会议厅、报告厅等专用会议场所应该按照语言扩声一级标准来设计。

（2）根据工作环境不同，广播系统可划分为室外扩声系统和室内扩声系统。

（3）按工作原理不同，广播系统可划分为单声道广播系统、双声道立体声广播系统和多声道环绕声广播系统三种。

（4）根据传输方式的不同，广播系统可划分为：

①有线传输方式。它是指从信号的处理一直到信号的输出均通过广播线来传输。这是广播系统通常采用的传输方式。

②无线传输方式。目前除了在信号源部分采用的无线话筒外，在信号的传输过程中，出于成本、抗干扰性、国家频率资源管理等各方面的考虑，一般都很少采用无线传输方式。

（5）根据输出到终端的信号形式不同，广播系统可分为：

①定阻式传输方式，也称为低电平信号传输方式。它将信号源输出的原始信号通过信号处理及功率放大后输出低电平音频信号（0.775V/600Ω），再直接送入终端播出。这种方式追求的是低失真、高还原度，其目的是力求将原始的音源信号原汁原味地表现出来，以满足听众欣赏高保真音乐的需要。

②定压式传输方式。由于部分种类的广播音响系统传输距离较长，且终端数量较多，如果将音频信号直接送入终端，则不仅会因线路损耗过大而造成终端无法发声，还可能因负载过多而造成功放不堪重负，因此，这类广播音响系统要使用定压传输方式，又称高电平信号传输方式。经它输出的信号并不是低电平的音频信号，而是将音频信号通过专用变压器耦合升压至较高的电平（如70V、100V、120V）的交流信号输出。这种传输方式类似于我们日常使用的220V交流电，在线路损耗一定的情况下，在用户终端始终能保持额定的电压。能实现这种工作方式的功放也称为定压功放。这类系统的放音终端设备是在普通的扬声器上安装一个耦合变压器，将高电平的信号转换至低电平的音频信号后输出，还原为声音信号。

（6）按信号处理的方式，广播系统可分为模拟式和数字式两种。

①模拟式广播系统。传统的音响设备都是模拟设备。模拟音响设备在处理信号过程中，信号的变化始终与输入模拟信号的频幅成某种比例关系。因此，模拟音响设备存在失真度和噪声较大等固有缺陷。

②数字式广播系统。随着集成电路和微处理机技术的发展及其向音响领域的渗透扩展，出现了各种以微处理机和大规模数字集成电路为核心的新一代数字化音响设备，如媒体矩阵。这些数字化音响设备借助微处理机和集成电路的高速、高精密、大储存容量、可编程等特点，将输入的音频信号通过模/数转换器转换成对应的数字信号进行处理，再由数/模转换器还原成高保真的音频信号，经末级电路输出。数字化音响设备的特点是低失真、低噪声、多功能、高分解力及可预存、可编程等。预计在不久的将来，以微处理机和超大规模集成电路为核心的数字音响设备很有可能取代大部分模拟音响设备。

【案例精析 9-1】

某大型超市的工作人员向物业公司报告，该区域的广播系统在播报和播放音乐时，声音失真、难听，请求为其维修。

物业公司派弱电技工检查发现，只是该区域的广播声音失真，其他区域正常。通过向该区域的住户了解得知，前两天某住户在布置摊位时不小心将广播音箱弄坏，喇叭的纸盆被戳了一个洞，该住户按原喇叭的大小和形状购买了一个新的，请人安上了。维修技工找到了该住户，向其了解情况，该住户承认确有其事，并将换下的喇叭拿给了维修技工，经维修技工对新旧喇叭进行对比发现，虽然喇叭的大小、形状、功率都相同，但阻抗不同，随后该住户同维修技工一道重新更换了符合阻抗要求的喇叭，广播声音正常。

精析：(1) 物业公司的管理存在漏洞，设施设备损坏，物业公司不知情。

(2) 物业公司的服务不贴心，住户不信任物业公司。

(3) 物业公司的宣传教育工作不到位，住户进入时、进入后应通过多渠道进行宣传教育，让住户清楚物业公司的服务内容和服务标准。住户也应协助物业公司做好管理方面的工作。

9.2 常用广播系统

9.2.1 简易广播系统

一个广播系统必须配置广播扬声器、广播功放、前置放大器和话筒。

最简易的广播系统方案如图 9-1 所示，由话筒、功放和扬声器组成。

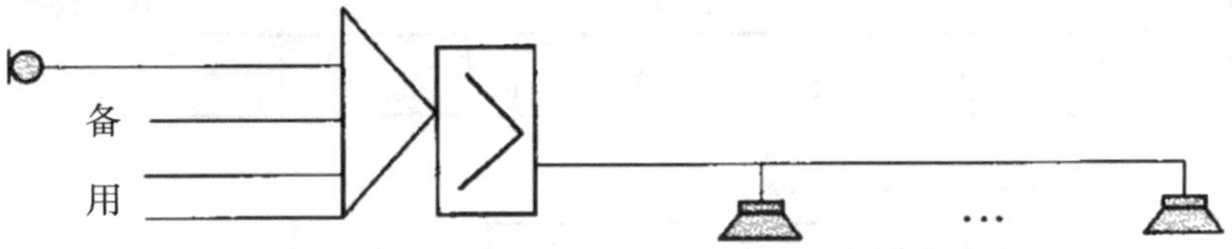

图9-1 简易广播系统方案（一）

此方案的广播功放有内置的前置放大器（俗称合并机）。这个简易系统只能发语音广播，如通知、寻呼、讲话等。如果要广播背景音乐、广播新闻、发布录音，则可添置CD、卡座、调谐器（收音机）等设备。它有多个线路输入接口，完全可以同这些设备连接。它还可以配接多个话筒，供中小型集会主席台使用。其中的主话筒具有优先功能，其信号能抑制其他输入（令其静音），以便强行插入具有优先权的发言或紧急广播。

另一种简易广播系统方案如图 9-2 所示。

此方案的广播功放是内置收音、卡座、CD的一体化功放，功能齐全。其主话筒亦有优先权，可用于紧急插入。

以上两个简易系统的共同缺陷是没有分区环节，也没有用来连接消防中心的联动口。而作为典型的公共广播系统，上述环节和接口是一定要有的。

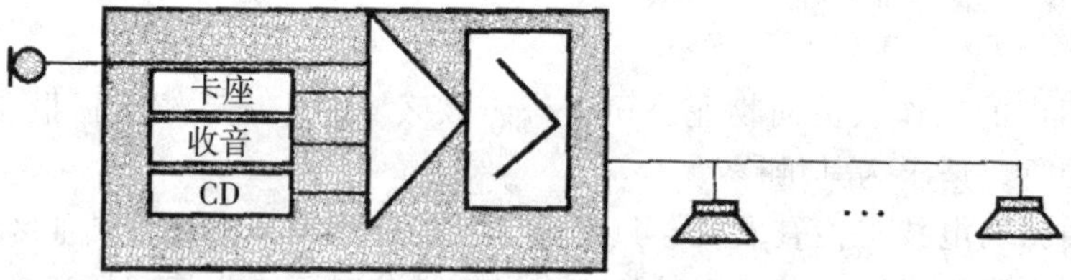

图9-2 简易广播系统方案（二）

9.2.2 公共广播最小系统

公共广播最小系统是指公共广播功能基本完备的系统，其推荐方案如图9-3所示。

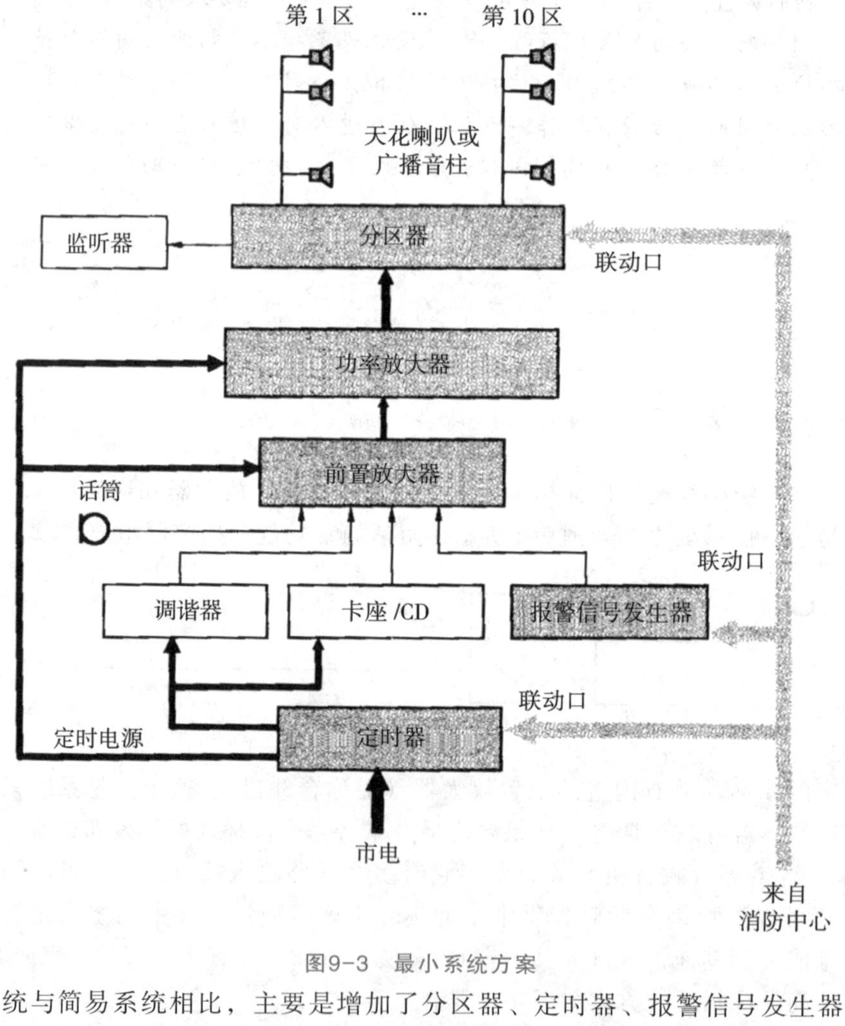

图9-3 最小系统方案

该系统与简易系统相比，主要是增加了分区器、定时器、报警信号发生器和消防中心联动口。平时，系统在可编程定时器的管理下运行（根据预先编定的程序定时启闭有关环节的电源），并按时播放作息时间正点钟声信号。当消防中心向系统发出报警信号时，通过联动口强行启动有关环节（无论程序处于何种状态）。同时，不管其是否处于关闭状态，强行切入所有分区插入紧急广播。

该系统功放和前置放大器分开，系统的组合、操控更为方便。

9.2.3　公共广播分区报警系统

最小系统虽然有分区和强插功能，但其功能不够理想。原因在于，其警报不能分区发布，一旦发生警报，所有分区都同时进入警报状态。这对于规模不大的系统是适宜的。例如一所小学，常规广播有必要分区（至少教室和办公室要分别对待），而警报当然应该同时发布。但对于规模较大的系统则不妥，全面发布警报可能引起混乱。另外，最小系统的警报可以强行打开那些在平时处于关闭状态的分区，但不能打开那些被现场音控器关闭了的分区。

为了实现分区报警，必须有两路功放，配置如图9-4（仅画出与分区报警有关的部分）所示。

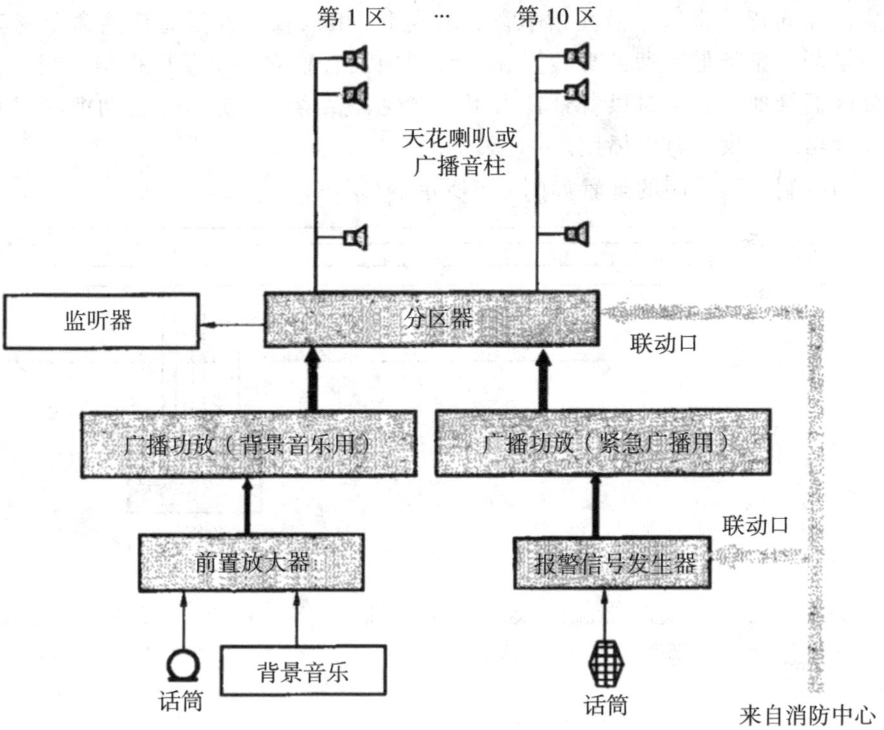

图9-4　分区报警配置

在图9-4中，背景音乐和报警信号分别送入分区器的A、B端。当警报发生时，报警信号只进入警报区，而其他分区则照常播放背景音乐。

为了强行打开（绕过）音控器，可以采用三线制或四线制配置。

（1）三线制。三线制的配置如图9-5所示。

由图9-5可见，三线制的特点是只有三条终端配线，即N、R、C，图示为背景音乐状态。当警报发出时，广播信号线在系统中心（机房）被分区器切换至报警通道，同时由系统中心送出24V电源（称为强插电源）驱动强插继电器，令R线同N线短接，目的是使音控器旁通。但这里所使用的音控器必须与三线制相容。当一个音控器控制一个扬声器群组时，由于受控功率大，须加接扩展器。

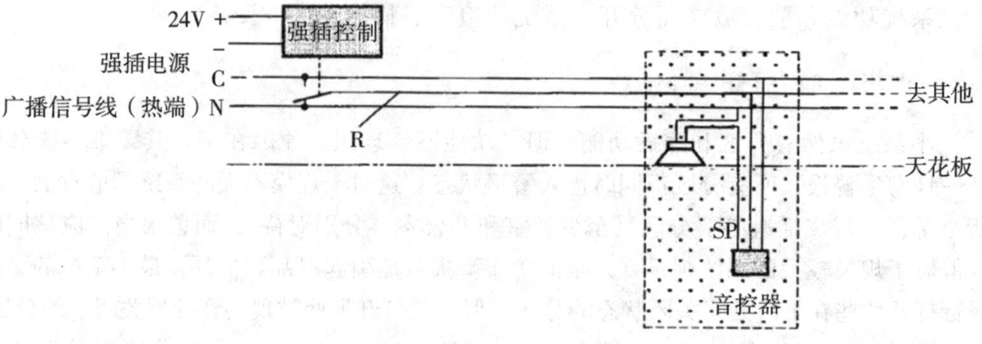

图9-5 广播强插（三线制配置）

有必要指出，有些用户容易把三线制中的R线误接于紧急广播功放的输出端，结果导致紧急广播同背景音乐广播互相串音。事实上，R线仅是在紧急广播命令驱动下进行音控器切换的一条类似旁通的导线。在三线制中没有独立的紧急广播信号线，其中的N线是由分区器管理的，平时供背景音乐用；出现紧急情况时分区器自动把它切换到紧急广播功放输出端，供紧急广播用。

（2）四线制。四线制的配置如图9-6所示。

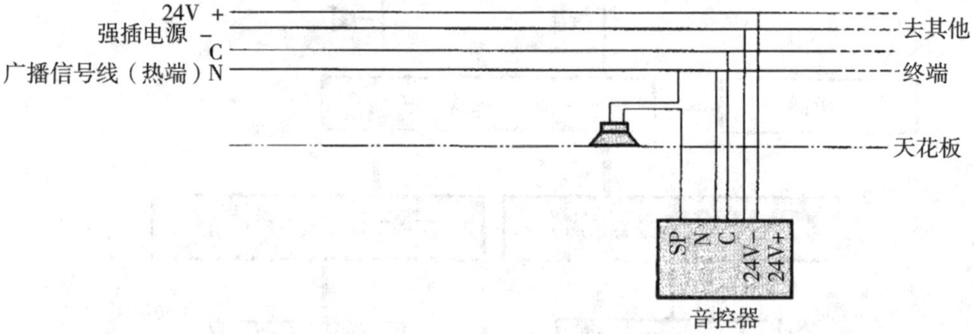

图9-6 广播强插（四线制配置）

由图9-6可见，四线制终端配线有四条，即C、N、+24V、−24V。与三线制相比较，其差别是强插继电器置于音控器内部。

9.2.4 常用公共广播系统

常用公共广播系统如图9-7所示。与最小系统相比，常用系统增加了报警矩阵、分区强插、分区、电话接口、主/备功放切换、应急电源等环节，系统的连接也作了相应的调整。此外，还展示了几种结构不同的分区。

报警矩阵是与消防中心连接的智能化接口，可以编程。当消防中心发出某分区报警信号时，报警矩阵能根据预编程序的要求，自动地强行开放警报区及其相关的邻区，以便插入紧急广播；对于具有音控器的分区，须在分区电源的帮助下才能强行打开（或绕过）音控器进行插入；无关的邻区将继续播放背景音乐。在警报启动时，报警信号发生器也被激活，自动地向警报区发送警笛或先期固化的告警录音（如指导公众疏散的录音）。如有必要，可用消防话筒实时指挥现场运作。消防话筒具有最高优先权，能抑制包括警笛在内的所有信号。

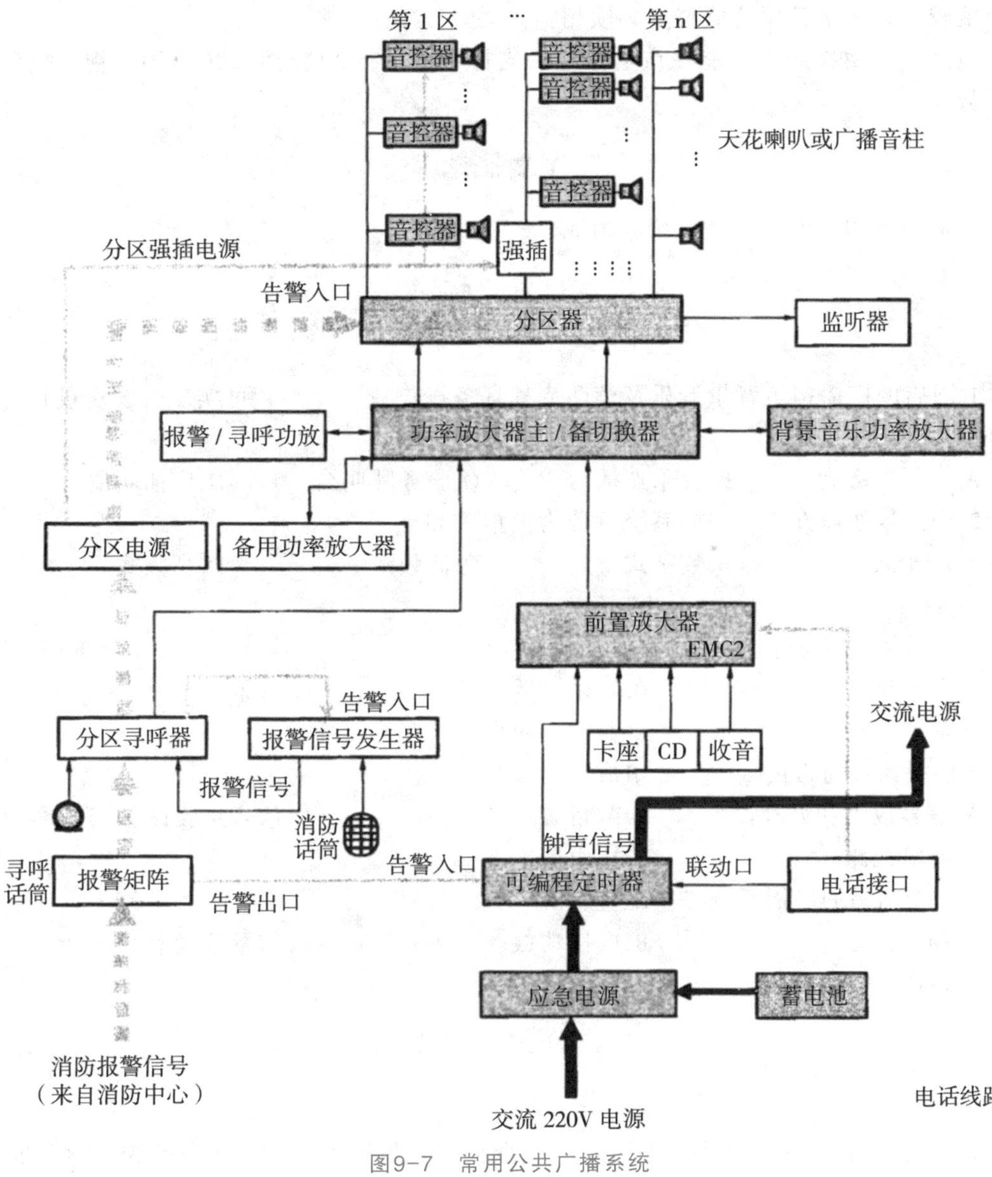

图9-7　常用公共广播系统

分区寻呼器可以开启由分区器管理的任意一个（或任意几个）分区，插入寻呼广播。

电话接口是与公共电话网连接的智能化接口。当有电话呼叫时能自动摘机，向广播区播放来话，使得主管人员可以通过电话发布广播。当电话主叫方挂机时，系统亦会自动挂机。系统具有线路输入口，可以配接调音台、前置放大器等设备，以便举行电话会议。

主/备功放切换器可以提高系统的可靠性。当主功放故障时，能自动切换至备用功放。在图9-7中有两台主功放，分别支持背景音乐和寻呼/报警；有备用功放一台，随时准备自动接管报警任务。该备用功放也可支持背景音乐，但背景音乐的广播扬声器总量可能较多，要求备用功放容量必须相当。

应急电源属在线式，能在市电停电后支持系统运行30分钟~120分钟（视蓄电池容量而异）。

主要概念

广播系统的功能　广播系统的组成

基础知识练习

△ 单选题

1.酒店的广播担负背景音乐及消防广播任务，设有（　　）可实现对客房进行客户服务广播。

A.广播服务台　　B.音乐点播台　　C.服务呼叫台　　D.广播叫醒

2.按信号处理方式，广播系统可分为模拟式和（　　）。

A.电子式　　B.数字式　　C.低频式　　D.高频式

△ 多选题

1.广播系统设立于公共场所，按照功能有（　　）。

A.公共广播　　B.娱乐广播　　C.背景音乐

D.应急广播　　E.业主（业户／顾客）点播

2.广播系统通常由（　　）组成。

A.信号放大和处理设备　　B.节目源设备　　C.信号接收设备

D.传输线路　　E.扬声器

3.一个简易的广播系统必须配置（　　）。

A.扬声器　　B.广播功放　　C.前置放大器

D.话筒　　E.调音台

实践操作训练

△ 案例题

某住宅小区2008年10月入住，由A物业公司提供服务，物业服务费为0.98元/m^2·月。小区各种附属设施完备，广播系统冬季下午3：00—3：40，夏季下午4：00—4：40定时播放歌曲、轻音乐等，营造了小区的文化氛围。

2014年8月，A物业公司提出由于物业服务成本增加，物业服务费上调至每月1.40元/m^2，业主和业主委员会没有同意。A物业公司于同年10月撤离该物业区域，该物业区域交由社区代管。业主从此开始不再交纳物业服务费，小区管理进入了无序状态，濒临瘫痪。

无序的管理状态持续了两年多，小区的设施设备损毁严重，环境卫生脏乱差现象随处可见，业主的正常生活受到严重影响，因此业主自发地组织重新选举产生了业主委员会，并向街道相关管理部门备案。业主委员会经向全体业主征求意见，绝大多数业主同意再选聘物业公司为小区提供服务，物业费调整为每月1.35元/m^2。

2017年1月，B物业公司通过公开招投标程序承接了该小区的物业服务工作。

B物业公司接管后对小区损毁的设施设备，包括广播系统进行了全面修复。收集、修复被迁移损坏的广播音箱、广播线路等，对广播主机进行了升级，很快广播系统得以恢复。系统调试期间，广播又传出了令人轻松、愉悦的音乐，业主脸上露出了满意的笑容。

问题：

1.广播系统运行、维修、养护管理应怎样做才能做得更好？

2.小区被弃管后会给业主的生活带来什么样的影响？

提示：广播系统运行要做好以下几点：

（1）节目源：音乐、曲艺等健康向上的内容要轮换播放。

（2）播出时间：要不影响业主的正常生活和休息等。

（3）播出音量：要适中，不能扰民。

（4）设施设备：要经常进行维修、养护。

△ **实训题**

【实训情境设计】

以学生所在学校的广播系统为实训项目，在征得学校管理部门的同意下，由专业教师带领学生熟悉学校广播系统的组成、运行控制等，明确学校广播系统的类型，归纳总结学校广播系统的运行管理措施，多渠道拓展学生在广播系统运行、日常维护等方面的管理技能。

【实训任务要求】

1.制定学校广播系统管理的规章制度。

2.确定如何对学校广播系统进行日常维护管理。

【实训提示】

1.熟悉学校广播系统的类型及组成。

2.了解学校广播系统运行管理采取的措施。

3.熟悉学校广播系统日常维护管理的内容。

【实训效果评价表】

填写实训效果评价表，见表9-1。

表9-1　　实训效果评价表

评价内容	分值（分）	评分（分）
广播系统组成	10	
广播系统管理的规章制度	30	
广播系统运行管理措施	30	
日常维护管理措施	30	
总体评价	100	

第 10 章

物业提升设备

本章概要

本章共分 2 节，主要讲解了常用电梯的基本构造和养护的基本知识，简单介绍了自动扶梯。

学习目标

通过本章的学习，了解电梯、扶梯的分类及其基本构造；掌握电梯日常运行维护与管理技能；能够对电梯异常情况进行正确的处置；理解自动扶梯的日常维护和管理技能；树立正确的人生观和价值观，具备安全意识和环保意识。

引例

住在华府小区7号楼802室的业主赵女士报修，称其居住单元的电梯轿厢门反复开关，电梯无法正常运行，而自己有腰椎间盘突出症，从8楼走到1楼用了近10分钟时间，请求物业公司尽快修复。

10.1 电梯概述

微课7

电梯

电梯是指用电力拖动的轿厢沿铅垂方向或与铅垂方向倾斜角不大于15°，在刚性井道之间运送乘客或货物的固定设备。电梯被广泛应用于住宅、办公楼、宾馆、商场、医院和工厂等场所。随着社会的发展，智能化楼宇不断增多，电梯也越来越重要。

10.1.1 电梯的分类

电梯可以从不同角度进行分类，使用时可根据建筑物的高度、用途及客流量而选择不同类型的电梯。

1）按用途分类

（1）载客电梯。它是为运送乘客而设计的电梯，主要用于宾馆、饭店、办公楼等居住楼宇场所。这类电梯为了提高运送效率，其运行速度比较快，自动化程度比较高，轿厢的尺寸和结构形式多为宽度大于深度，使乘客能畅通地进出，而且安全设施齐全，装潢美观，乘坐舒适。

（2）载货电梯。它是为运送货物而设计的且通常有人伴随的电梯，主要用于两层楼以上的车间和各类仓库等。这类电梯的自动化程度和运行速度一般比较低，其装潢一般不太讲究，而载重量和轿厢尺寸的变化范围则较大。

（3）客货两用电梯。它主要用于运送乘客，但也可运送货物，它与乘客电梯的区别在于轿厢内部装饰结构不同。

（4）病床电梯。它是为运送病人、医疗器械等而设计的电梯。这种电梯轿厢窄而深，有专门人员操作，运行比较平稳。

（5）杂物电梯。它又叫服务电梯，是供图书馆、办公楼、酒店运送图书、文件、食品等的电梯。此类电梯的安全设施不齐全，禁止乘人，由门外按钮操纵。

除上述几种外，还有轿厢壁透明、装饰豪华的供乘客观光的观光电梯；供消防用的消防电梯（平时一般用作乘客电梯）；专门用作运送车辆的车辆电梯；用于船舶上的船舶电梯等。

2）按速度分类

（1）低速梯。速度不大于1m/s的电梯为低速电梯。

（2）快速梯（中速梯）。速度大于1m/s、低于2m/s的电梯为快速电梯。

（3）高速梯。速度在2m/s以上的电梯为高速电梯。

（4）超高速梯。速度大于5m/s的电梯为超高速电梯。

3）按拖动方式分类

（1）交流电梯，包括采用单速交流电机拖动、双速交流电机拖动、三速交流电机拖动、调速电机拖动的电梯。此类电梯多为低速梯和快速梯。

（2）直流电梯，包括采用直流发电机——电动机组拖动、直流晶闸管励磁拖动、晶闸管整流器供电的直流拖动的电梯。此类电梯多为快速梯和高速梯。

在位移相对较小的特殊场合也使用液压电梯。

4）按控制方式分类

（1）手柄操纵控制电梯。它是由电梯司机操纵轿厢内的手柄，来实现轿厢运行控制的电梯。司机用手柄操纵电梯的启动、上、下和停层。在停靠站楼板上、下0.5m～1.0m有一平层区域，停站时司机只需在到达该区域时将手柄扳回零位，电梯就会以慢速自动到达楼层停止。这种电梯有手动门和自动门两种，自动门电梯停层后，门将自动打开。手柄操纵方式一般用于低楼层的货梯。

（2）按钮控制电梯。它是指通过操纵层门外侧按钮或轿厢内按钮，来控制轿厢停靠层的电梯。

轿厢内控制电梯的按钮箱安装在轿厢内，由司机进行操纵。电梯只接受轿厢内按钮的指令，厅门上的召唤按钮只能以轿厢内指示灯亮起的方式发出召唤信号，不能截停和操纵电梯，多用于客货两用梯。

轿厢外由安装在各楼层门口的按钮箱进行操纵。操纵内容通常为召唤电梯、指令运行方向和停靠楼层。电梯一旦接受了某一层的操纵指令，在完成前就不会接受其他楼层的操纵指令，一般用于杂物梯。

（3）信号控制电梯。它是指将层门外上下召唤信号、轿厢内选层信号和其他专用信号加以综合分析判断，由电梯司机操纵控制轿厢运行的电梯。

信号控制电梯除了具有自动平层和自动门功能外，还具有轿厢命令登记、厅外召唤登记、自动停层、顺向截停和自动换向等功能。这种电梯操作简单，只需将需要停站的楼层按钮逐一按下，再按下启动按钮，电梯就能自动关门运行，并按预先登记的楼层逐一自动停靠、自动开门。期间，司机只需操纵启动按钮。在运行中，电梯能被符合运行方向的厅外召唤信号截停。采用这种控制方式的常为住宅梯和客梯。

（4）集选控制电梯。它是指将各种信号加以综合分析，自动决定轿厢运行情况的、无司机控制的电梯。

乘客在进入轿厢后，只需按一下楼层按钮，电梯在等到预定的停站时间后，会自动关门启动运行，并在运行中逐一登记各楼层的召唤信号，对符合运行方向的召唤信号，逐一自动停靠应答。在完成全部顺向指令后，电梯自动换向应答反向召唤信号。当无召唤信号时，电梯自动关门停机或自动驶回基站关门待命。当某一层有召唤信号时，再自动前往应答。

这种电梯由于无司机操纵，所以轿厢需安装超载装置。采用这种控制方式的常为宾馆、办公大楼中的客梯。

集选控制电梯一般都设有/无司机操纵转换开关。当有司机操纵时，集选控制电梯与信号控制电梯功能相同。

（5）并联控制电梯。2～3台集中排列的电梯，共用层门外的召唤信号，按规定顺序自动调度，确定其运行状态，而电梯本身具有自选功能，这种电梯称为并联控制电梯。

（6）群控电梯。在超高层的办公楼和住宅内一般就要选用群控电梯。群控是由微机控制，统一调度多台集中并列的电梯。群控可以分为：

①梯群的程序控制。梯群的程序控制系统按照预先编制好的程序作集中调度和控制。为此，选用控制方式之前要对大楼的交通流量进行调查，分清流量的高峰、平衡状态、空闲、上行和下行的时段。电梯在工作中可按照实际流量的情况自动与预先编制的交通流量模式进行比较，自动选择或人工变换控制程序，比如在上行高峰时期就可对下行电梯作下行直驶控制。

②梯群的智能控制。梯群的智能控制系统是目前最先进的电梯控制系统。它是属于大楼管理系统的一个组成部分，也就是属于智能建筑中的电梯群控系统。

电梯智能控制具有对交通数据的采集、交换和存储功能。系统可以显示出所有电梯正在运行的状态，计算机可根据当时的客流情况自动地选择最佳的运行程序。

10.1.2 电梯的驱动

变频变压驱动电梯的电力驱动系统主要有交流变极调速系统（双速）、交流变压调速系统（ACVV）、变频变压调速系统（VVVF）、直流驱动系统以及最新推出的直接力矩控制变频变压调速系统（DTC）等。

目前，国内电梯除部分货梯仍在采用双速驱动以外，其他大部分客梯或客货两用梯均已采用ACVV变频变压驱动技术。对于高层建筑的电梯驱动系统而言，最好还是选用VVVF变频变压方式。这种驱动系统电梯的额定速度越来越高，国外开发的矢量变换控制VVVF电梯的额定速度已达12.5 m/s，且调速性能已达到直流电动机的水平。

1）变频变压电梯

交流异步电动转速和施加于定子绕组上的交流电源的频率成正比关系（n=60f/p），均匀且连续地改变定子绕组的供电频率，即可平滑地改变电机的同步转速。但是，按照电机和电梯对恒转矩负载的要求，在变频调速时需保持电机的最大转矩不变，维持磁通恒定，因此，定子绕组供电电压也要作相应的调节。电动机的供电电源的驱动系统应能同时改变电压和频率，即对电动机供电的变频器要求有调压和调频两种功能。使用这种变频器的电梯就称为变频变压电梯。

2）变频变压电梯的主要优点

（1）优越的调速性能。变频变压电梯在启动和制动过程中，通过均匀地改变电机供电的频率和电压，达到平滑调节电梯速度的目的，获得良好的乘用舒适感。

（2）显著的节能效果。相对于变压调速电梯来讲，变频变压调速电梯具有明显的节能效果。

（3）良好的性价比。变频变压电梯的技术水平、调速性能、运行效率、舒适感、平层精度均优于变压调速电梯，但成本并不太高。

（4）可靠性高。变频变压电梯具有较高的系统可靠性，故障率明显低于同类的

ACVV电梯。系统中的PC机、变频器、调速器均是可靠性较高的单元，触点开关较少。

10.1.3　电梯的基本结构

电梯是机、电合一的大型复杂产品，机械部分相当于人的躯体，电气部分相当于人的神经，机与电的高度合一，使电梯成了采用现代科学技术的综合产品。下面简单介绍电梯的基本结构，其结构示意图如图10-1所示。

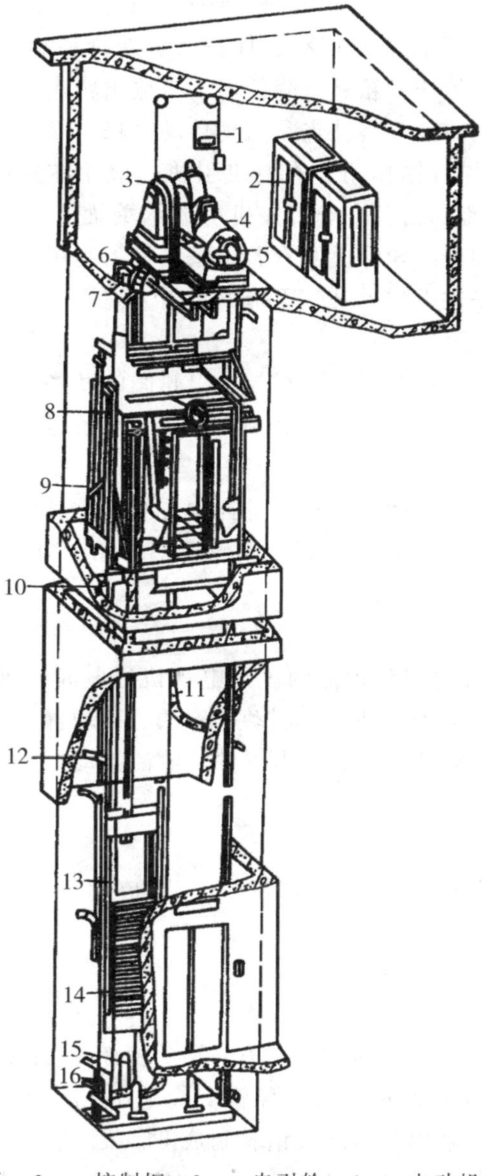

1——极限开关；2——控制柜；3——曳引轮；4——电动机；5——手轮；
6——限速器；7——导向轮；8——开门机；9——轿厢；10——安全钳；
11——控制电缆；12——导轨架；13——导轨；14——对重；15——缓冲器；16——张紧轮

图10-1　电梯结构示意图

1）曳引系统

功能：输出与传递动力，使电梯运行。

组成：曳引机、曳引钢丝绳、导向轮、电磁制动器等。

（1）曳引机

曳引机是电梯的动力源，由电动机、曳引轮等组成。以电动机与曳引轮之间有无减速箱来分类，曳引机又可分为无齿曳引机和有齿曳引机。无齿曳引机由电动机直接驱动曳引轮，一般以直流电动机为动力。由于没有减速箱作为中间传动环节，它具有传动效率高、噪声小、传动平稳等优点，但存在体积大、造价高等缺点，一般用于2m/s以上的高速电梯。有齿曳引机的减速箱具有降低电动机输出转速，提高输出力矩的作用。减速箱多采用蜗轮蜗杆传动减速，其特点是启动传动平稳、噪声小，运行停止时根据蜗杆头数不同起到不同程度的自锁作用。有齿曳引机一般用在速度不大于2m/s的电梯上，配用的电动机多为交流机。曳引机安装在机房的承重梁上。曳引轮是曳引机的工作部分，安装在曳引机的主轴上，轮缘上开有若干条绳槽，利用两端悬挂重物的钢丝绳与曳引轮槽间的静摩擦力，提供电梯上升、下降的牵引力。

（2）曳引钢丝绳

曳引钢丝绳用来连接轿厢和对重，靠与曳引轮间的摩擦力来传递动力，驱动轿厢升降。钢丝绳一般有4～6根，常见的绕绳方式有半绕式和全绕式两种。

（3）导向轮

因为电梯轿厢尺寸一般比较大，轿厢悬挂中心和对重悬挂中心之间距离往往大于设计上所允许的曳引轮直径，所以要设置导向轮，使轿厢和对重相对运行时不互相碰撞。导向轮安装在承重梁下部。

（4）电磁制动器

电磁制动器是曳引机的制动用抱闸。当电动机通电时松闸，电动机断电时将闸抱紧，使曳引机制动停止。电磁制动器由制动电磁铁、制动臂、制动瓦块等组成。制动电磁铁一般采用结构简单、噪声小的直流电磁铁。电磁制动器安装在电动机轴与减速器相连的制动轮处。

2）导向系统

功能：限制轿厢和对重的活动自由度，使轿厢和对重只能沿着导轨作升降运动。

组成：导轨、导靴和导轨架。

（1）导轨

导轨是在井道中确定轿厢和对重的相互位置，并对它们的运动起导向作用的组件。导轨分轿厢导轨和对重导轨两种，对重导轨一般采用75mm×75mm×（8～10）mm的角钢制成，而轿厢导轨则多采用普通碳素钢轧制成T形截面的专用导轨。每根导轨的长度一般为3m～5m，其两端分别加工成凹凸形状的窄槽，安装时将凹凸榫槽互相对接好后，再用连接板将两根导轨紧固成一体。

（2）导靴

导靴装在轿厢和对重架上，与导轨配合，是强制轿厢和对重的运动服从于导轨的部件。导靴分为滑动导靴和滚动导靴。滚动导靴主要由两个侧面导轮和一个端面导轮构成。三个滚轮从三个方面卡住导轨，使轿厢沿着导轨上下运行，并能提高乘坐舒适感，多用在高速电梯中。

（3）导轨架

导轨架是支撑导轨的组件，固定在井壁上。导轨在导轨架上的固定有螺栓固定法和压板固定法两种。

3）轿厢

功能：用以运送乘客或货物的电梯组件，是电梯的工作部分。

组成：轿厢架和轿厢体。

（1）轿厢架

轿厢架是固定轿厢体的承重构架，由上梁、立柱、底梁等组成。底梁和上梁多采用16～30号槽钢制成，也可用3mm～8mm厚的钢板压制而成。立柱用槽钢或角钢制成。

（2）轿厢体

轿厢体是轿厢的工作容体，具有与载重量和服务对象相适应的空间，由轿底、轿壁、轿顶等组成。

轿底用6～10号槽钢和角钢按设计要求尺寸焊接框架，然后在框架上铺设一层3mm～4mm厚的钢板或木板。轿壁多采用厚度为1.2mm～1.5mm的薄钢板制成槽钢形状，壁板的两头分别焊一根角钢作头。轿壁间以及轿壁与轿顶、轿底间多采用螺钉紧固成一体。轿顶的结构与轿壁相仿。轿顶装有照明灯、电风扇等。除杂物电梯外，电梯的轿顶均设置安全窗，以便在发生事故或故障时，司机或检修人员可以上轿顶检修井道内的设备。必要时，乘用人员还可以通过安全窗撤离轿厢。

轿厢是乘用人员直接接触的电梯部件，各电梯制造厂对轿厢的装潢是比较重视的，一般均在轿壁上贴各种类别的装潢材料，在轿顶下面加装各种各样的吊顶等，给人以豪华舒适的感觉。

4）门系统

功能：封住层站入口和轿厢入口。

组成：轿门、层门、门锁装置、开关门装置等。

（1）轿门

轿门是设在轿厢入口的门，由门、门导轨架、轿厢地坎等组成。轿门按结构形式可分为封闭式轿门和栅栏式轿门两种。按开门方向划分，栅栏式轿门可分为左开门和右开门两种，封闭式轿门可分为左开门、右开门和中开门三种。除一般的货梯轿门采用栅栏式轿门外，多数电梯均采用封闭式轿门。

（2）层门

层门也称厅门，是设在各层停靠站通向井道入口处的门，由门、门导轨架、层门地坎、层门联动机构等组成。门扇的结构和运动方式与轿门相对应。

（3）门锁装置

门锁装置是设置在层门内侧，当门关闭后，使门锁紧，同时接通门联锁电路，电梯方能启动运行的机电联锁安全装置。轿门能在轿内及轿外手动打开，而层门只能在井道内人为开启门锁后打开，厅外只能用专用钥匙打开。

（4）开关门装置

开关门装置是使轿门、层门开启或关闭的装置。开关门电动机多采用直流分激式电动机作原动力，并利用改变电枢回路电阻的方法来调节开、关门过程中的不同速度。轿门的启闭均由开关门机直接驱动，而厅门的启闭则由轿门间接带动。因此，厅门与轿门之间需有系合装置。

为了防止电梯在关门过程中将人夹住，带有自动门的电梯设有关门安全装置，在关门过程中只要受到人或物的阻挡，便能自动退回。常见的安全装置是安全触板。

5）重量平衡系统

功能：相对平衡轿厢重量，在电梯工作中能使轿厢与对重间的重量差保持在某一个限度之内，保证电梯的曳引传动正常。

组成：对重和重量补偿装置。

（1）对重

对重由对重架和对重块组成，其重量与轿厢满载时的重量成一定比例，与轿厢间的重量差具有一个恒定的最大值，又称平衡重。

为了使对重装置能对轿厢起到最佳的平衡作用，必须正确计算对重装置的总重量。对重装置的总重量与电梯轿厢本身的净重和轿厢的额定载重量有关，它们之间的关系常用下面的公式表示：

$$P=G+KQ \tag{11-1}$$

式中：P为对重装置的总重量（kg）；G为轿厢净重（kg）；Q为电梯额定载重量（kg）；K为平衡系数（一般取0.45～0.5）。

（2）重量补偿装置

重量补偿装置是高层电梯中补偿轿厢与对重侧曳引钢丝绳长度变化对电梯平衡设计影响的装置，分为补偿链和补偿钢丝绳两种形式。补偿装置的链条（或钢丝绳）一端悬挂在轿厢下面，另一端挂在对重下面，并安装有张紧轮及张紧行程开关。当轿厢墩底时，张紧轮被提升，使行程开关动作，切断控制电源，使电梯停驶。

6）安全保护系统

功能：保证电梯安全使用，防止一切危及人身安全的事故发生。

组成：安全保护系统分为机械安全保护系统和机电联锁安全保护系统两大类。

机械安全保护部分主要有限速装置、缓冲器等。

（1）限速装置

限速装置由限速器和安全钳组成，其作用是限制电梯轿厢的运行速度。当轿厢超过设计的额定速度，运行处于危险状态时，限速器就会立即动作，并通过其传动机构——钢丝绳、拉杆等，促使安全钳动作，抱住（卡住）导轨，使轿厢停止运行，同时切断电气控制回路，达到及时停车，保证乘客安全的目的。

①限速器

限速器安装在电梯机房楼板上，其位置在曳引机的一侧。限速器的绳轮垂直于轿厢的侧面，绳轮上的钢丝绳引下井道与轿厢连接后再通过井道底坑的张紧轮返回到限速器绳轮上，这样限速器的绳轮就随轿厢的运行而转动。

限速器有甩球限速器和甩块限速器两种。甩球限速器的球轴突出在限速器的顶部，并与拉杆弹簧连接，随轿厢的运行而转动，利用离心力甩起球体，控制限速器的动作。甩块限速器的块体装在心轴转盘上，原理与甩球限速器相同。如果轿厢向下超速行驶，超过了额定速度的15%，限速器的甩球或甩块的离心力就会加大，通过拉杆和弹簧装置卡住钢丝绳，制止钢丝绳移动，但如果轿厢仍向下移动，这时，钢丝绳就会通过传动装置把轿厢两侧的安全钳提起，将轿厢制停在导轨上。

②安全钳

安全钳安装在轿厢架的底梁上，即底梁两端各装一副，其位置和导靴相似，随轿厢沿导轨运行。安全钳楔块由拉杆、弹簧等传动机构与轿厢侧限速器钢丝绳连接，组成一套限速装置。

当电梯轿厢超速，限速器钢丝绳被卡住时，轿厢再运行，安全钳将被提起。安全钳是有角度的斜形楔块，并受斜形外套限制，所以向上提起时必然要向导轨夹靠而卡住导靴，使轿厢向下滑行，同时安全钳动作，切断电梯的控制电路。

（2）缓冲器

缓冲器安装在井道底坑的地面上。若由于某种原因，当轿厢或对重装置超越极限位置发生墩底时，它是用来吸收轿厢或对重装置动能的制停装置。

缓冲器按结构分为弹簧缓冲器和油压缓冲器两种。弹簧缓冲器是靠弹簧的变形来吸收轿厢或对重装置的动能，多用在低速梯中。油压缓冲器是以油作为介质来吸收轿厢或对重的动能，多用在快速梯和高速梯中。

机电联锁安全保护部分主要有端站保护装置和端站起保护作用的各种联锁开关等。

端站保护装置是一组防止电梯超越上、下端站的保护开关，能在轿厢或对重碰到缓冲器前，切断控制电路或总电源，使电梯被曳引机上的电磁制动器所制动，通常设有强迫减速开关、终端限位开关、极限开关和各种保护设施。

①强迫减速开关

强迫减速开关是防止电梯失控造成冲顶或蹾底的第一道防线，由上、下两个限位开关组成，一般安装在井道的顶端和底部。当电梯失控，轿厢行至顶层或底层而又不能减速停止时，轿厢首先要经过强迫减速开关，这时，装在轿厢上的碰块与强迫减速开关的碰轮接触，使强迫减速开关动作，迫使轿厢减速。

②终端限位开关

终端限位开关是防止电梯失控造成冲顶和墩底的第二道防线，由上、下两个限位开关组成，分别安装在井道的顶部和底部。当电梯失控后，经过减速开关而又未能使轿厢减速行驶时，轿厢上的碰铁会与终端限位开关相碰，使电梯的控制电路断电，轿厢停驶。

③极限开关

极限开关由特制的铁壳开关和上、下碰轮及传动钢丝绳组成。钢丝绳的一端绕在装于机房内的特制铁壳开关闸柄驱动轮上，并由张紧配重拉紧，另一端与上、下轮架相接。

当轿厢超越端站碰撞强迫减速开关和终端限位开关仍失控时（如接触器断电不释放），在轿厢或对重未接触缓冲器之前，装在轿厢上的碰铁接触极限开关的碰轮，牵动与极限开关相连的钢丝绳，使只有人工才能复位的极限开关拉闸动作，从而切断主回路电源，迫使轿厢停止运行。

④钢丝绳张紧开关

电梯的限速装置、重量补偿装置、机械选层器等的钢丝绳或钢带都有张紧装置。如发生断绳或拉长变形等情况时，其张紧开关将断开，切断电梯的控制电路，等待检修。

⑤安全窗开关

轿厢的顶棚设有一个安全窗，是便于轿顶检修和断电中途停梯而脱离轿厢的通道，电梯要运行时，必须将打开的安全窗关好后，安全窗开关才能使控制电路接通。

⑥手动盘车

手动盘车是当电梯运行在两层中间突然停电时，为了尽快解救轿厢内乘坐电梯的人员而设置的装置。手动盘轮安装在机房曳引电动机轴端部，停电时，人力打开电磁抱闸，用手转动盘轮，使轿厢移动。

7）附属设备

（1）召唤按钮盒

召唤按钮盒一般是安装在厅门（层门）外，离地面1.3m～1.5m的右侧墙壁上，而集选、群控电梯是把按钮箱装在两台电梯的中间位置。当乘客按召唤按钮时，按钮盒内的信号灯亮起，同时轿厢内的操纵召唤灯也亮起（或蜂鸣器发声）。当电梯到达乘客所在层站应对召唤后，召唤灯自动熄灭。

（2）层楼指示器

层楼指示器主要用以显示轿厢的运行方向和所处的层站，其规格一般由生产厂家视需求而定。

【实战演练10-1】

"引例"案例故障清除方法：

提示：（1）可能是轿厢门导轨有异物，用窄扁的木制工具清除。

（2）厢轿门光幕灰尘大，用干燥洁净的软布擦拭灰尘。

（3）门自锁机构故障。

10.1.4 电梯的管理和维修保养

电梯的运行管理是保证电梯安全运行的关键，同时也关系到电梯的使用寿命。电梯在投入使用后，要制定好电梯维修保养的制度，健全周期保养计划，使电梯处于最佳状态。

1）电梯的日常管理制度

（1）建立电梯驾驶人员、检修人员或管理人员的培训考核和持证上岗制度

凡是维修、保养人员都必须经过政府认可部门举办的电梯设备专业技术培训，切实

掌握相关的电梯技术，并经有关部门考核合格后才能上岗。

（2）建立值班和交接班制度

电梯在运行时要有专人值班，负责管理，以保证电梯的安全运行。电梯值班人员应严格按交接班制度的要求进行交接班。交接班制度的要求如下：

①接班人员应准时来接班。

②接班人员应认真听取交班人员的交代，并查看《电梯运行日记》，检查工具、物品是否齐全，确认无误后在《电梯运行日记》上签名。

③有下列情形之一者不准交接班：上一班运行情况未交代清楚；记录不规范、不完整、不清楚；机房不干净；接班人员未到岗；事故正在处理中或交接班时发生故障，应由交班人负责继续处理，接班人协助进行。

（3）完善档案资料管理制度

对电梯的运行情况，应完整、规范地记录在《电梯运行日记》上，于每月的3日前将上一个月的记录整理成册后，交档案管理部门存档，保存期一般为两年。

2）电梯日常管理的内容

（1）钥匙管理

钥匙包括机房钥匙、操纵箱钥匙、门的紧急开锁钥匙。钥匙应由专职管理人员保管，不能借给无关人员。

（2）运行前的检查

在使用电梯之前，管理人员每天早晨应做最低限度的反复运行，保证操纵箱正常，地坎内无异物，安全触板功能可靠，轿厢内五方通话正常，电梯运行没有异常声音。

（3）巡回检查

在电梯运行前，管理人员要适时地巡回检查，如注意在轿厢附近不能吸烟；注意有无来历不明的人员；要及时擦去滴水和污泥；告诫小孩不要在门厅附近玩耍；机房禁止入内等。

（4）巡视监控

电梯管理人员每天应对小区内所有电梯的主要部位至少巡视一次，巡视过程中发现情况不正常时，电梯管理人员应及时采取措施予以解决，对于处理不了的问题应马上如实地汇报给主管部门，由主管部门协调解决。巡视监控的主要内容如下：

①曳引电机有无异常噪声或气味，是否温度过高（烫手），曳引电机轴承是否需要加注润滑油，螺栓是否松动。

②减速箱是否需要加注润滑油，油色、油位是否正常，联轴器是否牢固可靠，螺栓有无松动。

③指示仪表、指示灯是否正常，各继电器、接触工作是否正常，有无异常声响。

④变压器、电阻器、电抗器温度是否正常，有无过热现象。

⑤制动器工作是否正常，制动线圈是否过热，制动轮上是否有油污。

⑥曳引轮、曳引绳、限速器、机械选层器、测速机等运行是否正常，有无异常声响。

⑦通信设施是否灵敏畅通，指示牌、标示牌是否完好，盘车手轮、开闸扳手等救援

工具是否已放置在指定位置。

⑧轿厢照明是否正常，轿厢内外指示层、指令指示灯是否正常。

⑨厅门及电梯门踏板是否清洁干净。

⑩轿厢和对重导靴油盅的油量是否足够。

⑪电梯运行有无异常振动或声响，舒适感有无明显变化。

⑫开关门有无异常、是否顺畅，轿厢内应急灯工作是否正常。

⑬底坑限速器、张紧装置、开关和碰铁距离是否正常。

⑭补偿链是否有异常声响。

⑮底坑有无积水或脏物。

3）电梯机房的管理

（1）非值班人员不准进入机房，若需要进入，须经机电维修主管同意，并在值班人员的陪同下方可进入机房。

（2）机房内严禁存放易燃、易爆或危险物品，机房内应配足消防器材，禁止吸烟。

（3）每周打扫一次机房的卫生，做到地面、墙壁、天花板、门窗、设备设施表面无积尘、无锈蚀、无油渍、无污物，油漆完好，整洁光亮。

（4）机房应当通风良好、光线足够、门窗开启灵活。

（5）机房应当做到随时上锁，钥匙由当值管理员保管，管理员不得私配钥匙。

4）电梯保养检修时的注意事项

（1）不得乘客或载货。

（2）各层门处悬挂“检修停用”的标牌。当维修人员在轿顶时，应在电梯操作处挂贴“人在轿顶工作或正在检查”标牌。

（3）维修人员必须持证上岗，戴好安全帽及其他防护用具，系好安全带，以防坠落。

（4）当在黑暗场所进行电路工作时，应使用有绝缘外壳的手电筒或使用带护罩的36V以下安全电压的手提灯。

（5）井道内严禁吸烟和使用明火。

（6）操作应集中精力，相互配合，如有司机配合的，司机应严格听从维修人员的指令。

（7）在轿顶上操作和维修，进入轿顶的一般原则是应从顶层端进入轿顶。严禁维修人员站在井道外，探身到井道内和轿厢顶，严禁在轿厢地坎处，各站一只脚来进行较长时间的检查工作。

（8）电梯的检修运行速度约为额定速度的1/3以下，且其连续运行时间不能太长，一般不能超过3分钟，操作必须是经过专门培训的检修人员进行。

（9）在转动的任何部件上进行清理（或检修）、注油或加润滑脂等，必须停机或闭锁。

（10）严禁在电梯满载时进行维护检修工作（不论在底坑或轿顶有无防护栏），当必须在满载状态下检修时，应有专人看管轿厢停止运行开关。

（11）当某些装置恢复工作时，必须将使用过的跨接线拆除。

（12）维修完毕，做好记录，并向电梯主管部门报告检修情况，在电梯恢复运行前，应将有关“检修停用”等标牌拆除。

5）电梯的常见故障及维修

电梯故障是指由于电梯机械零件或电气控制系统中的元器件发生异常，导致电梯不能正常工作或严重影响乘坐舒适感，甚至造成人身伤害或设备事故的现象。

（1）机械系统的常见故障

①由于润滑不良或润滑系统故障，造成部件的转动部位严重发热磨损或抱轴，导致滚动或滑动部位的零部件毁坏。

②由于电梯频繁使用，某些零部件发生磨损、老化，保养不到位，未能及时更换或修复已磨损的部件，造成损坏进一步扩大，迫使电梯停机。

③电梯运行过程中由于震动引起某些紧固螺丝松动或松脱，使某些部件尤其运动部件工作不正常造成电梯损坏。

④由于电梯平衡系数失调，或严重超载造成轿厢大的抖动或平层准确度差，电梯速度失控，甚至冲顶或礅底、引起限速器—安全钳联动，电梯停机。

机械故障的修理方法如下：

①电梯机械系统发生故障时，维修工应向电梯司机、管理员或乘客了解出现故障时的情况和现象。如果电梯仍可运行，可让司机/管理员采用点动方式让电梯上、下运行，维修工通过耳听、手摸、测量等方式分析判断故障点。

②故障发生点确定后，按有关技术规范的要求，仔细进行拆卸、清洗、检查测量，通过检查确定产生故障的原因，并根据机件的磨损程度进行修复或更换。

③电梯机件经修复或更换后，投入运行前需经认真检查和调试后，才可交付使用。

（2）电气控制系统的常见故障

①从电梯电气故障发生的范围看，最常见的是门机系统故障和电器组件接触不良引起的。造成门机系统和电器组件故障多的因素主要有元器件的质量、安装调试的质量、维护保养质量等。

②从电气故障的性质看，主要是短路和断路两类。

短路就是由于某种原因，使不该接通的回路连通或接通后线路内电阻很小。电梯常见短路故障原因有方向接触器或继电器的机械和电子连锁失效，可能产生接触器或继电器动作而造成短路；接触器的主接点接通或断开时，产生的电弧使周围的介质电器组件的介质被击穿而短路；电器组件的绝缘材料老化、失效、受潮造成短路；由于外界原因造成电器组件的绝缘破坏以及外材料入侵造成短路。

断路就是由于某种原因，造成应连通的回路不通。引起断路的原因主要有电器组件引入引出线松动；回路中作为连接点的焊接虚焊或接触不良；继电器或接触器的接点被电弧烧毁；接点表面有氧化层；接点的簧片被接通或断开时产生的电弧加热，冷却后失去弹力，造成接点的接触压力不够；继电器或接触器吸合或断开时由于抖动使触点接触不良等。

判断电气控制系统故障的根据就是电梯控制原理，因此要迅速排除故障必须掌握电梯控制系统的电路原理图，搞清楚电梯从定向、启动、加速、满速运行、到站预报、换速、平层、开关门等全过程各环节的工作原理，各电器组件之间相互控制关系、各电器组件、继电器/接触器及其触点的作用等。

在判断电梯电气控制故障之前，必须彻底了解故障现象，才能根据电路图和故障现象，迅速准确地分析判断故障产生的原因并找到故障点。

【案例精析10-1】

某七层七站的住宅楼，使用的电梯为VFCL电梯，单梯运行。某日该住宅楼的用户发现，二楼有外上召唤时，电梯运行到六楼才停梯，同时消掉二楼的外上召唤；而六楼有外下召唤时，电梯运行到二楼即停梯响应该召唤，同时对六楼的外下召唤进行消号处理。

精析：（1）因为外召唤可以登记也可以消号，说明整个厅门按钮串行通信系统大体工作正常，SYI 、SYO 、CLOCK 以及 DI 、DO 的故障都应该被排除在外。

（2）检测P1控制板的厅门按钮DIR输出信号，未发现问题。

（3）检测DIR信号线的连接情况时发现，P1控制板输出的DIR信号与厅门按钮的各信号板没有接通。进一步检测发现，DIR信号线在控制柜下面的转接插头处虚接，致使该信号无法传送到各厅门按钮信号处理板上。对该信号线重新处理后，电梯恢复正常响应。

DIR信号是控制其他信号的传输方向的，当DIR信号出现故障时，控制板对各按钮的访问会出现混乱，导致召唤信号的误响应。实际上，本案例中，控制系统对外召唤的响应是以四楼为对称的，这也说明了DIR的故障导致了信号传输方向的错误。本案例的故障是发生在外召唤上，实际上内召唤也有同样的问题。

10.1.5 电梯出现异常情况的处置

1）发生火灾的处置

（1）当楼层发生火灾时，电梯管理员应立即击碎玻璃按动“消防开关”，使电梯进入消防运行状态，电梯运行到基站后，应使乘客保持镇静，疏导乘客迅速离开轿厢。

（2）当井道内或轿厢发生火灾时，电梯管理员应即刻停梯，疏导乘客迅速离开轿厢，切断电源。用干粉和1211灭火器灭火，控制火势蔓延。

（3）当发生火灾时，电梯管理员应及时报警，通知消防部门，并且按发生火灾时的应急预案采取相应的措施进行处置，避免或减少人员伤亡和财产损失。

2）电梯湿水的处置

（1）当底坑内出现少量进水或浸水时，应将电梯停在二层以上，断开电梯总电源。

（2）当楼层发生水淹而使井道或底坑进水时，应将轿厢停于进水层站的上一层，断开电梯总电源。

（3）当底坑、井道或机房进水较多时，应立即停梯，断开电梯电源总开关。

（4）当发生水浸时，应迅速阻断漏水源。

（5）对湿水电梯应作除湿处理，如用干抹布擦拭、热风吹干（温度不能太高）、自然通风（如工厂用鼓风机）、更换管线等。确认湿水已清除，各绝缘电阻达到要求并且试梯运行无异常后，方可投入正式运行。

3）电梯困人的处置

（1）当发生电梯困人事故时，电梯管理员通过电梯对讲机或喊话与被困人员取得联系，务必使其保持镇静，不要惊慌，静心等待救援人员的援救；被困人员不可将躯体任何部位伸出轿厢外。如果轿厢门处于半开闭状态，电梯管理员应设法使轿厢门完全关闭。

（2）根据指层灯、PC显示、选层器横杆或打开厅门观察判断轿厢所在的位置。

（3）轿厢停于距厅门0.5m左右（高于或低于）位置时的救援方法为：

①拉下电梯电源开关。

②用专用厅门钥匙开启厅门。

③在轿顶用人力开启轿厢门。

④协助乘客离开轿厢。

⑤重新关好厅门。

（4）轿厢停于距离厅门0.5m以外位置的救援方法为：

①进入机房切断电梯电源。

②拆除电动机尾轴罩盖，安上旋柄座及旋柄。

③一名援救人员手把旋柄，另一名救援人员手持释放杆，轻轻撬开制动器，利用轿厢自重向正方向移动。为了避免轿厢移动太快发生危险，操作时应一撬一放使轿厢逐步移动，直至最接近厅门（0.5m左右）为止，确认刹车制动无误后，放开盘车手轮。

④当轿厢停于距厅门0.5m左右的位置时，其救援方法按照上面（3）所述进行。

（5）遇有其他复杂情况，应请求电梯公司帮助救援。

（6）困人救援工作完毕后，电梯管理员应将情况完整、规范地记录在《电梯运行日记》上。

【案例精析10-2】

当高层办公楼发生火灾时，电梯全部召回。首层电梯厅门关闭，停止使用，只有消防电梯可以由消防人员用专用钥匙将消防电梯门打开，供消防人员运送消防设施和消防员到火灾层灭火。为何发生火灾时消防电梯投入使用而普通电梯不能使用？

精析：（1）电梯井道是由首层一直到顶层，当发生火灾时，若电梯层门打开，会出现烟囱效应，使火灾垂直传播。

（2）一般电梯电源传输线不具有防火功能，因此当发生火灾时将会出现停电，电梯断电后将要停止运行，会出现困人现象。

（3）消防电梯由消防专用电源供电。消防员在灭火时，若从楼梯步行到着火层，消防员体能消耗大，并且有些消防用设施也不能及时运送到着火点，会影响正常的灭火。

（4）消防电梯只有消防队员用专用钥匙可以打开，一般人员是没有钥匙的。消防电梯平时可以作为载客电梯使用，当火灾发生时只供消防员使用。

【实践演练10-2】

金质融合园电梯采用的智能卡（俗称“一卡通”）控制所到梯层和电梯运行。园区业主何女士从外地回来，发现配发的卡刷不开园区门，也刷不开单元门，跟随别人进入后，电梯刷卡也不好用，随后气势汹汹地找到物业公司，称其回不了家了，卡坏了，请求物业公司给予更换。物业公司管理人员通过检测发现其卡授权到期，并非损坏，经进一步对授权信息进行检查，发现是因为业主何女士长时间没在园区居住，其物业费没有按期交纳，导致IC卡授权过期而失效。何女士补交了物业费，IC卡重新被授权，问题解决了。

提示：(1) 随着智能住宅的建设，越来越多的园区采用“社区一卡通”或“园区一卡通”提供服务，这就要求物业公司服务人员做好宣传和普及工作。

(2) 随着电梯智能技术的发展，电梯由使用码控制，若使用码到期，电梯会自动停梯，尤其是新的住宅区域，物业管理人员应该掌握这方面的知识，避免因此出现停梯问题，引发业主的恐慌。

10.2 自动扶梯及其维护与管理

10.2.1 自动扶梯

自动扶梯一般设置在人流集中的公共场所，比如高层大厦、商场、车站、码头、机场和地铁站等处。目前，在高层建筑内设置自动扶梯的也越来越多。自动扶梯除了本身是一种运输机械外，其优美的造型和豪华的装饰也成了高层建筑内的一道风景线。

1）自动扶梯的构造

自动扶梯是由梯级、引级链、导轨系统、驱动装置、张紧装置、扶手装置、金属桁架和安全装置等组成的，如图10-2所示。

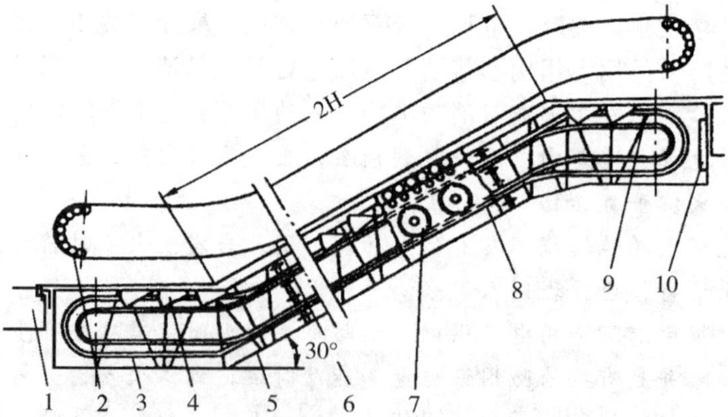

1——建筑基础；2——转向滑轮群；3——曳引导轨；4——梯级；5——金属桁架；
6——扶手装置；7——驱动装置；8——梯级链；9——梳齿板前沿板；10——电气设备

图10-2 自动扶梯的结构简图

（1）梯级

梯级也称为梯级踏板，其表面有凹槽，作用是使梯级通过扶梯上下出口时，能嵌在梳齿板中，以保证乘客安全上下。

（2）梯级链

梯级链是自动扶梯的牵引机构。一台自动扶梯一般有两根构成闭合环路的梯级链。

（3）导轨系统

自动扶梯的梯级是沿着金属构架内按一定要求设置的多根导轨运行的，以形成阶梯。导轨系统包括主轮和辅轮的全部导轨、反轨、反板、导轨支架以及转向壁等等。导轨既要满足其在结构系统中的设计要求，还应光滑、平整、耐磨，并应具有一定的尺寸精度。

（4）驱动装置

自动扶梯驱动装置的作用是将动力传递给梯路系统以及扶手系统，它是由电动机、减速器、制动器、传动链条以及驱动主轴组成的。按照驱动装置所在位置的不同又可分为端部驱动装置和中间驱动装置两种。

（5）张紧装置

张紧装置有弹簧式张紧装置和重锤式张紧装置等。张紧装置的作用是保证牵引链条有必要的初张力；补偿牵引链条在运转过程中的伸长；保证牵引链条及梯级由一个分支过渡到另一个分支；是梯路导向所必需的部件。

（6）扶手装置

扶手装置是供站立在自动扶梯梯路上的乘客作扶手使用。扶手装置由扶手驱动系统、扶手胶带、栏杆等组成。常用的扶手系统有两种结构形式，即传统使用的摩擦轮驱动形式和压滚驱动形式。

（7）金属桁架

自动扶梯金属桁架的作用在于安装和支撑自动扶梯的各个部件、承受各种载荷以及将建筑物两个不同层高的地面连接起来。一般端部驱动以及中间驱动自动扶梯的导轨系统、驱动装置、张紧装置以及扶手装置等都安装在金属桁架的里面和上面。

（8）安全装置

自动扶梯的安全装置种类繁多，有机-电式工作制动器、紧急制动器、速度监控装置、梯级链安全装置（伸长和断裂保护装置）、梳齿板保护装置、扶手带入口防异物保护装置、急停按钮、辅助制动器、机械锁紧装置、梯级上的黄色边框装置、裙板上的安全刷和扶手带同步监控装置等。所以，自动扶梯是比较安全的运输机械。

2）自动扶梯的主要参数

当高层大楼的业主或承包商向自动扶梯生产厂家订购自动扶梯时，应提供一些必要的建筑物参数，同时也要对该厂家的自动扶梯规格参数有一些了解。

（1）提升高度——H

提升高度是指建筑物上、下楼层之间或地下铁道地面与地下站厅之间的高度。我国目前生产的自动扶梯系列小提升高度为3m～10m；中提升高度为10m～45m；大提升高度为45m～65m。

（2）输送能力——Q

自动扶梯的输送能力是指每小时运载人员的数目。

（3）倾斜角——α

一般自动扶梯的倾斜角α为30°，有时为了适应建筑物的特别需要，减少自动扶梯所占空间，有些百货公司也可采用35°。国家标准规定如下：自动扶梯的倾角α应不超过30°，但如提升高度不超过6m、运行速度不超过0.5m/s时，倾斜角α最大可以增至35°。

（4）运行速度——V

国家标准规定：当倾斜角小于30°（包括30°）时，运行速度不得超过0.75m/s；倾斜角大于30°但不大于35°时，运行速度不得超过0.5m/s。

（5）梯级宽度——B

国家标准规定：小提升高度时，单人的为0.6m，双人的为1.0m；中、大提升高度时，双人的为1.0m。国家标准除规定0.6m及1.0m两种规格外，还增加了一种0.8m的规格。

10.2.2 自动扶梯的维护与管理

由于自动扶梯是敞开式运行的，因此，其维护与管理比电梯要简单一些，具体内容如下：

1）主机

主机的维护与管理主要是对电源开关、电动机、电磁控制器、防反转装置、主驱动器、断链保护装置、超速开关进行维护。

2）安全性能

保证自动扶梯的安全性能应主要对三角形楔口保护器、扶栏保护器、显示板/安全标签进行维护。

3）上、下平台

对上、下平台的维护与管理主要是对平台、梳齿板的安全开关、扶手入口装置、栏柱、操作开关、防踏板顶起开关等进行维护。

4）倾斜部分

对倾斜部分的维护与管理主要是对玻璃、裙板、扶手带驱动装置、扶手导轨、扶手带、金属桥架与导轨、安全开关等进行维护。

5）底坑

对底坑的维护管理主要是对底坑环境、张紧装置、梯级、梯级链停止开关、检修插座、照明装置等进行维护。

主要概念

电梯　自动扶梯　安全保护

基础知识练习

△ 单选题

1.我国习惯把速度大于（　　）的电梯称为调整电梯。

A.1.00m/s　　B.2.00m/s　　C.4.00m/s　　D.5.00m/s

2.交接班过程中电梯出现故障应由（　　）负责处理。

A.交班人员　　B.接班人员　　C.交接班人员共同　　D.维修人员

3.（　　）能限制轿厢和对重的活动自由度，使轿厢和对重只能沿着导轨进行升降运动。

A.重量平衡系统　　B.导向系统　　C.门系统　　D.曳引系统

△ 判断题

1.交流电梯是用交流感应电动机驱动的电梯。（　　）

2.电梯的周检由电梯维修工进行，除日检内容外，还要进行一次主要部位更细致的检查和必要的维护。（　　）

3.电梯的电气装置的作用是对电梯的运行实行操纵和控制。（　　）

△ 思考题

1.群控电梯的操控是如何进行的?

2.电梯按驱动方式分为哪几类?

3.电梯的交接班工作是如何进行的?

实践操作训练

△ 案例题

佳园小区10号楼3单元业主报修，称最近电梯运行时晃动、噪声大，有时向下滑落，大部分业主不敢乘坐，请求维修。

电梯维保单位的维修人员对这部运行了10年的电梯进行了详细的检查。

问题：请分析产生故障的可能部位及原因。

△ 实训题

【实训情境设计】

某大厦的电梯机房突然跳闸，造成电梯及其他设备全部停止运行，有三名成人和两名儿童困在电梯中，事故发生后，该大厦的物业服务企业立即救人并开始抢修工作。

【实训任务要求】

1.物业管理人员对该紧急情况进行处置。

2.电梯维修人员对电梯进行检修。

【实训提示】

1.物业管理人员根据管理规定中的“电梯管理应急预案”解救被困人员。

2.学生根据大厦的电梯使用和管理的实际情况制定“电梯管理应急预案”。

3.根据自己制定的“电梯管理应急预案”进行实战演练，检测制定的“电梯管理应急预案”是否符合管理实际。

4.电梯轿厢门钥匙的管理。

5.解救被困人员后的安抚工作。

6.由专业人员维修。

【实训效果评价表】

填写实训效果评价表，见表10-1。

表10-1 实训效果评价表

评价内容	分值（分）	评分（分）
通知相关部门语言准确、全面	10	
现场情况记录完整	10	
同被困人员交流，减轻其恐惧感	15	
安抚被困人员并道歉	10	
应急预案制定	25	
应急预案实用性检测	15	
故障维修操作技能	15	
总体评价	100	

第11章

建筑消防设施

本章概要

本章共分8节，主要讲解消防设施的分类及其功能；重点介绍消防给水、消火栓、自动灭火系统、灭火器等消防设施的维护与管理。

学习目标

熟悉常用的消防设施设置部位及要求，了解消防给水系统、自动喷水灭火系统、火灾自动报警系统等的组成和每部分的工作性能和安装位置。能够对建筑消防设施进行维护与管理。

引例

2019年除夕之夜的11时12分，某大厦的消防控制中心自动报警警铃突然响起，系统显示是办公楼12层会议室有火情。控制中心值班人员一边向“119”报警，一边调动值班人员去现场。值班人员乘消防电梯到12层后，立即启用消火栓，强行将会议室门打开，用消火栓灭火。用了两分钟，火被浇灭，险情解除。

经现场检查确认是相邻住宅小区在燃放烟花爆竹时，烟花穿透窗户玻璃进入会议室，将会议室的窗帘引燃并烧坏了窗口旁边的两张桌子。

微课8

建筑消防设施

11.1 建筑消防设施概述

建筑消防设施是指依照国家、行业或者地方消防技术标准的要求，在建筑物、构筑物中设置的用于火灾报警、灭火、人员疏散、防火分隔、灭火救援行动等防范和扑救建筑火灾的设备设施的总称。

建筑消防设施的设计、安装以国家有关消防法律、法规和技术规范为依据，由于建筑消防安全包括防火、灭火、疏散、救援等多个方面，因此建筑消防设施也有与之相匹配的多种类别与功能，如火灾自动报警系统的报警与联动控制功能、机械加压送风与排烟系统的防排烟功能等。

11.1.1 建筑消防设施的作用

不同建筑根据其使用性质、规模和火灾危险性的大小，需要有相应类别、功能的建筑消防设施作为保障。建筑消防设施的主要作用是及时发现和扑救火灾、限制火灾的范围，为有效地扑救火灾和人员疏散创造有利条件，从而减少由火灾造成的财产损失和人员伤亡。具体的作用大致包括防火分隔、火灾自动（手动）报警、电气与可燃气体火灾监控、自动（人工）灭火、防烟与排烟、应急照明、消防通信以及安全疏散、消防电源保障等方面。建筑消防设施是保证建（构）筑物消防安全和人员疏散安全的重要设施，是现代建筑的重要组成部分。

11.1.2 建筑消防设施的分类

现代建筑消防设施种类多、功能全，使用普遍。按其使用功能不同进行划分，常用的建筑消防设施有以下几类：

1）建筑防火分隔设施

建筑防火分隔设施是指能在一定时间内把火势控制在一定空间内，阻止其蔓延扩大的一系列分隔设施。各类防火分隔设施一般在耐火稳定性、完整性和隔热性等方面具有不同要求。常用的防火分隔设施有防火墙、防火隔墙、防火卷帘、防火阀、阻火圈等。

2）安全疏散设施

安全疏散设施是指在建筑发生火灾等紧急情况时，及时发出火灾等险情警报，通知、引导人们向安全区域撤离并提供可靠的疏散安全保障条件的硬件设备与途径。常用的安全疏散设施包括安全出口、疏散楼梯、疏散（避难）走道、屋顶直升机停机坪、消防应急照明和安全疏散指示标志等。

3）消防给水设施

消防给水设施是建筑消防给水系统的重要组成部分，其主要功能是为建筑消防给水系统储存并提供足够的消防水量和水压，确保消防给水系统的供水安全。消防给水设施通常包括消防供水管道、消防水池、消防水箱、消防水泵、消防稳（增）压设备、消防水泵接合器等。

4）防烟与排烟设施

防烟设施分为机械加压送风的防烟设施和可开启外窗的自然排烟设施，排烟设施分为机械排烟设施和可开启外窗的自然排烟设施。机械防排烟设施是由送排风管道、管井、防火阀、门开关设备、送排风机等设备组成的。

5）消防供配电设施

消防供配电设施是建筑电力系统的重要组成部分，消防供配电系统主要包括消防电源、消防配电装置、线路等。消防配电装置是从消防电源到消防用电设备的中间环节。

6）火灾自动报警系统

火灾自动报警系统由火灾探测触发装置、火灾报警装置、火灾警报装置以及其他辅助装置组成。此系统能在火灾初期将燃烧产生的烟雾、热量、火焰等物理量，通过火灾探测器变成电信号，传输到火灾报警控制器，并同时显示出火灾发生的部位、时间等，使人们能够及时发现火灾并采取有效措施。火灾自动报警系统按应用范围可分为区域报警系统、集中报警系统和控制中心报警系统三类。

7）自动喷水灭火系统

自动喷水灭火系统由洒水喷头、报警阀组、水流报警装置（水流指示器、压力开关）等组件以及管道、供水设施组成，能在火灾发生时做出响应并实施喷水的自动灭火系统。此系统依照所采用的喷头分为两类：采用闭式洒水喷头的为闭式系统，包括湿式系统、干式系统、预作用系统、简易自动喷水系统等；采用开式洒水喷头的为开式系统，包括雨淋系统、水幕系统等。另外，还有水喷雾灭火系统、细水雾灭火系统、泡沫灭火系统、气体灭火系统、干粉灭火系统等类型的灭火系统。

8）可燃气体报警系统

可燃气体报警系统即可燃气体泄漏检测报警成套装置。当系统检测到泄漏可燃气体浓度达到报警器设置的爆炸临界点时，可燃气体报警器就会发出报警信号，提醒及时采取安全措施，防止发生气体大量泄漏以及爆炸、火灾中毒等事故。报警器按照使用环境可以分为工业气体报警器和家用燃气报警器；按自身形态可分为固定式可燃气体报警器和便携式可燃气体报警器；按工作原理可以分为传感器式报警器、红外线探测报警器和高能量回收报警器。

9）消防通信设施

消防通信设施是指专门用于消防检查、演练、火灾报警、接警、安全疏散、消防力量调度以及与医疗、消防等防灾部门之间进行联络的系统设施。其主要包括火灾事故广播系统、消防专用电话系统、消防电话插孔以及无线通信设备等。

10）移动式灭火器材

移动式灭火器材是相对固定式灭火器材而言的，即可以人为移动的各类灭火器具，如灭火器、灭火毯、消防梯、消防钩、消防斧、安全锤、消防桶等。

除此以外，一些其他的器材和工具在火灾等危急情况下，也能够起到灭火和辅助逃生等作用，如防毒面具、消防手电筒、消防绳、消防沙、蓄水缸等。

11.1.3 建筑消防设施的维护管理

建筑消防设施的维护管理是一项社会责任，各单位对本单位设置的建筑消防设施负有自主管理责任，各级政府与部门负有领导和行业管理责任。任何单位和个人都有依法维护消防安全、保护建筑消防设施的义务，不得损坏、圈占、挪用或者擅自改造、拆除、停用建筑消防设施。

1）消防设施维护管理的内容

消防设施维护管理由建筑物的产权单位或者受其委托的建筑物业管理单位依法自行实施或者委托具有相应资质的消防技术服务机构实施。消防设施维护管理包括值班、巡查、检测、维修、保养、建档等工作。

2）消防设施维护管理的要求

为确保建筑消防设施正常运行，建筑使用管理单位需要对其消防设施的维护管理明确归口管理部门和管理人员的工作职责，建立消防设施值班、巡查、检测、维修、保养、建档等管理制度。

（1）维护管理人员的从业资格要求

消防设施操作管理以及值班、巡查、检测、维修、保养的从业人员，需要具备规定的从业资格：

①消防设施检测、维护保养等消防技术服务的技术人员，需持有相关部门核发的执业资格证书。

②消防设施操作、值班、巡查的人员，需经消防行业特有工种职业技能鉴定合格，持有初级技能以上等级的职业资格证书。

（2）维护管理工作要求

建筑使用管理单位按照下列要求组织实施消防设施维护管理：

①明确管理职责。同一建筑物有两个及以上产权、使用单位的，明确消防设施的维护管理责任，统一管理，以合同方式约定各自的权利与义务；委托物业管理单位、消防技术服务机构等实施统一管理的，物业管理单位、消防技术服务机构等严格按照合同约定，履行消防设施维护管理职责，确保管理区域内的消防设施正常运行。

②制定消防设施维护管理制度和维修管理技术规程。

③落实管理责任。明确维修、保养职能部门和人员。

④实施消防设施标识化管理。消防设施的电源控制柜、水源及灭火剂等控制阀门，处于正常运行位置，具有明显的开（闭）状态标识；需要保持常开或者常闭的阀门，采取铅封、标识等限位措施。

⑤故障消除及报修。值班、巡查、检测时发现消防设施故障的，按照单位规定程

序，及时组织修复；单位没有维修保养能力的，按照合同约定报修；消防设施因故障维修等原因需要暂时停用的，经单位消防安全责任人批准，报公安机关消防机构备案，采取消防安全措施后，方可停用检修。

⑥建立健全建筑消防设施维护管理档案。定期整理消防设施维护管理技术资料，按照规定期限和程序保存，销毁相关文件档案。

3）维护管理各环节工作要求

消防设施维护管理各个环节的工作关系到消防设施完好有效、正常发挥作用，建筑使用管理单位要根据各个环节的工作特点，组织实施维护管理。

（1）值班

建筑使用管理单位根据建筑物或者单位的工作、生产、经营特点，建立值班制度。在消防控制室、具有消防配电功能的配电室、消防水泵房、防烟排烟机房等重要设备用房，合理安排符合从业资格条件的专业人员对消防设施实施值守、监控，负责消防设施操作控制，确保一旦发生火灾能够按照操作技术规程，及时、准确地操作建筑消防设施。

在消防灭火和应急预案演练时，要将消防设施操作内容纳入其中，并对操作过程中发现的问题及时给予纠正、处理。

（2）巡查

巡查是指建筑使用单位对建筑消防设施直观属性的检查。消防设施巡查的内容主要包括消防设施设置场所的环境、消防设施及其组件、材料等外观以及消防设施运行状态、消防水源状况及固定灭火设施灭火剂储存量等。

①巡查要求。建筑使用单位按照下列要求组织巡查：

a.明确各类消防设施的巡查频次、内容和部位。

b.巡查时准确填写建筑消防设施巡查记录表。

c.巡查发现故障或者存在问题的，按照规定程序进行故障处置，解决消防存在问题。

②巡查频次。建筑使用管理单位按照下列频次组织巡查：

a.公共娱乐场所营业期间，每两小时组织一次综合巡查。期间，将部分或者全部消防设施巡查纳入综合巡查内容，并保证每日至少对全部建筑消防设施巡查一遍。

b.消防安全重点单位每日至少对消防设施巡查一次。

c.其他社会单位每周至少对消防设施巡查一次。

d.如果举办具有火灾隐患的大型群众性活动，那么承办单位要根据活动现场的实际需要确定巡查频次。

（3）检测

根据《建筑消防设施的维护管理》（GB—25201—2019）的规定，消防设施检测主要是对国家标准规定的各类消防设施的功能性要求进行检查、测试。

①检测频次。

a.消防设施每年至少检测一次。遇重大节日或者重大活动，根据活动要求安排消防设施检测。

b.设有自动消防设施的饭店、商场、公共娱乐场所等人员密集场所、易燃易爆单位及其他类高层公共建筑等消防安全重点单位，自消防设施投入运行后的每年年底，将年度检测记录报当地公安机关消防机构备案。

②检测对象。检测对象包括全部消防设施系统设备、组件等。消防设施检测按照竣工验收技术检测方法和要求组织实施，如实填写建筑消防设施检测记录表的相关内容。

（4）维修

对于在值班、巡查、检测、灭火演练中发现的消防设施存在的问题和故障，相关人员按照规定填写建筑消防设施故障维修记录表，向建筑使用管理单位消防安全管理人报告；消防安全管理人对相关人员上报的消防设施存在的问题和故障，要立即通知维修人员或者委托具有资质的消防设施维保单位进行维修。

（5）保养

建筑使用管理单位根据建筑规模、消防设施使用周期等，制订消防设施保养计划，载明消防设施的名称、保养内容和周期；储备一定数量的消防设施易损件或者与有关消防产品厂家、供应商签订相关约定，以保证维修保养配件的供应。

消防设施在维护保养时，维护保养单位相关技术人员填写“建筑消防设施维护保养记录表”，并进行相应功能试验。

（6）档案建立与管理

消防设施档案是建筑消防设施施工质量、维护管理的历史记录，具有延续性和可追溯性，是消防设施施工调试、操作使用、维护管理等状况的真实记录。

①档案内容。建筑消防设施档案至少包含以下内容：

a.消防设施基本情况。它主要包括消防设施的验收意见和产品、系统使用说明书、系统调试记录、消防设施平面布置图、系统图等原始技术资料。

b.消防设施动态管理情况。它主要包括消防设施的值班记录、巡查记录、检测记录、故障维修记录以及维护保养计划表、维护保养记录、消防控制室值班人员基本情况档案及培训记录等。

②保存期限。消防设施施工安装、竣工验收及验收技术检测等原始技术资料长期保存，“消防控制室值班记录表”和“建筑消防设施巡查记录表”的存档时间不少于一年，“建筑消防设施检测记录表”“建筑消防设施故障维修记录表”“建筑消防设施维护保养计划表”“建筑消防设施维护保养记录表”的存档时间不少于五年。

11.2 消防控制室管理

消防控制室设有火灾自动报警系统控制设备和消防联动控制设备，用于接收、显示、处理火灾报警信号，控制相关消防设施，是指挥火灾扑救，引导人员安全疏散的信息指挥中心，是消防安全管理的核心场所。

11.2.1 消防控制室的设备配置

消防控制室至少需要设置火灾报警控制器、消防联动控制器、消防控制室图形显示装置、消防电话总机、消防应急广播控制装置、消防应急照明和疏散指示系统控制装置、消防电源监控器等设备，或者设置具有相应功能的组合设备。

11.2.2 消防控制室档案

消防控制室是建筑使用管理单位消防安全管理与消防设施监控的核心场所，需要保存能够反映建筑特征及其消防设施施工质量及其运行情况的纸质台账档案和电子资料，消防控制室内至少保存下列纸质台账档案和电子资料：

（1）建（构）筑物竣工后的总平面布局图和系统图以及安全出口布置图、重点部位位置图等。

（2）消防安全管理规章制度、应急灭火预案、应急疏散预案等。

（3）消防安全组织结构图，包括消防安全责任人、管理人员、专职消防人员、义务消防人员等内容。

（4）消防安全培训记录、灭火和应急疏散预案的演练记录。

（5）值班情况、消防安全检查情况及巡查情况等记录。

（6）消防设施一览表，包括消防设施的类型、数量、状态等内容。

（7）消防联动系统控制逻辑关系说明、设备使用说明书、系统操作规程、系统及设备的维护保养制度和技术规程等。

（8）设备运行状况、接报警记录、火灾处理情况、设备检修检测报告等资料。

上述台账、资料按照档案建立与管理的要求，定期归档保存。

11.2.3 消防控制室的管理要求

规范、统一的消防控制室管理和消防设施操作监控，是建筑火灾发生时能够及时发现火灾、确认火灾，准确报警并启动应急预案，有效组织初期火灾扑救，引导人员安全疏散的根本保证。

1）消防控制室值班要求

建筑使用管理单位按照下列要求，安排合理数量的、符合从业资格条件的人员负责消防控制室管理与值班。

（1）实行每日24小时专人值班制度，每班不少于两人，值班人员持有规定的消防专业技能鉴定证书。

（2）消防设施日常维护管理符合《建筑消防设施的维护管理》（GB—25201—2019）的相关规定。

（3）确保火灾自动报警系统、固定灭火系统和其他联动控制设备处于正常工作状态，不得将应处于自动控制状态的设备设置在手动控制状态。

（4）确保高位消防水箱、消防水池、气压水罐等消防储水设施水量充足，确保消防泵出水管阀门、自动喷水灭火系统管道上的阀门常开；确保消防水泵、防烟排烟风机、防火卷帘等消防用电设备的配电柜控制装置处于自动控制位置（或通电状态）。

2）消防控制室应急处置程序

当火灾发生时，消防控制室的值班人员按照下列应急程序处置火灾：

（1）接到火灾警报后，值班人员立即以最快方式确认火灾。

（2）火灾确认后，值班人员立即确认火灾报警联动控制开关处于自动控制状态，同时拨打“119”报警电话准确报警；报警时需要说明着火单位地点、起火部位、着火物种类、火势大小、报警人姓名和联系电话等。

（3）值班人员立即启动单位应急疏散和初期火灾扑救灭火预案，同时报告单位消防安全负责人。

11.3 消防给水系统维护与管理

11.3.1 消防给水系统的组成

消防给水系统主要由消防水源（如市政管网、水池、水箱）、供水设施设备（如消防水泵、消防稳压设施、水泵接合器）和给水管网（如阀门）等构成。

11.3.2 消防水源的维护与管理

消防水源的维护管理应符合下列规定：

（1）每季度监测市政给水管网的压力和供水能力。

（2）每年对天然河、湖等地表水消防水源的常用水位、枯水位、洪水位，以及枯水位流量或蓄水量等进行一次检测。

（3）每年对水井等地下水消防水源的常水位、最低水位、最高水位和出水量等进行一次测定。

（4）每月对消防水池、高位消防水池、高位消防水箱等消防水源设施的水位等进行一次检测。消防水池（箱）玻璃水位计两端的角阀在不进行水位观察时应关闭。

（5）在冬季每天要对消防储水设施进行室内温度和水温检测，当结冰或室内温度低于5℃时，要采取措施确保不结冰和室内温度不低于5℃。

（6）每年应检查消防水池、消防水箱等蓄水设施的结构材料是否完好，发现问题时及时处理。

（7）永久性地表水天然水源消防取水口有防止水生生物繁殖的管理技术措施。

11.3.3 供水设施设备的维护与管理

1）供水设施的维护管理规定

（1）每月应手动启动消防水泵运转一次，并检查供电电源的情况。

（2）每周应模拟消防水泵自动控制的条件自动启动消防水泵运转一次，且自动记录自动巡查情况。

（3）每日对稳压泵的停泵、启泵压力和启泵次数等进行检查和记录运行情况。

（4）每日对柴油机消防水泵的启动电池的电量进行检测，每周检查储油箱的储油量，每月应手动启动柴油机消防水泵运行一次。

（5）每季度应对消防水泵的流量和压力进行一次试验。

（6）每月对气压水罐的压力和有效容积等进行一次检测。

2）水泵接合器的维护管理规定

（1）查看水泵接合器周围有无放置构成操作障碍的物品。

（2）查看水泵接合器有无破损、变形、锈蚀及操作障碍，确保接口完好、无渗漏、闷盖齐全。

（3）查看闸阀是否处于开启状态。

（4）查看水泵接合器的标志是否还明显。

11.3.4 给水管网的维护与管理

（1）系统上所有的控制阀门均应采用铅封或锁链固定在开启或规定的状态，每月应对铅封、锁链进行一次检查，当有破坏时应及时修理更换。

（2）每月对电动阀和电磁阀的供电和启闭性能进行检测。

（3）每季度对室外阀门井中进水管上的控制阀门进行一次检查，并应核实其处于全开启状态。

（4）每天对水源控制阀进行外观检查，并应保证系统处于无故障状态。

（5）每季度对系统所有的末端试水阀和报警阀的放水试验阀进行一次放水试验，并应检查系统启动、报警功能以及出水情况是否正常。

（6）在市政供水阀门处于完全开启状态时，每月对倒流防止器的压差进行检测，且应符合有关规定。

11.4 消火栓系统维护与管理

11.4.1 消火栓系统的组成

消火栓系统的组成如图11-1所示。

11.4.2 室外消火栓系统的维护与管理

室外消火栓包括地下消火栓和地上消火栓两种类型，应分别进行检查。

1）地下消火栓的维护管理

地下消火栓应有明显标志，要保持室外消火栓配套器材和标志的完整有效。地下消火栓应每季度进行一次检查保养，其内容主要包括：

（1）用专用扳手转动消火栓启闭杆，观察其灵活性，必要时加注润滑油。

（2）检查橡胶垫圈等密封件有无损坏、老化或丢失等情况。

（3）检查栓体外表油漆有无脱落，有无锈蚀，如有应及时修补。

（4）入冬前检查消火栓的防冻设施是否完好。

（5）重点部位消火栓，应每年进行一次出水试验，出水应满足压力要求。在检查时可使用压力表测试管网压力，或者连接水带作射水试验，检查管网压力是否正常。

（6）随时清除消火栓井周围及井内积存的杂物。

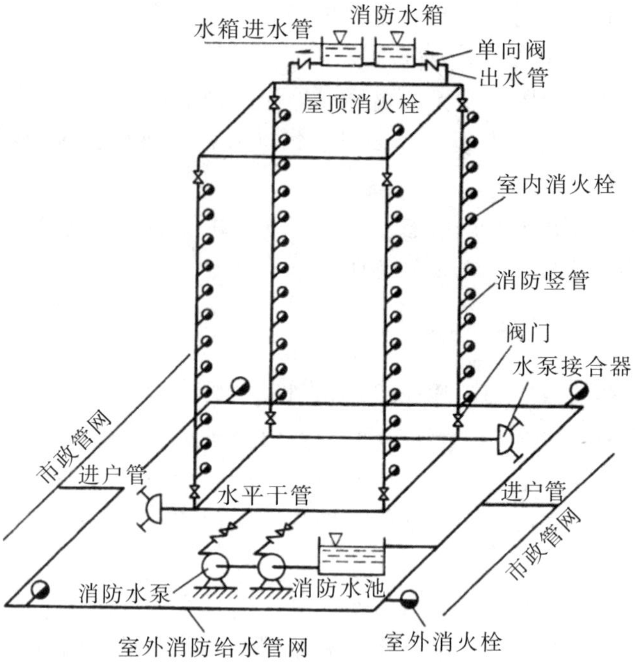

图11-1 消火栓系统的组成示意图

2）地上消火栓的维护管理

（1）用专用扳手转动消火栓启闭杆，观察其灵活性，必要时加注润滑油。

（2）检查出水口闷盖是否密封，有无缺损。

（3）检查栓体外表油漆有无剥落，有无锈蚀，如有应及时修补。

（4）每年开春后入冬前对地上消火栓逐一进行出水试验，出水应满足压力要求。在检查中可使用压力表测试管网压力，或者连接水带做射水试验，检查管网压力是否正常。

（5）定期检查消火栓前端阀门井。

（6）保持配套器材的完备有效，无遮挡。

室外消火栓系统的检查除上述内容外，还应包括与有关单位联合进行的室外消火栓给水消防水泵、消防水池的一般性检查，如经常检查消防水泵的各种闸阀是否处于正常状态，消防水池水位是否符合要求。

11.4.3 室内消火栓系统的维护与管理

1）消火栓的维护管理

室内消火栓箱内应经常保持清洁、干燥，防止锈蚀、碰伤或其他损坏。每半年至少进行一次全面的检查维修，主要内容有：

（1）检查消火栓和消防卷盘供水闸阀是否渗漏水，若渗漏水及时更换密封圈。

（2）对消防水枪、水带、消防卷盘及其他配件进行检查，全部附件应齐全完好，卷盘转动灵活。

（3）检查消火栓启动按钮、指示灯及控制线路，应功能正常、无故障。

（4）消火栓箱及箱内装配的部件外观无破损，涂层无脱落，箱门玻璃完好无缺。

（5）消火栓、供水阀门及消防卷盘等所有转动部位应定期加注润滑油。

2）供水管路的维护管理

室外阀门井中，进水管上的控制阀门应每个季度检查一次，确保其处于全开启状态。系统上所有的控制阀门均应采用铅封或锁链固定在开启或规定的状态。每月应对铅封、锁链进行一次检查，当有破坏或损坏时应及时修理更换。

（1）对管路进行外观检查，若有腐蚀、机械损伤等及时修复。

（2）检查阀门是否漏水并及时修复。

（3）室内消火栓设备管路上的阀门为常开阀，平时不得关闭，应确保其处于开启状态。

（4）检查管路的固定是否牢固，若有松动及时加固。

11.5 自动喷水灭火系统维护与管理

11.5.1 自动喷水灭火系统的分类与组成

自动喷水灭火系统由洒水喷头、水流报警装置（如水流指示器、压力开关）、报警阀组等组件，以及管道、供水设施组成；为便于正常使用、检修维护，通常还在系统中设置泄水阀（泄水口）、排气阀（排气口）和排污口。

自动喷水灭火系统根据所使用喷头的形式，可分为闭式自动喷水灭火系统和开式自动喷水灭火系统两类；根据系统的用途和配置状况，自动喷水灭火系统又分为湿式系统、干式系统、预作用系统、雨淋系统、水幕系统、自动喷水—泡沫联用系统等。下面重点介绍湿式自动喷水灭火系统和干式自动喷水灭火系统的组成。

1）湿式自动喷水灭火系统

湿式自动喷水灭火系统由闭式喷头、湿式报警阀组、水流指示器或压力开关、供水与配水管道以及供水设施等组成。在准工作状态下，管道内充满用于启动系统的有压水。湿式自动喷水灭火系统的组成如图11-2所示。

2）干式自动喷水灭火系统

干式自动喷水灭火系统由闭式喷头、干式报警阀组、水流指示器或压力开关、供水与配水管道、充气设备以及供水设施等组成，在准工作状态下，配水管道内充满用于启动系统的有压气体。干式系统的启动原理与湿式系统相似，只是将传输喷头开放信号的介质由有压水改为有压气体。干式自动喷水灭火系统的组成如图11-3所示。

11.5.2 自动喷水灭火系统的巡查

自动喷水灭火系统巡查主要是针对系统组件外观、现场运行状态、系统检测装置工作状态、安装部位环境条件等实施的日常巡查。

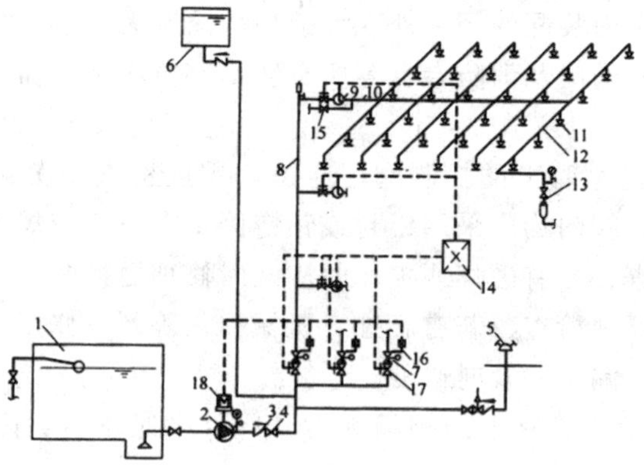

1——消防水池　2——水泵　3——止回阀　4——闸阀　5——水泵接合器　6——消防水箱
7——湿式报警阀组　8——配水干管　9——水流指示器　10——配水管　11——闭式喷头
12——配水支管　13——末端试水装置　14——报警控制器　15——泄水阀　16——压力开关
17——信号阀　18——驱动电动机

图11-2　湿式自动喷水灭火系统示意图

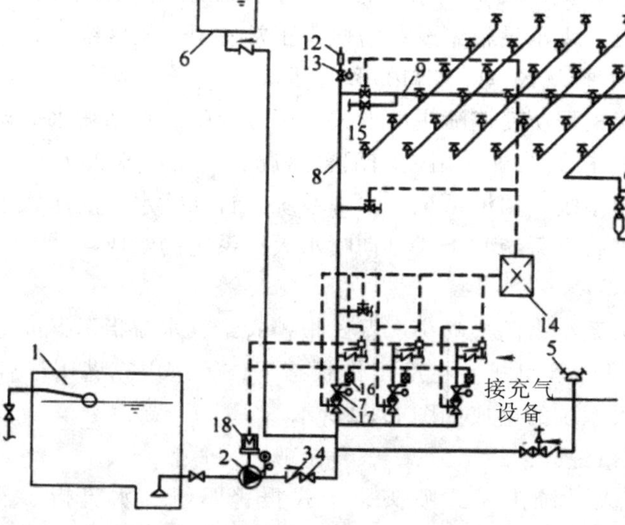

1——消防水池　2——水泵　3——止回阀　4——闸阀　5——水泵接合器　6——消防水箱
7——干式报警阀组　8——配水干管　9——配水管　10——闭式喷头　11——配水支管
12——排气阀　13——电动阀　14——报警控制器　15——泄水阀　16——压力开关
17——信号阀　18——驱动电动机

图11-3　干式自动喷水灭火系统示意图

1）巡查内容

自动喷水灭火系统巡查内容主要包括：

①喷头外观及其周边障碍物、保护面积等。

②报警阀组外观、报警阀组检测装置状态、排水设施状况等。

③充气设备、排气装置及其控制装置、火灾探测传动、液（气）动传动及其控制装置、现场手动控制装置等外观、运行状况。

④系统末端试水装置、楼层试水阀及其现场环境状态，压力监测情况等。

⑤系统用电设备的电源及其供电情况。

2）巡查方法及要求

采用目测观察的方法，检查系统及其组件外观、阀门启闭状态、用电设备及其控制装置工作状态和压力监测装置（如压力表、压力开关）工作情况。

①喷头。建筑使用管理单位按照下列要求对喷头进行巡查：

a.观察喷头与保护区域环境是否匹配，判定保护区域使用功能、危险性级别是否发生变化。

b.检查喷头外观有无明显磕碰伤痕或者损坏，有无喷头漏水或者被拆除等情况。

c.检查保护区域内是否有影响喷头正常使用的吊顶装修，或者新增装饰物、隔断、高大家具以及其他障碍物。若有上述情况，采用目测、尺量等方法，检查喷头保护面积、与障碍物间距等是否发生变化。

②报警阀组。建筑使用管理单位按照下列要求对报警阀组进行巡查：

a.检查报警阀组的标志牌是否完好、清晰，阀体上水流指示永久性标识是否易于观察，与水流方向是否一致。

b.检查报警阀组组件是否齐全，表面有无裂纹、损伤等现象。

c.检查报警阀组是否处于伺应状态，观察其组件有无漏水等情况。

d.检查干式报警阀组、预作用装置的充气设备、排气装置及其控制装置的外观标志有无磨损、模糊等情况，相关设备及其通用阀门是否处于工作状态；控制装置外观有无歪斜翘曲、磨损划痕等情况，其显示信息是否准确。

③末端试水装置和试水阀巡查。建筑使用管理单位按照下列要求对末端试水装置、楼层试水阀进行巡查：

检查系统（区域）末端试水装置、楼层试水阀的设置位置是否便于操作和观察，有无排水设施。

检查末端试水装置设置是否正确。

检查末端试水装置压力表能否准确监测系统、保护区域最不利点静压值。

④系统供电巡查。建筑使用管理单位按照下列要求对系统供电情况进行巡查：

检查自动喷水灭火系统的消防水泵、稳压泵等用电设备配电控制柜，观察其电压、电流监测是否正常，水泵启动控制和主、备泵切换控制是否设置在“自动”位置。

检查系统监控设备供电是否正常，系统中的电磁阀、模块等用电元器（件）是否通电。

3）巡查周期

建筑管理使用单位至少每日进行一次系统全面巡查。

11.5.3　系统周期性检查维护

系统周期性检查是指建筑使用管理单位按照国家工程建设消防技术标准的要求，对已经投入使用的自动喷水灭火系统的组件、零部件等，按照规定检查周期进行的检查、测试。经检查，自动喷水灭火系统发生故障，需要停水检修的，向主管值班人员报告，取得单位消防安全管理人的同意后，派人临场监督，设置相应的防范措施后，方能停水动工。消防水池、消防水箱、消防气压给水设备内的水，根据当地环境、气候条件不定期更换。寒冷季节，消防储水设备的任何部位均不得结冰。

1）月检查项目及维护要求

（1）电动、内燃机驱动的消防水泵（增压泵）、电磁阀启动运行测试。

采用手动启动或者模拟启动试验进行检查，发现异常问题的，检查消防水泵、电磁阀使用性能以及系统控制设备的控制模式、控制模块状态等。

（2）喷头完好状况、备用量及异物清除等检查。

发现有影响正常使用的情况（如溅水盘损坏、溅水盘上存在影响使用的异物等）的，及时更换喷头，清除喷头上的异物。对于备用喷头数不足的，及时按照单位程序采购补充。

（3）系统所有阀门状态及其铅封、锁链完好状况检查。

系统各个控制阀门铅封损坏，或者锁链未固定在规定状态的，及时更换铅封、调整锁链至规定的固定状态；发现阀门有漏水、锈蚀等情形的，更换阀门密封垫，修理或者更换冷门，对锈蚀部位进行除锈处理。

（4）消防气压给水设备的气压、水位测试；消防水池、消防水箱的水位及消防用水不被挪用的技术措施检查。

（5）发现水位不足、气体压力不足的，查明原因，及时补足消防用水和消防气压给水设备水量、气压。属于操作管理制度不落实的，报单位消防安全管理人按照制度给予处理；属于系统存在严重漏水的，找准渗漏点，按照程序报修；属于水位监控装置不能正常工作的，及时修理或者更换；属于消防用水挪作他用的，检查并解决消防用水挪为他用的技术措施存在的问题。

（6）水流指示器动作、信息反馈试验。

利用末端试水装置、楼层试水阀对水流指示器进场动作、报警进行检查试验时，首先检查消防联动控制设备和末端试水装置、楼层试水阀的完好性，符合试验条件的，开启末端试水装置或者试水阀，发现水流指示器规定时间内不报警的，首先检查水流指示口碑载道控制线路，存在断路、接线不实等情况的，重新接线至正常；之后检查水流指示器，发现有异物、杂质等卡阻桨片的，及时清除异物、杂质；发现调整螺母与触头未到位的，重新调试到位。

（7）水泵接合器完好性检查。

查看水泵接合器的接口，发现闷盖、接口等部件有缺失的，及时采购安装；发现有渗漏的，检查相应部件的密封垫完好性，查找管道、管件因锈蚀、损伤等出现的渗漏。属于密封垫密封不严的，调整密封垫位置或者更换密封垫；属于管件锈蚀、损伤的，更换管件，进行防锈、除锈处理。

2）季度检查项目

报警阀组的试水阀放水及其启动性能测试：分别利用系统末端试水装置、楼层试水阀和报警阀组旁的放水试验阀等测试装置进行放水试验，检查系统启动、报警功能以及出水情况。

室外阀门井中的控制阀门开启状况及其使用性能测试：检查室外阀门井情况，发现阀门积水、有垃圾或者有杂物的，及时排除积水，清除垃圾、杂物；发现管网中的控制阀门未完全开启或者关闭的，完全开启到位；发现阀门有漏水情况的，按照相应要求查漏、修复、更换、除锈。

3）年度检查项目及要求

（1）水源供水能力测试和水泵接合器通水加压测试。

组织实施水源供水能力测试和水泵接合器通水加压试验。

（2）储水设备结构材料检查。

检查消防储水设备结构、材料，对于缺损、锈蚀等情况及时进行修补缺损和重新油漆。

（3）过滤器排渣、完好状态检查。

检查系统过滤器的使用性能，对滤网进行拆洗，并重新安装到位。

（4）系统联动测试。

系统联动试验按照验收、检测要求组织实施，可结合年度检测一并组织实施。

11.5.4　系统年度检测

年度检测是建筑使用管理单位按照相关法律法规和国家消防技术标准，每个年度开展的定期功能性检查和测试；建筑使用管理单位可以委托具有资质的消防技术服务单位组织实施年度检测。

11.5.5　自动喷水灭火系统常见故障及原因分析

1）报警阀组漏水

原因分析：

（1）排水阀门未完全关闭。

（2）阀瓣密封垫老化或者损坏。

（3）系统侧管道接口渗漏。

（4）报警管路测试控制阀渗漏。

（5）阀瓣组件与阀座之间因变形或者污垢、杂物阻挡出现不密封状态。

2）水力警铃工作不正常（不响、响度不够、不能持续报警）

原因分析：

（1）产品质量问题或者安装调试不符合要求。

（2）控制口堵塞或者铃锤机构被卡住。

3）报警阀报警管路误报警

原因分析：

（1）未按照安装图样安装或者未按照调试要求进行调试。

（2）报警阀组渗漏通过报警管路流出。

（3）延迟器下部孔板溢出水孔堵塞，发生报警或者缩短延迟时间。

4）长期无故报警

原因分析：

（1）未按照安装图样进行安装调试。

（2）误将试验管路控制阀打开。

11.6 火灾自动报警系统维护与管理

火灾自动报警系统是火灾探测报警与消防联动控制系统等的简称，是通过火灾早期探测和报警，向各类消防设备发出控制信号并接收设备反馈信号，进而实现火灾预防和自动灭火功能的一种自动消防设施。

11.6.1 火灾自动探测报警系统组成

火灾自动探测报警系统一般设置在工业与民用建筑场所，与自动灭火系统、疏散诱导系统、防排烟系统以及防火分隔系统等其他消防分类设备一起构成完整的建筑消防系统。火灾自动探测报警系统由火灾报警控制器、触发器件和火灾警报装置等组成。火灾自动探测报警系统的工作原理如图 11-4 所示。

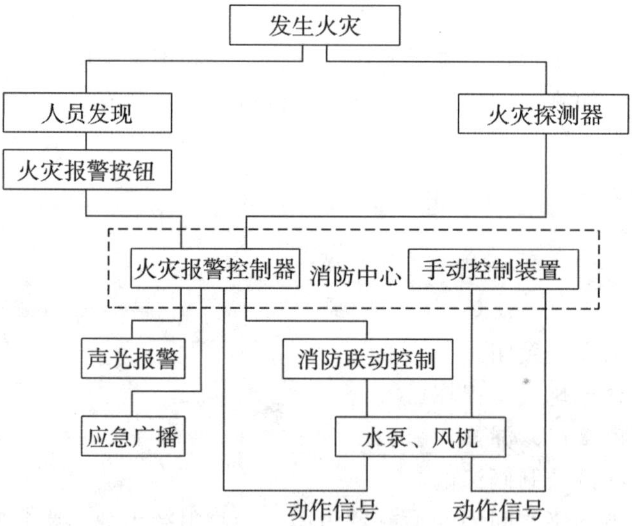

图11-4 火灾自动探测报警系统工作原理

火灾自动探测报警系统根据对象及设立的消防安全目标不同分为区域报警系统、集中报警系统和控制中心报警系统。

1）区域报警系统

区域报警系统是由火灾探测器、手动火灾报警按钮、火灾声光警报器及火灾报警控制器等组成，系统中可包括消防控制室图形显示装置和指示的区域显示器，如图 11-5 所示。该系统适用于仅需要报警，不需要联动自动消防设备的保护对象。

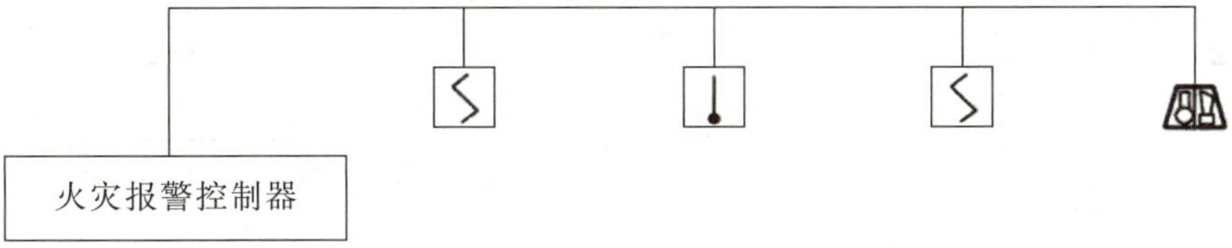

序号	图例	名称	备注	序号	图例	名称	备注
1		感烟火灾探测器		10	FI	火灾显示盘	
2		感温火灾探测器		11	SFJ	送风机	
3		烟温复合探测器		12	XFB	消防泵	
4		火灾声光警报器		13		可燃气体探测器	
5		线型光束探测器		14	M	输入模块	GST-LD-8300
6		手动报警按钮		15	C	控制模块	GST-LD-8301
7		消火栓报警按钮		16	H	电话模块	GST-LD-8304
8		报警电话		17	G	广播模块	GST-LD-8305
9		吸顶式音箱		18			

图11-5　区域报警系统的组成示意图

2）集中报警系统

集中报警系统由火灾探测器、手动火灾报警按钮、火灾声光警报器、消防应急广播、消防专用电话、消防控制室图形显示装置、火灾报警控制器、消防联运控制器等组成，如图11-6所示。

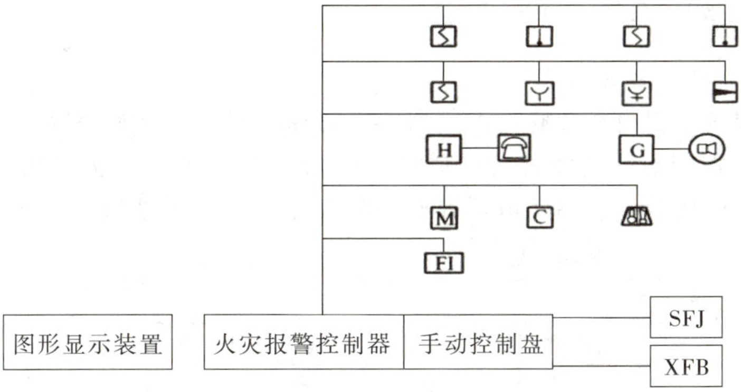

图11-6　集中报警系统的组成示意图

3）控制中心报警系统

控制中心报警系统由火灾探测器、手动火灾报警按钮、火灾声光警报器、消防应急广播、消防专用电话、消防控制室图形显示装置、火灾报警控制器、消防联运控制器等组成，且包含两个及两个以上集中报警系统，如图11-7所示。该系统一般适用于建筑群或体量很大的保护对象，这些保护对象中可能设置几个消防控制室，也可能由于分期建设而采用了不同企业的产品或同一企业不同系列的产品，或由于系统容量限制而设置了多个起集中作用的火灾报警控制器等情况，这些情况均应选择控制中心报警系统。

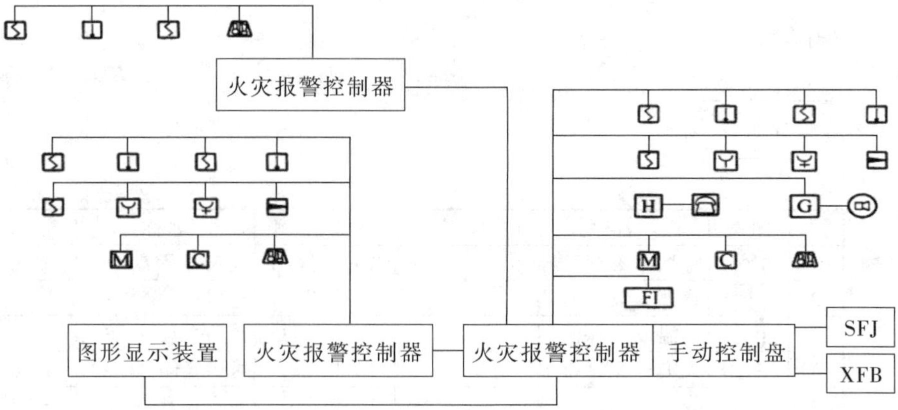

图11-7　控制中心报警系统的组成示意图

【实战演练11-1】

请为你所在的教学楼制定火灾逃生路线，并画出草图。

提示：(1) 发生火灾时人员应尽快疏散到安全地带，逃生路线应本着最近原则。

(2) 人员逃生时不能乘坐电梯，只能从消防楼梯逃生。

(3) 如果人员不能及时逃生，可标注出人员可避难的场所，注意避难所应以卫生间、盥洗池、水房为最佳选择。

11.6.2　消防联动控制系统

1) 消防联动控制系统组成及其工作原理

消防联动控制系统由消防联动控制器、消防控制室图形显示装置、消防电气控制装置（如防火卷帘控制器、气体灭火控制器等）、消防电动装置、消防联动模块、消火栓按钮、消防应急广播设备、消防电话等设备和组件组成，如图11-8所示。

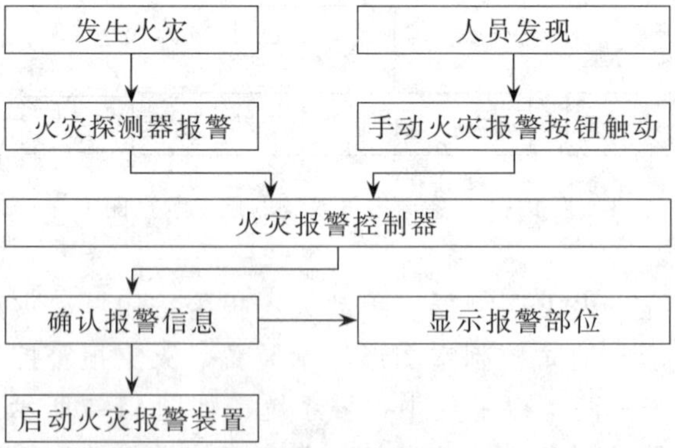

图11-8　消防联动控制系统的组成示意图

在火灾发生时，联动控制器按设定的控制逻辑准确发出联动控制信号给消防泵、喷淋泵、防火门、防火阀、防排烟阀和通风等消防设备，完成对灭火系统、疏散指示系统、防排烟系统及防火卷帘等其他消防有关设备的控制功能。当消防设备启用后，联动控制器将动作信号反馈给消防控制室并显示，实现对建筑消防设施的状态监控，即接收来自消防联动现场设备以及火灾自动报警系统以外的其他系统的火灾信息。

2）消防设施的联动控制

消防设施的联动控制是在确认火灾后，对消防设施所进行的控制。消防联动控制的设施有灭火设施、防排烟设施、防火门、防火卷帘、电梯、火灾报警装置和应急照明及疏散指示标志的控制及非消防电源的断电控制。控制方式一般为集中和分散与集中相结合两种方式。集中控制方式是指在消防控制中心集中接收、显示报警信号，控制有关消防设备、设施，并接收、显示其反馈信号；分散与集中相结合控制方式是指可以集中的消防设备应尽量由消防控制中心集中控制，不宜集中控制的消防设备则采取分散控制方式，但其操作信号应反馈到消防控制中心。对电梯、非消防电源、警报装置和应急广播等容易造成混乱和带来严重后果的控制对象一般由消防控制中心管理。

消防联动操作包括以下内容：自动投入相应的消防水泵；自动开启排烟风机；自动关闭空调机、通风机；自动投入火灾事故照明及疏散指示标志灯；将消防电梯直下基站等候消防人员使用；普通客梯停靠在最近停靠层或基站，乘客安全离开后关门，自动断开电源，停运；对建筑物的防火门窗、防火卷帘、防烟垂壁、紧急避难层、排烟口、正压疏散通道等，按防火分区进行综合性管理；接通火灾事故广播报警装置、消防电话，通报火警，指挥疏散，及时向上级消防部门报告；控制屏显示全部监控设备的状态信号。以排烟系统的联动控制为例说明系统控制程序，如图11-9和图11-10所示。

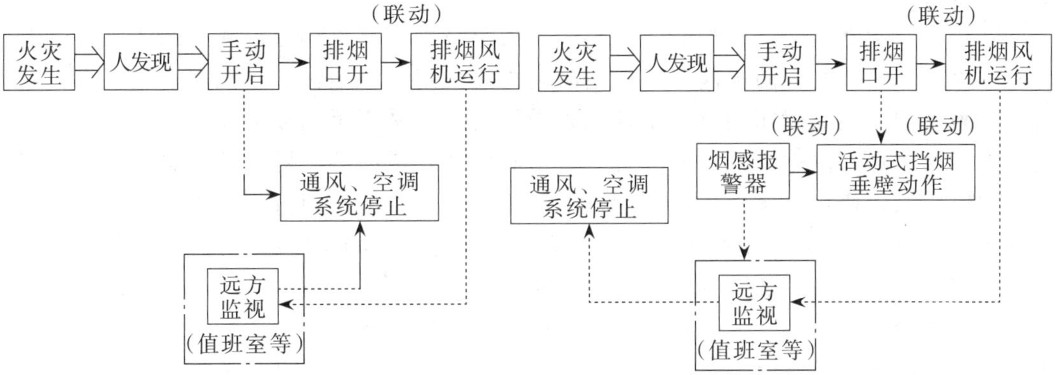

图11-9 不设消防控制室的机械排烟控制程序

（1）防排烟设施的控制

防烟、排烟的基本目的之一就是要防止烟气进入疏散通道，保证疏散安全。要达到这一目的就要采用有效的办法使烟气按照人们事先规定的路线排出室外，有利于灭火和最大限度地减少人员伤亡和财产损失。

①排烟口的控制。排烟口是采用自动或手动开启方式，设在建筑物外墙或屋顶上，用来排除火灾产生的烟和热气的开口，是烟气排出室外的通道。建筑物的门、窗可作为自然排风口，但作为排风口的门、窗需要用不燃材料或难燃材料制成。此外，在各个防烟分区的顶棚或墙壁上也可开设专用排烟口。

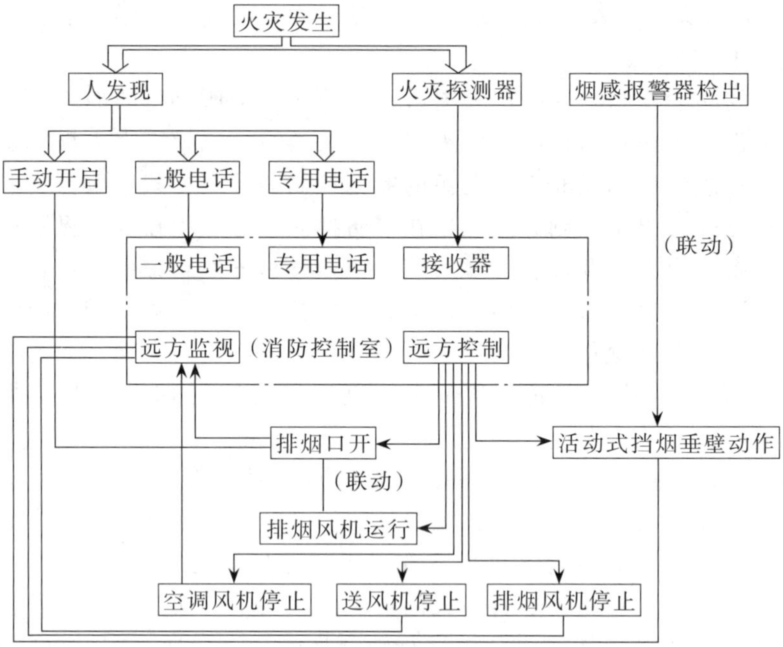

图11-10 设有消防控制室的机械排烟控制程序

手动操作是通过就地拉绳使阀门开启。自动操作是当温度升高至规定值时，熔断器熔断而使阀门脱扣开启。阀门打开后其联动开关接通信号回路，向控制室发信号。当排烟口开启时，排烟风机能自动启动。

②防火、防烟调节阀的控制。为了防止火势蔓延，在排烟管道和空调通风管道内均设有防火阀和防烟阀。防火阀是在一定时间内满足耐火稳定性和耐火完整性要求，用于管道内阻火的活动式封闭装置。防烟阀是设在管道内采用手动或自动启闭的活动式防烟装置。防火阀通常由熔断器控制，排烟管道和空调管道内熔断器的熔断温度不同，当发生火灾时，操作机构在烟感信号作用下，将排烟管道内的阀门打开，当排烟管道内的温度达到280℃时，其防火熔断器熔断，关闭防火阀。阀门关闭后，向消防控制器反馈阀门已关闭的信号，自动或手动关闭排烟风机。

在空调设备的空调送风管道内的防火阀，在气流温度达到70℃时，防火阀的熔断器动作，关闭防火阀，并将关闭信号送到控制器，通过消防联动设备关闭空调机。

③防烟垂壁的控制。防烟垂壁是指装于吊顶下，能对烟和热气的横向流动造成阻碍的垂直隔体。它是用不燃烧材料制成的，从顶棚下垂不小于0.5m的固定或活动挡烟设施，正常情况下，防烟垂壁由直流电磁线圈、弹簧锁将其锁住，发生火灾时可自动或手动使其降落。自动控制时，利用感烟探测器或消防控制器发来的指令信号，使电磁线圈通电把弹簧锁的销子拉进去，开锁后防烟垂壁便在自身重力的作用下滑落。手动控制时，操作手动杆也可使弹簧锁的销子拉回将锁打开，使防烟垂壁落下。防烟垂壁复原时，把防烟垂壁升回原来位置，重新锁住即可。

④排烟风机的控制。排烟风机是在火灾情况下，用来排除烟和热气的固定电动风机。它的启停通常有消防控制器控制、排烟器控制和就地控制三种方式。

（2）防火门、防火卷帘的控制

防火门是在一定时间内，连同框架能满足耐火稳定性、完整性和隔热性要求的门，是建筑的主要防火分隔设施，通常安装在防火分区之间的防火墙上、楼梯间的入口等部位。防火门的主要作用是阻止火势蔓延和烟气的扩散，为人员疏散提供安全条件。防火卷帘是在一定时间内，连同框架能满足耐火稳定性、完整性和隔热性要求的卷帘，是现代建筑中经常采用的防火分隔设施之一。火灾时，将其展开用以阻止火势从门窗洞口蔓延。现代建筑中，防火卷帘一般设在开敞的大空间处，如商场的营业场所、展览馆的展销大厅等。这样，平时不影响建筑物内空间的整体性，便于使用。当发生火灾时，防火卷帘自动落下代替防火墙进行防火分隔。

①防火门的控制。防火门按门的固定方式分为两种形式：一种是防火门被永久磁铁吸住处于开启状态，当发生火灾时可通过自动控制或手动操作将其关闭。自动控制时，由感烟探测器或消防控制台发出指令信号，使电磁线圈通电克服永久磁铁吸力，依靠弹簧将门关闭；手动操作只要将防火门与永久磁铁板拉开，门即关闭。另一种是防火门被电磁锁的固定销扣住，呈开启状态，火灾时由感烟探测器或控制台发出指令使电磁锁动作，固定的锁销被解开，防火门靠弹簧将门关闭，或用手拉动防火门使防火门固定销掉下将门关闭。

②防火卷帘的控制。疏散通道上的防火卷帘两侧设置有火灾控制探测器组及报警装置，而且两侧还有手动控制按钮。当火灾发生时，根据探测器或消防控制中心的指令信号，防火卷帘自动控制下降。感烟探测器动作后，卷帘下降到距地面1.8m，便于人员疏散。感温探测器动作后或经过一段时间的延时，卷帘下降到底，此时，通过卷帘两侧的手动按钮可以控制卷帘的升、降，便于火灾区内未离开人员逃生。用作防火分隔的防火卷帘，火灾探测器动作后，卷帘会直接下降到底。

上述设备都附加有信号电路，当设备的状态发生变化时，即由开启变为关闭或由关闭变为开启时都会向消防控制中心返回动作信号，消防控制中心的控制台即显示出其当前状态。

（3）灭火系统的控制

灭火系统的控制是根据灭火方式来确定的。建筑物通常使用的灭火系统有消防栓灭火系统、自动喷淋灭火系统、气体灭火系统、干粉灭火系统等。

（4）其他消防设施的联动控制

①电梯的联动控制。电梯是高层建筑的纵向交通工具，但火灾发生时，一般电梯没有特殊情况不能作疏散用途，因为火灾时电源没有保障，所以消防中心在火灾确认后，值班人员通过控制装置，向电梯机房发出火灾信号和强制电梯全部迫降首层的指令，控制所有电梯停于首层，除消防电梯以外其他电梯停止运行并接收其反馈信号。

②火灾事故广播和警报装置的联动控制。当消防中心接到火灾信号后，报警控制装置发出指令给广播控制装置，该装置发出声、光报警并接通广播扩音机电源和消防电话对讲系统。在确认火灾后，将报警层（区）和其相邻上下层（区）的消防扬声器接通，实现定向广播，同时接通相应报警器发出警报。在接通消防广播的同时切断正常广播及背景音乐。

11.6.3 火灾自动报警系统的维护与管理

在火灾自动报警系统中，火灾报警控制器和消防联动控制器是核心组件，是系统中火灾报警与警报的监控管理枢纽和人机交互平台。使用和管理单位要认真做好系统的维护与管理。

火灾自动报警系统的管理、操作和维护人员应持证上岗。

1）系统应具备的文件资料要求

火灾自动报警系统投入使用时，使用单位应建立下述技术档案，并应有电子备份档案：

（1）系统竣工图及设备的技术资料。

（2）公安消防机构出具的有关法律文书。

（3）系统的操作规程及维护保养管理制度。

（4）系统操作员名册及相应的工作职责。

（5）值班记录和使用图表。

2）系统使用与检查

火灾自动报警系统应保持连续正常运行，不得随意中断。每日均应检查火灾报警控制器的功能。

（1）系统季度检查要求

每季度检查和试验火灾自动报警系统的下列功能，并按要求填写相应的记录。

①采用专用检测仪器分期、分批试验探测器的动作及确认灯显示。

②试验火灾警报装置的声光显示。

③试验水流指示器、压力开关等的报警功能、信号显示。

④对主电源和备用电源进行1～3次自动切换试验。

⑤用自动或手动检查下列消防控制设备的控制显示功能：

a.室内消火栓、自动喷水、泡沫、气体、干粉等灭火系统的控制设备。

b.抽验电动防火门、防火卷帘门，数量不小于总数的25%。

c.选层试验消防应急广播设备，并试验公共广播强制转入火灾应急广播的功能，抽检数量不小于总数的25%。

d.火灾应急照明与疏散指示标志的控制装置。

e.送风机、排烟机和自动挡烟垂壁的控制设备。

f.检查消防电梯迫降功能。

g.应抽取不小于总数25%的消防电话和电话插孔在消防控制室进行对讲通话试验。

（2）系统年度检查要求

每年应检查和试验火灾自动报警系统的下列功能，并按要求填写相应的记录：

①应用专用检测仪器对所安装的全部探测器和手动报警装置试验至少1次。

②自动和手动打开排烟阀，关闭电动防火阀和空调系统。

③对全部电动防火门、防火卷帘的试验至少进行一次。

④强制切断非消防电源功能试验。

⑤对其他有关的消防控制装置进行功能试验。

3）年度检测与维修

点型感烟火灾探测器投入运行2年后，应每隔3年至少全部清洗一遍；通过采样管采样的吸气式感烟火灾探测器根据使用环境的不同，需要对采样管道进行定期吹洗，最长的时间间隔不应超过一年；探测器的清洗应由有相关资质的机构根据产品生产企业的要求进行。不同类型的探测器应有10%且不少于50只的备品。

4）防烟排烟系统维护管理

（1）系统日常巡查要求

每日巡查内容：

①查看机械加压送风系统、机械排烟系统控制柜的标志、仪表、指示灯、开关和控制按钮；用按钮启、停每台风机，查看仪表及指示灯显示。

②查看机械加压系统、排烟系统风机的外观和标志牌；在控制室远程手动启、停风机，查看运行及反馈情况。

③查看送风阀、排烟阀、排烟防火阀、电动排烟窗的外观，手动、电动开启，手动复位，动作和信号反馈情况。

（2）系统周期性检查维护

系统周期性检查是指建筑使用管理单位按照国家工程消防技术标准的要求，对已经投入使用的防烟排烟系统的组件、零部件等按照规定的检查周期进行检查、测试。

每月检查内容及要求：

①防烟、排烟风机。手动或自动启动试运转，检查有无锈蚀、螺钉松动。

②挡烟垂壁。手动或自动启动、复位试验，检查有无升降障碍。

③排烟窗。手动或自动启动、复位试验，检查有无开关障碍，每月检查供电线路有无变形，双回路自动切换电源功能等。

（3）半年检查内容及要求

①防火阀。手动或自动启动、复位试验，检查有无变形、锈蚀，并检查弹簧性能，确认性能可靠。

②排烟防火阀。手动或自动启动、复位试验，检查有无变形、锈蚀，并检查弹簧性能，确认性能可靠。

③送风阀（口）。手动或自动启动、复位试验，检查有无变形、锈蚀，并检查弹簧性能，确认性能可靠。

④排烟阀（口）。手动或自动启动、复位试验，检查有无变形、锈蚀，并检查弹簧性能，确认性能可靠。

【案例精析11-1】

某晚，某写字楼消防自动报警系统显示火警信号后，监控值班员立即拨打“119”电话报警。当消防人员赶到现场时，只见一片混乱，经过消防人员的全力扑救，终于将大火扑灭，但损失巨大。

精析：（1）值班保安人员应在确认发生火灾时，报告物业服务企业领导，视火灾情况迅速向“119”报警。

（2）向消防机关报警时，同时指挥现场、外围配合各灭火小组履行各自灭火职责，启动消防联动控制设备。

（3）立即实施火灾现场人员疏散、疏导，组织人员通过紧急通道、疏散楼梯等迅速撤离到安全区，要逐室检查、核实人员是否全部撤离火灾现场，视火灾现场情况决定物资撤离方案。

（4）维持公共秩序，做好火灾现场维护警戒，保障灭火通道畅通，同时引导协助消防机关工作。

（5）在消防机关人员没到现场时，物业服务企业的义务消防队员应开展灭火工作。

11.6.4 系统常见故障及处理方法

火灾自动报警系统常见故障有火灾探测器、通信、主电、备电等故障，故障发生时，可先按消音键中止故障报警声，然后进行排除。如果是探测器、模块或火灾显示盘等外控设备发生故障，则可暂时将其屏蔽隔离，等修复后再取消屏蔽隔离，恢复系统正常。

1）探测器常见故障

故障现象：火灾报警控制器发现故障报警，故障指示灯亮，打印机打印探测器故障类型、时间、部位等。

故障原因：探测器与底座脱落、接触不良；报警总线与底座接触不良；报警总线开路或接地性能不良造成短路；探测器本身损坏；探测器接口板故障。

排除方法：重新拧紧探测器或增大底座与探测器卡簧的接触面积；重新压接总线，使之与底座有良好接触；查出有故障的总线位置，予以更换；更换探测器；维修或更换接口板。

2）主电源常见故障

故障现象：火灾报警控制器发出故障报警，主电源故障灯亮，打印机打印主电故障、时间。

故障原因：市电停电；电源线接触不良；主电熔断丝熔断等。

排除方法：连续停电8小时应关机，主电正常后再开机；重新接主电源线，或使用烙铁焊接牢固；更换熔丝或熔丝管。

3）备用电源常见故障

故障现象：火灾报警控制器发出故障报警，备用电源故障灯亮，打印机打印备电故障、时间。

故障原因：备用电源损坏或电压不足；备用电池接线接触不良；熔丝熔断等。

排除方法：开机充电24小时后，备电仍报故障，则更换备用蓄电池；用烙铁焊接备电的连接线，使备电与主机良好接触；更换熔丝或熔丝管。

4）通信常见故障

故障现象：火灾报警控制器发出故障报警，通信故障灯亮，打印机打印通信故障、时间。

故障原因：区域报警控制器或火灾显示盘损坏或未通电、开机；通信接口板损坏；通信线路短路、开路或接地性不良造成短路。

11.7　灭火器的维护与管理

灭火器是一种轻便的灭火工具，它由筒体、器头、喷嘴等部件组成，借助驱动压力可将所充装的灭火剂喷出，从而达到灭火目的。灭火器结构简单、操作方便、使用广泛，是扑救各类初起火灾的重要消防器材。

建筑灭火器的维护管理包括日常管理、维修与报废、保养、建档等工作。灭火器日常巡查、检查、保养、建档工作由建筑使用管理单位的消防安保人员负责，灭火器维修与报废由具有资质的专业单位组织实施。

11.7.1　灭火器日常管理

建筑使用管理单位确定专门人员对灭火器进行日常检查，并根据生产企业提供的灭火器使用说明书，对员工进行灭火器操作使用培训。

1）巡查

（1）巡查内容

巡查内容包括灭火器配置点状况、灭火器数量、外观、维修标示以及灭火器压力指示器等。

（2）巡查周期

消防管理重点单位每天至少巡查一次，其他单位每周至少巡查一次。

2）检查（测）

检查内容

外观检查：

①灭火器上的发光标识无明显缺陷和操作，能够在黑暗中显示灭火器位置。

②灭火器标志、铭牌的主要内容齐全，包括灭火器名称、型号和灭火剂种类，灭火级别和灭火种类，使用温度，驱动气体名称和数量（压力），制造企业名称，使用方法，日常维护说明等。贴花端正平服、不脱落，不缺边少字，无明显皱褶、气泡等缺陷。

③灭火器底圈或者颈圈等不受压位置的水压试验压力和生产日期等永久钢印标识、钢印打制的生产连续序号等清晰。

④灭火器压力指示器表盘有灭火剂适用标识（如干粉灭火剂用“F”表示，水基型灭火剂用“S”表示等），指示器红区、黄区范围分别标有“再充装”“超充装”的字样。

⑤灭火器及其挂钩、托架等外表涂层色泽均匀，无龟裂、气泡、划痕、碰伤等缺陷；灭火器的电镀件表面无气泡、明显划痕、碰伤等缺陷。

结构检查：

①灭火器开启机构灵活、性能可靠，不得倒置开启和使用；提把和压把无机械操

作，表面不得有毛刺、锐边等影响操作的缺陷。

②灭火器的器头（阀门）外观完好、无破损，并安装有保险装置，保险装置的铅封完好无损。

③经检查，压力指示器种类与灭火器种类相符，其指针在绿色区域范围内；压力指示器20℃是显示的工作压力值与灭火器标志上标注的20℃的充装压力相同。

④3kg（L）以上充装量的配有喷射软管，经钢卷尺测量，手提式灭火器喷射软管的长度（不包括软管两端的接头）不得小于400mm。

配置检查：

①灭火器箱不得被遮挡、上锁或者拴系。

②灭火器箱箱门开启方便灵活，开启后不得阻挡人员安全疏散。开门型灭火器箱的箱门开启角度不得小于175°，翻盖型灭火器箱的翻盖开启角度不得小于100°。

③嵌墙式灭火器箱的安装高度，按照手提式灭火器顶部与地面距离不大于1.5m，底部与地面距离不小于0.08m。

④挂钩、托架能够承受5倍的手提式灭火器的净荷载，承载5min后，不出现松动、脱落、断裂和明显变形等现象。

⑤可用徒手的方式便捷地取用设置在挂钩、托架上的手提式灭火器；两具及两具以上手提式灭火器箱设置在挂钩、托架上时，可任取其中1具。设有夹持带的开启方式可从下面看到，当夹持带打开时，灭火器不得坠落。

⑥灭火器配置点设在明显、便于取用，且不得影响安全疏散的地点。设置在室外的，应设有防湿、防寒、防晒等保护措施；设置在潮湿性、腐蚀性场所的，应设有防湿、防腐蚀措施。

【案例精析11-2】

某天上午9：00左右，某学校值班的管理人员例行对男生宿舍进行检查，发现402室里面有烟向走廊扩散，值班人员马上喊来宿舍管理人员打开宿舍门查看，发现是01号床的被褥和草垫子阴燃，产生大量烟。值班人员和管理人员随即拿来楼层灭火器喷射，火被扑灭，没有产生太大损失。

精析：（1）产生火灾的原因是学生吸烟后将没有完全熄灭的烟头遗落在床上所致。

（2）值班人员认真负责，巡查及时发现了火情。

（3）学校重视消防工作，每个楼层按要求配备了灭火器。

（4）管理人员和值班人员经过了严格的培训，掌握消防设施设备的使用办法。

启示：要加强对学生消防安全的教育，重视消防安全，安全从每个人做起。

（2）检查周期

灭火器的配置、外观等全面检查每月进行一次；人员密集的公共场所以及加油站、锅炉房、地下室等场所配置的灭火器每半月检查一次。

11.7.2 灭火器维修

灭火器使用一定年限后，建筑使用管理单位要对照灭火器生产企业随灭火器提供的维修手册，对照检查灭火器使用情况，符合条件和维修年限的，应向具有法案资质的灭火器维修企业送修；符合报废条件、年限的，应采购符合要求的灭火器进行等效更换。

1）灭火器报修条件及维修年限

日常检查中，发现存在机械损伤、明显锈蚀、灭火剂泄漏、被开启使用过，达到灭火器维修年限或者符合其他报修条件的灭火器，建筑使用管理单位应及时按照规定程序报修。

使用达到下列规定年限的灭火器，建筑使用管理单位需要分批次向灭火器维修企业送修：

（1）手提式、推车式水基型灭火器出厂期满3年，首次维修以后每满1年。

（2）手提式、推车式干粉灭火器、洁净气体灭火器、二氧化碳灭火器出厂期满5年，首次维修以后每满2年。

送修灭火器时，一次送修数量不得超过计算单元配置灭火器总数量的1/4。超出时，需要选择相同类型、相同操作方法的灭火器替代，且其灭火器级别不得小于原配置灭火器的灭火级别。

2）维修标志和维修记录

经维修合格的灭火器及其储气瓶上需要粘贴维修标志，并由维修单位进行维修记录。建筑使用单位根据维修证信息对灭火器进行日常检查、定期送修和报废更换。

12.7.3 灭火器报废

灭火器报废分为四种情形：一是列入国家颁布的淘汰目录的灭火器；二是达到报废年限的灭火器；三是使用中出现严重损伤或者重大缺陷的灭火器；四是维修时发现存在严重损伤、缺陷的灭火器。灭火器报废后，建筑使用管理单位应按照等效替代的原则对灭火器进行更换。

1）报废情形

（1）列入国家颁布的淘汰目录的灭火器

①酸碱型灭火器。

②化学型灭火器。

③倒置使用型灭火器。

④氯溴甲烷、四氯化碳灭火器。

⑤1211灭火器、1301灭火器。

⑥国家政策明令淘汰的其他类型灭火器。

⑦不符合消防产品市场准入制度的灭火器。

（2）达到报废年限的灭火器

手提式、推车式灭火器出厂时间达到或者超过下列规定期限的，均予以报废处理：

①水基型灭火器出厂期满6年。

②干粉灭火器、洁净气体灭火器出厂期满10年。

③二氧化碳灭火器出厂期满12年。

（3）存在严重损伤、缺陷的灭火器

①筒体严重锈蚀（漆皮大面积脱落，锈蚀面积大于筒体总面积的1/3，表面产生凹坑）或者连接部位、筒底严重锈蚀的。

②筒体明显变形，机械损伤严重的。

③器头存在裂纹、有泄压结构等缺陷的。

④筒体存在平底等不合理结构的。

⑤手提式灭火器没有间歇喷射结构的。

⑥没有生产厂名称和出厂年月的（包括铭牌、或者铭牌上的生产厂名称模糊不清，或者出厂年月钢印无法识别的）。

⑦筒体、器头有锡焊、铀焊或者补缀等修补痕迹的。

⑧被火烧过的。

2）报废处理

符合报废规定的灭火器，在确认灭火器内部无压力后，对灭火器筒体、储气瓶进行打孔、压扁、锯切等报废处理，并逐具记录其报废情形。

检查或者维修后的灭火器按照原配置点位置和配置要求放置。巡检、检查中发现灭火器被挪动、缺少零部件、有明显缺陷或者损伤、灭火器配置场所的使用性质发生变化等情况的，及时按照单位规定的程序进行处置；符合维修条件的，及时送修；达到报废条件、年限的，应及时报废，不得使用，并采用符合要求的灭火器进行等效更换，同时做好详细记录，并存档。

【实战演练11-2】

将同学们每四人分为一组，分别检查教学楼、实验楼、食堂、会务中心（俱乐部、礼堂）、商场（超市）的消防设施设备配备情况和实际情况，找出问题所在，并提出解决问题的办法。

提示：（1）安全出口、逃生指示标识是否齐全，灭火器配备是否合理。

（2）火灾自动报警系统是否好用，是否有专人值班。

（3）消防设备是否被遮挡、覆盖，消防通道是否被堵塞或占用。

（4）是否有合理的、实用的消防应急预案。

（5）消防组织安排是否到位等。

主要概念

火灾自动报警系统　消防联动控制

基础知识练习

△ 单选题

1.下列消防安全职责中，不属于消防控制中心值班人员职责的是（　　）。

A.记录消防联运控制器的运行

B.记录消防控制室室内消防设备的火警或故障情况

C.查找火警误报原因，填写建筑消防设施故障维修记录表

D.填写建筑消防设施巡查记录表

2.下列关于消防控制室值班要求的说法，错误的是（　　）。

A.消防控制室的值班人员应由持有规定的消防专业技能鉴定证书的人员担任

B.消防控制室实行24小时专人值班制度

C.消防控制室的值班人员在接到火灾报警信号后立即拨打“119”报警

D.消防控制的值班人员不得将应处于自控控制状态的设备设置为手动控制状态

3.下列关于消防设施档案保存期限的说法，错误的是（　　）。

A.建筑消防设施检测记录表的存档时间不少于5年

B.建筑消防设施巡查记录表的存档时间不少于5年

C.建筑消防设施故障维修记录表的存档时间不少于5年

D.建筑消防设施维护保养记录表的存档时间不少于5年

4.消火栓系统是扑救、控制建筑物初期火灾的最有效的灭火设施，该系统以（　　）为介质，用于灭火、控火和防护冷却等。

A.干粉　　B.二氧化碳　　C.水　　D.七氟丙烷

5.使用信号阀和水流指示器控制的自动喷水灭火系统，信号阀安装在水流指示器前的管道上，与水流指示器间的距离不小于（　　）mm。

A.100　　B.200　　C.300　　D.500

6.灭火器巡查是在规定的周期内对灭火器直观属性的检查，其中重点单位每（　　）天至少巡查1次，其他单位每周至少巡查1次。

A.1　　B.2　　C.3　　D.4

7.灭火器存在一定情形将予以报废，灭火器报废后，建筑使用管理单位按照等效替代的原则对灭火器进行更换。二氧化碳灭火器出厂期满（　　）年予以报废。

A.5　　B.6　　C.10　　D.12

8.排烟系统的排烟口距可燃物或可燃构件的距离不应小于（　　）m。

A1.5　　B.2.5　　C.3.5　　D.4.5

△ 多选题

1.自动喷水系统周期性检查、年度检测时，对于检查发现的系统故障，要及时分析故障原因，消除故障，确保系统完好有效。湿式报警阀组漏水的原因主要包括（　　）。

A.排水阀门未完全关闭　　B.阀瓣密封垫完好

C.系统侧管道接口渗漏　　D.报警管路测试控制阀渗漏

E.阀瓣组件与阀座之间因变形或者污垢、杂物阻挡出现不密封状态

2.下列属于灭火器使用中出现和维修中发现存在严重损伤、缺陷的灭火器要予以报废处理情形的是（　　）。

A.筒体漆皮脱落，锈蚀面积大于筒体总面积的1/5

B.筒体明显变形，机械损伤严重的

C.器头存在裂纹、无泄压机构等缺陷的

D.筒体存在平底等不合理结构的

E.被火烧过的

3.火灾自动报警系统发生误报的原因主要有（　　）。

A.产品技术指标达不到要求，稳定性比较差

B.探测器选型不合理

C.使用场所性质变化后未及时更换相适应的探测器

D.电磁环境干扰

E.停电

△ 判断题

1.排烟防火阀安装在机械排烟系统管道上，平时呈开启状态。火灾时，当排烟管道内的温度达到150℃时关闭。（　　）

2.挡烟垂壁是用于分隔防火分区的装置或设施。（　　）

3.火灾光警报装置应安装在安全出口附近明显处，底边距地（楼）面不应大于2.2m。（　　）

4.在消防应急广播扬声器和火灾警报器的要求中，光警报器与消防应急疏散指示标志不宜在同一面墙上。（　　）

5.火灾自动报警系统是火灾探测报警系统和消防联动控制系统的简称。（　　）

6.对于手提式灭火器出厂期满5年，首次维修后每满1年，建筑使用管理单位需要分批次向灭火维修企业送修。（　　）

△ 思考题

1.简述湿式报警阀组水力警铃声不响、响度不够、不能持续报警的原因。

2.灭火器箱的安装设置有哪些要求？

3.列入国家颁布的淘汰目录的灭火器有哪些？

4.灭火器的报修条件及维修年限是什么？

5.防排烟系统的联动调试有哪些内容？

实践操作训练

△ 案例题

刚刚办理入住的华府小区，全部都是高层和小高层建筑。一天房屋管理员在检查时发现，消火栓的枪头、法兰连接盘等铝合金材质的部件丢失很多。

问题：

1.物业管理人员应该采取什么样的办法保护消防部件不丢失？

2.认真分析所采用办法的可行性，以及是否符合消防要求。

△ 实训题

【实训情境设计】

根据你所在学校的实际情况，组织一次消防演习，并制订演习方案。

【实训任务要求】

1.组织一次消防演习。

2.列出详细的演习过程及要求。

【实训提示】

1.制定逃生路线。

2.启动应急广播。

3.检查逃生指示标志。

4.准备火灾发生的急救用品。

【实训效果评价表】

填写实训效果评价表，见表11-1。

表11-1　实训效果评价表

评价内容	分值（分）	评分（分）
人员安排	20	
逃生路线	20	
指示标识	20	
应急广播启用	20	
组织过程	20	
总体评价	100	

综合实训Ⅰ

【实训情境设计】

以周边已装备安全防范系统的住宅小区为实训现场，学生通过观察、阅读图纸，熟悉智能化楼宇的安全服务内容、管理重点，了解安全服务在相关类型物业的物业管理中的地位，以及安全服务在物业管理中的重要性。同时，熟悉安全防范系统组成部分和操作方法，提高学生对安全服务和安全防范系统的管理能力。

【实训任务要求】

1.根据实训现场情况，找出安全服务的重点和难点，拿出解决办法；

2.制定安全服务管理的规章制度；

3.以现场实训的物业为对象，对现行安全防范系统进行合理地改进或升级；

4.撰写物业管理安全服务（包括安全防范系统）实训报告。

【实训提示】

1.熟悉物业管理安全服务的主要内容；

2.了解智能化楼宇安全服务的特点和重点；

3.熟悉安保部门的工作职责；

4.了解安全防范系统的组成、布局和监控范围；

5.熟悉安全防范设备的功能和技术要求；

6.掌握安全防范设备的操作方法；

7.了解监控室的规章制度。

【实训效果评价表】

填写实训效果评价表，见表综-1。

表综-1　实训效果评价表

评价内容	分值（分）	评分（分）
安保部门的工作职责	10	
安全服务的难点和解决办法	20	
安全防范系统的改进或升级	20	
安全防范设备的维护	10	
安全防范设备的操作方法	20	
实训报告	20	
总体评价	100	

综合实训Ⅱ

【实训情境设计】

新大物业园区是今年刚入住的小区，小区设有采暖换热站，住户采用地热辐射式采暖。家住12号楼802室的业主张女士到物业公司反映，其家从采暖开始至今已有20余天家中的暖气始终不热，请求物业公司人员给予解决。

【实训任务要求】

1.从业主家采暖设施、供热管道、阀门、主管道、换热站逐级分析不热的原因；

2.根据理论分析不热的原因，制定出解决的办法；

3.根据不热的情况，模拟几种常见的故障现象和故障点，并按照模拟故障说明产生的原因；

4.写出实训报告，要求报告侧重实践性分析，模拟真实可信，报告逻辑性强，条理清晰，语言顺畅。

【实训提示】

1.读懂供暖系统图，系统是否是分区分压采暖；

2.将实际供暖管路及部件和供暖系统图建立一一对应关系；

3.根据理论教学内容，结合供暖技工师傅的现场指导，做到理论和实践相结合；

4.可以多模拟几种情况进行分析；

5.沿采暖供水管道、散热器、回水管道路径分析；

6.供暖系统是新系统；

7.有换热站。

【实训效果评价表】

填写实训效果评价表，见表综-2。

表综-2 实训效果评价表

评价内容	分值（分）	评分（分）
识读供暖图	10	
故障点分析	25	
解决问题的办法	25	
模拟情况设计	15	
模拟不热的原因	15	
实训报告	10	
总体评价	100	

主要参考文献

［1］金智华．暖通空调工程常用图表手册［M］．北京：机械工业出版社，2013.

［2］杨绍胤，杨庆．建筑电气与智能化工程入门［M］．北京：中国电力出版社，2012.

［3］赵荣义．空气调节［M］．4版．北京：中国建筑工业出版社，2009.

［4］汪海燕，安防设备安装与系统调试［M］，武汉：华中科技大学出版社，2012.

［5］杨少春．楼宇智能化工程技术［M］．北京：电子工业出版社，2017.

［6］中华人民共和国住房和城乡建设部．GB50016-2014建筑设计防火规范［S］．北京：中国计划出版社，2015.

［7］刘林．物业设备设施管理与维护［M］．北京：北京理工大学出版社，2020.

［8］何强．全国注册公用设备工程师给水排水专业执业资格考试教材——给水工程、排水工程［M］．北京：中国建筑工业出版社，2015.

［9］滕宝红．物业管理实操从入门到精通［M］．北京：人民邮电出版社，2019.

［10］中华人民共和国公安部．GB50974-2014 消防给水及消火栓系统技术规范［S］．北京：中国计划出版社，2015.

［11］中华人民共和国公安部．GB50084-2017 自动喷水灭火系统设计规范［S］．北京：中国计划出版社，2018.

［12］中华人民共和国公安部．GB50116-2013 火灾自动报警系统设计规范［S］．北京：中国计划出版社，2014.

［13］中华人民共和国公安部．GB50140-2005 建筑灭火器配置设计规范［S］．北京：中国计划出版社，2013.

［14］中华人民共和国公安部．GB500261-2017 自动喷水灭火系统施工及验收规范［S］．北京：中国计划出版社，2018.

［15］中华人民共和国公安部．GB17945-2010 消防应急照明和疏散指示系统［S］．北京：中国建筑工业出版社，2010.

［16］张小明，楼宇智能化系统与技能实训［M］．北京：中国建筑出版社，2011.

［17］李霞，建筑智能化工程施工实用便携手册［M］．北京：机械工业出版社，2011.